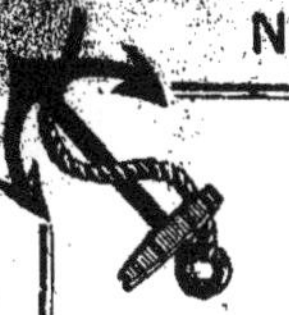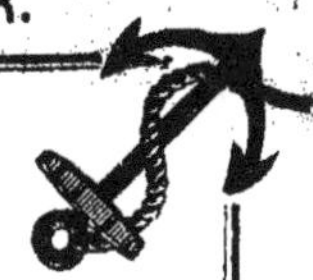

INDICATEUR

DES

ROUTES MARITIMES

DE

L'OCÉAN ATLANTIQUE NORD

PAR

F. LABROSSE,

Ancien Officier de Marine.

DEUXIÈME ÉDITION, REVUE ET AUGMENTÉE.

PRIX : 4 FR. 50.

PARIS,

ARTHUS BERTRAND, ÉDITEUR,

LIBRAIRIE MARITIME ET SCIENTIFIQUE,

LIBRAIRE DE LA SOCIÉTÉ CENTRALE DE SAUVETAGE MARITIME,

21, RUE HAUTEFEUILLE, 21.

Tous droits réservés.

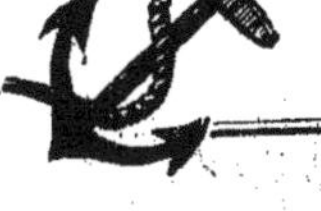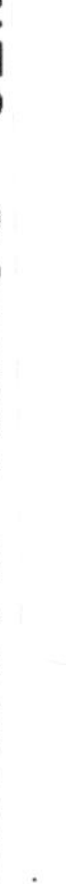

Ce **MANUEL** comprend l'exposé du régime des Vents et des Courants, ainsi que l'indi
pour chaque époque de l'année, des Routes à suivre par les Navires à voiles et Navire
de manière à effectuer rapidement et avec sécurité les principales traversées de l'O
tique Nord.

OCÉAN ATLANTIQUE NORD.

OUVRAGES DU MÊME AUTEUR.

1° SÉRIE DES TABLES :

(format grand in-8° jésus, couvertures chamois)

FR. C.

TABLES DES AZIMUTS du Soleil et des astres dont la déclinaison est
inférieure à 24°, correspondant à l'heure de la montre d'habitacle,
entre 61°Sud et 61°Nord : (1er vol.) DEUXIÈME ÉDITION, revue, corrigée
et augmentée d'une explication sur l'usage des tables pour les étoiles. **6 50**

TABLES NAUTIQUES pour simplifier et abréger les calculs journaliers, à
la mer : (2e vol.) DEUXIÈME ÉDITION, revue et augmentée de plusieurs
tables, de planches, et d'un exposé pratique de la méthode Sumner ou
Méthode graphique. **7 50**

2° SÉRIE DES INSTRUCTIONS NAUTIQUES :

(format grand in-8°)

INDICATEUR DES ROUTES maritimes de l'*Océan Atlantique Nord* (*couverture rose*), DEUXIÈME ÉDITION, refondue et considérablement augmentée. **4 50**

INDICATEUR DES ROUTES maritimes de la *Mer des Antilles et du Golfe
du Mexique* (*couverture bleue*). . . . . **3 "**

INDICATEUR DES ROUTES maritimes de l'*Océan Atlantique Sud* (*couverture grise*), contenant notamment les routes du Brésil, de la Plata, du
cap de Bonne-Espérance, du cap Horn, etc. . . . . **4 "**

INDICATEUR DES ROUTES maritimes de l'*Océan Pacifique, des Mers de
Chine, de l'Australie et de l'Océanie, etc.* (*couverture verte*). . . . . . **9 "**

3° OUVRAGES DIVERS :

TRAITÉ PRATIQUE DE NAVIGATION ET DE MÉTÉOROLOGIE NAUTIQUE,
un fort volume in-8", accompagné de planches, de cartes, de diverses
tables, et notamment d'une table alphabétique des principaux lieux
géographiques (1600 points maritimes), donnant les établissements
du port et la montée de l'eau aux syzygies. **12 50**

PRÉVISION DU TEMPS, brochure in-8°, contenant l'usage du baromètre,
du thermomètre et du psychromètre, pour prévoir la direction et la
force du vent; manuel à l'usage des marins, contenant des notions sur
les vents réguliers, vents variables et ouragans. **1 50**

DÉSAIMANTATION des navires en fer, et réduction des déviations des
compas, d'après la méthode d'Evan Hopkins; résultats des expériences
à bord du *Northumberland* et de la *Charente*. Brochure in-8°, avec
grandes planches. . . . . **3 "**

INDICATEUR

DES

ROUTES MARITIMES

DE

L'OCÉAN ATLANTIQUE NORD

PAR

F. LABROSSE,

Ancien Officier de Marine.

DEUXIÈME ÉDITION, REVUE ET AUGMENTÉE.

Prix : 4 Fr. 50.

PARIS,

ARTHUS BERTRAND, ÉDITEUR,

LIBRAIRIE MARITIME ET SCIENTIFIQUE,

LIBRAIRE DE LA SOCIÉTÉ CENTRALE DE SAUVETAGE MARITIME,

21, RUE HAUTEFEUILLE, 21.

Tous droits réservés.

TABLE DES MATIÈRES.

PREMIÈRE PARTIE.

CALMES, VENTS, CYCLONES, USAGE DU BAROMÈTRE, COURANTS, GLACES FLOTTANTES.

CHAPITRE PREMIER.

Calmes. — Vents. — Cyclones. — Baromètre.

CHAPITRE DEUXIÈME.

Courants. — Glaces flottantes.

SECONDE PARTIE.

INSTRUCTIONS SUR LES PRINCIPALES TRAVERSÉES DE L'OCÉAN ATLANTIQUE NORD.

CHAPITRE PREMIER.

Routes d'Europe à la Ligne, pour les navires destinés au Brésil et pour ceux qui vont doubler les caps Horn et de Bonne-Espérance.

CHAPITRE DEUXIÈME.

Routes de retour de l'Équateur en Europe, pour les navires qui reviennent du Brésil, du cap Horn, ou du cap de Bonne-Espérance.

CHAPITRE TROISIÈME.

Routes pour descendre du Nord vers le Sud, sur les côtes occidentales d'Europe et d'Afrique.

CHAPITRE QUATRIÈME.

Routes pour remonter du Sud vers le Nord, sur les côtes occidentales d'Europe et d'Afrique.

CHAPITRE CINQUIÈME.

Routes en partant d'Europe pour aller aux ports de la côte d'Amérique et aux Antilles.

CHAPITRE HUITIÈME.

Routes de retour, à destination de Terre-Neuve, du Canada ou des États-Unis, en partant de l'Équateur, des Antilles, du golfe du Mexique, de la côte Ferme, de la Guyane, de la rivière de Para, du Sénégal, de la Gambie, de la Cazamance, de la côte de Sierra-Leone, des golfes de Benin et de Biaffra, du Gabon, etc.

CHAPITRE NEUVIÈME.

Routes, en partant du Para, de la Guyane, des Antilles, de la côte Ferme, ou du golfe du Mexique, pour se rendre à la côte occidentale d'Afrique.

CHAPITRE DIXIÈME.

Routes, en partant de la côte occidentale d'Afrique, pour se rendre à la rivière de Para, à la Guyane, aux Antilles, à la côte Ferme et au golfe du Mexique.

CHAPITRE ONZIÈME.

Routes, en partant du Sénégal, de la Guyane, des Antilles, de la côte Ferme, ou du golfe du Mexique, pour aller couper l'Équateur et pour doubler le cap Saint-Roque.

CHAPITRE DOUZIÈME.

Routes en partant de l'Équateur pour se rendre au Sénégal, à la Guyane, aux Antilles, à la côte Ferme et au golfe du Mexique.

FIN DE LA TABLE.

INSTRUCTIONS GÉNÉRALES

SUR

L'OCÉAN ATLANTIQUE NORD.

PREMIÈRE PARTIE.

Calmes. — Vents. — Cyclones. — Usage du Baromètre. — Courants. — Glaces flottantes.

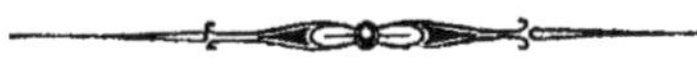

CHAPITRE PREMIER.

Calmes. — Vents. — Cyclones. — Baromètre.

§ 1. — Zones de calmes. — Calmes équatoriaux et tropicaux.

La connaissance exacte des zones de calmes est d'une grande importance, puisque c'est de cette question que les capitaines de navires à voiles, c'est-à-dire le plus grand nombre des navigateurs, se préoccupent avant tout; sans compter les capitaines de navires mixtes, dont le désir est de ne pas consommer inutilement du charbon, c'est-à-dire de l'argent. Nous ajouterons que cette question est *complexe*, parce que nous croyons que l'on ne s'est pas toujours bien entendu sur la définition des *calmes,* et que des appréciations diverses ont été portées sur ce sujet.

Nous avons toujours compris jusqu'ici, et nous raisonnons dans cette pensée, que le *calme* signifie une mer comme de l'huile, avec ou sans houle, mais sans le moindre souffle de brise perceptible et sans que le navire ait la moindre vitesse appréciable, bien que l'on porte les bonnettes de perroquet et les cacatois établis. Dès que le loch donne un demi-nœud de vitesse ou davantage, on n'est plus en calme.

En général, avant qu'il fasse calme, on observe une période de petites brises molles qui s'affaiblissent graduellement pour mourir tout à fait; et inversement, lorsque le calme cesse, on ne perçoit d'abord que quelques souffles légers qui prennent peu à peu plus de force et de persistance. Nous laissons à chacun le soin d'estimer dans quelle proportion doivent être comptées, par rapport aux observations de calmes, les observations de petites brises, avec lesquelles le navire ne fera que peu de route, surtout au plus près. Quant à nous, il ne nous semble pas exagéré de compter sur un nombre de petites brises folles ou mal établies égal au nombre d'observations de calmes. Ainsi, d'après notre évaluation, telle zone pour laquelle nous indiquerons 16 p. 0/0 de calmes, contiendra généralement 16 p. 0/0 *environ* de folles brises; c'est-à-dire que les navires à voiles engagés dans cette région auront 32 p. 0/0 de chances pour ne faire aucune route qui vaille la peine d'être mentionnée, et auront 68 p. 0/0 de chances pour faire bonne route ou du moins pour avoir de la vitesse.

Laissant de côté ces considérations, nous allons donner ci-après, pour chaque saison de l'année, quatre tableaux contenant les chances que l'on a de rencontrer des calmes dans l'océan Atlantique Nord. Les chiffres inscrits dans ce tableau représentent le tant pour cent, c'est-à-dire le nombre de fois, sur cent observations, que l'on rencontrera des calmes dans les divers parages de l'Atlantique.

L'argument vertical de ces tableaux est la latitude, et l'argument horizontal, la longitude ; ils représentent donc, en quelque sorte, des cartes de calmes. Les longitudes sont comptées du méridien de Paris, et comme ces indications sont extraites des cartes-pilotes anglaises, nous avons dû ajouter les 2°20′ (longitude de Greenwich) à toutes les longitudes 0°, 5°, 10° etc., qui sont devenues 2°20′, 7°20′, 12° 20′, etc., c'est-à-dire (en ne s'attachant qu'aux degrés) 2°, 7°, 12°, etc.

Ces tableaux seront utilement consultés, pour discuter les chances que l'on aura d'être arrêté dans chaque partie de l'Atlantique ; ils serviront tout d'abord à montrer que les calmes tropicaux ne forment pas des bandes en latitude, et que l'on a quelquefois autant de chances de trouver des calmes *au milieu des alizés,* ou dans les parages dits *des vents variables,* qu'au milieu des zones auxquelles on a fait la réputation de zones de calmes.

Les zones de calmes équatoriaux, c'est-à-dire l'ensemble des carrés situés un peu au Nord de l'équateur et dans lesquels on a, en moyenne, de 5 à 20 p. 0/0 de chances de calmes, ont le double inconvénient de retarder la marche des navires à voiles et de les retenir dans des régions pluvieuses et humides, où l'atmosphère, lourde et orageuse, est fatigante et énervante pour les équipages. Il faut ajouter d'ailleurs que, pendant le temps où l'on se trouve immobilisé dans ces parages, le courant équatorial drosse à peu près constamment le navire vers l'Ouest, et par suite tend d'une manière permanente à le souventer en l'entraînant vers la côte d'Amérique.

On pourra s'attendre généralement à des séries de 4 à 7 heures de pluie par 24 heures, pendant tout le temps que l'on mettra à se rendre des alizés de N.E. à ceux de S.E., c'est-à-dire à traverser la zone de calmes et de brises folles.

Tableau indiquant les chances de calmes

(Les chiffres du tableau représentent le nombre de fois *pour cent* que l'on rencontrera des calmes.)

LATITUDES NORD	LONGITUDES OCCIDENTALES																			LONGITUDES ORIENTALES	
NORD.	à l'Ouest de 92° O.	de 87° à 92° O.	de 82° à 87° O.	de 77° à 82° O.	de 72° à 77° O.	de 67° à 72° O.	de 62° à 67° O.	de 57° à 62° O.	de 52° à 57° O.	de 47° à 52° O.	de 42° à 47° O.	de 37° à 42° O.	de 32° à 37° O.	de 27° à 32° O.	de 22° à 27° O.	de 17° à 22° O.	de 12° à 17° O.	de 7° à 12° O.	de 2° à 7° O.	de 2° O. à 3° E.	de 3° E. à 8° E.
JANVIER, FÉVRIER ET MARS.																					
De 50° à 55°															0	4	0	9	4		
45° à 50°				ÉTATS-UNIS.						3	1	4	5	4	5	3	2	7	9		
40° à 45°							4	4	7	6	3	6	4	4	4	2	3	0	0		
35° à 40°					4	4	6	3	5	2	3	3	7	11	6	2	3	0	0		
30° à 35°					3	4	9	4	4	2	5	0	4	4	7	3	0	0			
25° à 30°	0	4	7	5	5	5	8	11	4	5	7	7	5	5	5	3					
20° à 25°	7	4	5	12	3	4	5	5	4	7	2	7	3	3	5	4					
15° à 20°		0	11	11	5	0	3	4	4	5	5	4	3	5	3	0			AFRIQUE.		
10° à 15°					0	0	0	4	4	0	2	3	3	3	2	2	5				
5° à 10°											0	0	0	2	2	2	5	18	21		
0° à 5°										8	6	6	9	16	21	35	10	5	0	7	5
AVRIL, MAI ET JUIN.																					
De 50° à 55°														9	0	5	3	5	5		
45° à 50°				ÉTATS-UNIS.						5	0	8	5	5	5	5	7	6	3		
40° à 45°								5	4	4	5	5	5	2	2	3	2	3	3		
35° à 40°						5	3	4	4	5	3	4	5	5	7	2	2	5	3	15	
30° à 35°						3	5	3	9	2	11	6	6	3	10	4	2	0			
25° à 30°	6	5	14	7	7	6	6	4	2	0	13	13	8	4	2	2					
20° à 25°	0	10	11	3	0	2	3	4	3	4	10	6	6	2	3	5					
15° à 20°		0	9	4	4	0	3	3	3	2	3	3	2	0	3	0			AFRIQUE.		
10° à 15°			0			0	0	9	2	0	0	0	3	4	4	16					
5° à 10°										0	25	2	6	6	18	9	15	18	17		
0° à 5°										7	7	10	10	20	22	18	8	7	11	0	13
JUILLET, AOUT ET SEPTEMBRE.																					
De 50° à 55°														8	0	13	5	8	6		
45° à 50°				ÉTATS-UNIS.				0	0	7	6	5	7	4	6	5	2	2	4		
40° à 45°								7	7	6	5	6	5	5	5	9	3	7	4		
35° à 40°						6	7	4	4	5	4	3	3	5	8	3	4	4	9	21	
30° à 35°						0	4	4	7	12	0	5	9	7	5	7	6	2	3		
25° à 30°	15	8	11	6	6	8	9	11	16	6	12	8	9	3	3	0					
20° à 25°	6	4	7	6	6	5	4	4	7	5	5	5	2	2	0	0					
15° à 20°		8	6	14	6	0	0	0	0	2	2	2	2	3	5	0			AFRIQUE.		
10° à 15°				0	14	0	3	0	4	5	2	11	7	8	13	11	3				
5° à 10°										0	15	9	21	21	15	8	8	6	0		
0° à 5°										0	4	2	4	2	3	2	2	0	3	2	3
OCTOBRE, NOVEMBRE ET DÉCEMBRE.																					
De 50° à 55°													0	7	5	2	8	5	5		
45° à 50°				ÉTATS-UNIS.						5	5	5	4	5	3	4	2	3	4	3	3
40° à 45°								4	5	3	5	2	4	7	6	8	1	5	4		
35° à 40°						3	4	3	4	2	1	4	4	4	3	4	6	5	4	5	
30° à 35°					5	6	9	2	4	5	11	10	5	3	9	12	3	2			
25° à 30°	0	3	4	8	5	9	4	5	11	10	5	3	9	12	3	2					
20° à 25°	17	4	4	4	7	4	4	5	2	0	10	8	5	8	7	5					
15° à 20°		13	7	7	13	4	0	3	5	6	6	8	4	5	3	0			AFRIQUE.		
10° à 15°				2	0	0	0	0	5	3	5	9	7	6	9	8					
5° à 10°										0	6	14	7	11	15	17	25	27	35		
0° à 5°										0	3	3	7	11	15	16	9	12	12	9	10

§ 2. — Vents alizés de l'Atlantique Nord.

Les vents alizés de l'océan Atlantique Nord soufflent de directions très-diverses, suivant les époques de l'année et les parages ; la direction la plus générale est l'E.N.E., mais elle hâle quelquefois le N.E. et le N.N.E., d'autres fois l'Est, et même exceptionnellement l'E.S.E. Enfin, dans quelques circonstances, on a éprouvé, au milieu de la zone des alizés, des brises de N.N.O. et de N.O. ; mais ces observations ont été assez rares, et les vents n'ont pas soufflé longtemps de ces dernières directions.

On sait qu'il vente généralement jolie brise ou bonne brise dans les alizés ; toutefois, pour être exactement renseigné sur la force du vent, on consultera les tableaux de chances de calmes donnés précédemment. Moins les chances de calmes seront nombreuses, dans chaque carré de cinq degrés, plus on aura de chances de trouver des brises bien établies, et inversement. Ces renseignements sont utiles, notamment pour déterminer le parallèle sur lequel on doit faire route à l'Ouest, en allant aux Antilles, à la Guyane, etc. Au surplus, les conseils que nous donnons ci-après, sur les routes, dispensent généralement de toutes recherches à cet égard.

La question de *limites* des vents alizés est aussi délicate à trancher que celle des zones de calmes, par suite du manque de définition. Ainsi, en appelant *alizés* les vents soufflant entre le Nord et l'Est, on peut dire qu'il est très-difficile de fixer une limite, même approximative, des alizés de l'océan Atlantique Nord, dans l'Est du 20° degré de longitude Ouest. Dans cette partie orientale de l'Atlantique, les vents soufflent le plus souvent entre le N.O. et le N.E., depuis le cap Finistère, au Nord du Portugal, jusque vers les Canaries, où ils se relient très-généralement aux vents N.E. et d'E.N.E., sans transition de calmes. On pourrait donc dire à la rigueur, dans quelques circonstances, que les alizés commencent sur les côtes de Portugal ; ce qui, par contre, entraînerait souvent de graves mécomptes pour un grand nombre de navigateurs qui croiraient pouvoir se fier absolument à cette indication.

Nous allons donner d'abord le tableau des limites polaires de l'aliéz N.E. de l'Atlantique Nord, extrait des instructions de Maury, et signa-

lant les changements en latitude de ces limites, d'une saison à l'autre,
sur le même méridien, et d'un méridien à l'autre dans la même
saison.

LONGITUDES Ouest.	LATITUDE MOYENNE POLAIRE DE L'ALIZÉ DE N.E.			
	en hiver.	au printemps.	en été.	en automne.
70°.....	.....28°.....	.....28°7.....	.....29°3.....	.....29°
65	26.3	28	29.3	28.3
60	.....24.....	.....24.3.....	.....27.3.....	.....28.3
55	22	22.7	24.7	25
50	.....21.....	.....23.7.....	.....28.3.....	.....23.7
45	23	24.7	31.3	28.7
40	.....27.7.....	.....29.7.....	.....30.7.....	.....29.3
35	26	27.3	30.7	25.7
30	.....24.3.....	.....28.7.....	.....29.7.....	.....26.7
25	25.3	24.7	31.3	26.3
20	.....24.3.....	.....28 3.....	.....28.7.....	27
15	29	31	32	31.3
10	.....».....	.....31.3.....	.....34.7.....	32

M. le contre-amiral Bourgois, dont le nom a une si grande autorité
dans toutes les questions de météorologie, a fait également des recherches sur la fixation des limites polaires de l'alizé de l'Atlantique Nord.
Nous donnons ci-après deux tableaux, publiés il y a quelques années,
et qui présentent le résultat des travaux de cet officier général.

DÉSIGNATION des limites.	LATITUDE DE LA LIMITE POLAIRE DE L'ALIZÉ DE N.E.							
	à l'Est du 35° méridien.				à l'Ouest du 35° méridien.			
	1er trimestre.	2e trimestre.	3e trimestre.	4e trimestre.	1er trimestre.	2e trimestre.	3 trimestre.	4e trimestre.
Latitude-limite maxima.	40°26'	42°51'	49°25'	45°18'	37°33'	41°00'	43°09'	8°02'
Latitude-limite minima.	5 41	17 00	19 19	16 15	18 06	25 12	26 22	16 51
Moyenne des latitudes-limites..............	28 08	30 31	36 21	28 25	26 45	31 15	34 48	28 48
Nombre d'observations..	42	38	41	36	41	32	26	34

Ce premier tableau porte cet utile enseignement qu'il ne faut pas
trop compter sur les limites moyennes de l'alizé de N.E. que donnent
les instructions nautiques, puisqu'il existe quelquefois des différences

de plus de 300 lieues entre la moyenne des latitudes-limites et la latitude *maxima* ou *minima* des vents alizés.

Le second tableau que nous donnons ci-après, et qui est également dû à M. le contre-amiral Bourgois, indique, sous les noms de rotation *directe* ou *inverse*, le sens dans lequel tourne généralement le vent pour les navires qui font route d'Europe ou pour l'Europe, lorsqu'ils pénètrent dans les alizés ou lorsqu'ils en sortent. Il est bien entendu que la rotation est dite *directe* ou *inverse* suivant que le vent tourne, sur la rose, comme les aiguilles d'une montre, ou dans le sens contraire. On trouve également, dans ce tableau, le nombre d'observations de calmes ou de folles brises qui ont marqué l'entrée ou la sortie des alizés, pour les mêmes navires.

SENS de la rotation du vent et observations de calmes.	NAVIRES PARTANT D'EUROPE.					NAVIRES ALLANT EN EUROPE				
	1er trimestre.	2e trimestre.	3e trimestre.	4e trimestre.	Totaux	1er trimestre.	2e trimestre.	3e trimestre.	4e trimestre.	Totaux
Rotation directe.	27	26	35	20	108	26	24	18	25	93
Rotation inverse.	3	2	»	7	12	7	1	1	1	10
Calmes, ou folles brises.........	10	5	4	5	24	10	12	9	12	43
Totaux.....	40	33	39	32	144	43	37	28	38	146

Ce tableau prouve que les navires partant d'Europe, et qui entrent dans les alizés à l'Est du 35e méridien, voient 108 fois sur 144, c'est-à-dire presque toujours, les vents d'Ouest et de N.O. tourner sans interruption au Nord et N.E. La rotation inverse ne se produit que 12 fois sur 144, et 24 navires seulement sur 144 ont trouvé des calmes formant une période de transition. Quant aux navires revenant en Europe, ils sortent tous des alizés à l'Ouest du 30e méridien, et très-généralement à l'Ouest du 35e degré de longitude. Le tableau indique pour eux 93 chances sur 146 pour que les vents de N.E. et E.N.E. tournent sans interruption au S.E., S.O. et à l'Ouest; la rotation inverse ne se produit que 10 fois sur 146 et les chances de calmes, formant une période de transition, sont de 43 fois sur 146, c'est-à-dire assez fréquentes.

Pour compléter ces indications sur les alizés, il nous reste à donner,

pour chaque mois de l'année, la limite équatoriale de l'alizé de N.E.
et celle de l'alizé de S.E. qui, comme on le sait, refoule généralement,
et surtout en été, l'alizé de N.E. à quelques degrés au-dessus de la
ligne. Ces limites ne sont, bien entendu, que des *moyennes*, et nous les
donnons avec toutes les réserves que nous avons faites précédemment
lorsqu'il s'agissait de la limite polaire de l'alizé de N.E. On trouve,
dans le corps du tableau, la latitude où commencent, pour chaque
méridien et pour chaque mois de l'année, les vents alizés du N.E. et
du S.-E.

Limites équatoriales des alizés de N.E. et de S.E.

DÉSIGNATION des limites pour chaque mois de l'année.		LONGITUDES OCCIDENTALES.									
		42° Ouest.	40° Ouest.	37° Ouest.	35° Ouest.	32° Ouest.	30° Ouest.	27° Ouest.	25° Ouest.	22° Ouest.	20° Ouest.
En *janvier*, latitude-limite de l'alizé.	du N.-E.	3° 0'N.	2°20'N.	1°40'N.	1°40'N.	2°10'N.	3° 0'N.	4°20'N.	5°30'N.	6°30'N.	7°50'N.
	du S.-E.	1 0 N.	0 40 N.	0 40 N.	0 55 N.	1 0 N.	1 15 N.	2 0 N.	2 40 N.	3 0 N.	3 20 N.
En *février*	du N.-E.	2 30 N.	1 40 N.	1 10 N.	0 50 N.	0 55 N.	1 35 N.	2 40 N.	4 20 N.	5 30 N.	6 20 N.
	du S.-E.	1 20 N.	1 15 N.	0 50 N.	0 25 N.	0 15 N.	0 35 N.	1 25 N.	1 55 N.	2 15 N.	2 30 N.
En *mars*	du N.-E.	1 30 N.	0 40 N.	0 5 S.	0 10 S.	0 30 N.	1 10 N.	2 25 N.	3 50 N.	5 0 N.	5 50 N.
	du S.-E.	0 45 S.	0 30 S.	0 25 S.	0 55 S.	0 45 S.	0 5 N.	0 30 N.	0 40 N.	0 40 N.	0 50 N.
En *avril*	du N.-E.	1 20 N.	0 25 N.	0 0	0 25 N.	1 0 N.	2 20 N.	4 0 N.	5 25 N.	6 40 N.	Époque de la mousson de S.O. sur la côte O. d'Afrique.
	du S.-E.	0 55 S.	1 25 S.	1 40 S.	1 45 S.	1 40 S.	1 0 S.	1 25 N.	2 0 N.	2 20 N.	
En *mai*	du N.-E.	3 35 N.	3 25 N.	3 0 N.	3 0 N.	3 25 N.	4 15 N.	5 25 N.	6 40N.	3 35 N.	
	du S.-E.	0 30 N.	0 5 S.	0 5 N.	0 55 N.	1 55 N.	2 25 N.	3 0 N.	3 30 N.	8 20 N.	
En *juin*	du N.-E.	6 0 N.	6 0 N.	6 5 N.	6 45 N.	7 45 N.	8 30 N.	9 10 N.	10 30 N.	12 20 N.	
	du S.-E.	4 0 N.	3 35 N.	3 10 N.	3 25 N.	4 0 N.	4 15 N.	4 30 N.	4 55 N.	5 35 N.	
En *juillet*	du N.-E.	8 35 N.	8 45 N.	8 50 N.	9 35 N.	10 30 N.	11 10 N.	12 N.	13 0 N.	14 5 N.	
	du S.-E.	4 0 N.	4 0 N.	4 10 N.	3 50 N.	3 15 N.	3 0 N.	3 10 N.	3 20 N.	3 15 N.	
En *août*	du N.-E.	11 25 N.	11 35 N.	12 0 N.	12 20 N.	12 25 N.	12 20 N.	12 10 N.	12 20 N.	13 10 N.	
	du S.-E.	5 0 N.	5 0 N.	5 0 N.	4 35 N.	3 50 N.	3 15 N.	3 10 N.	2 45 N.	1 45 N.	
En *septembre*	du N.-E.	11 35 N.	12 0 N.	12 0 N.	11 45 N.	11 20 N.	11 0 N.	11 0 N.	11 20 N.	12 0 N.	
	du S.-E.	6 0 N.	5 10 N.	3 40 N.	2 40 N.	2 15 N.	1 40 N.	1 20 N.	0 40 N.	0 0	
En *octobre*	du N.-E.	10 0 N.	9 50 N.	9 50 N.	9 55 N.	10 0 N.	10 0 N.	9 55 N.	10 30 N.	12 20 N.	
	du S.-E.	5 10 N.	4 50 N.	4 25 N.	3 30 N.	3 10 N.	3 35 N.	5 0 N.	7 0 N.	7 30 N.	
En *novembre*	du N.-E.	6 10 N.	5 40 N.	5 55 N.	6 0 N.	5 55 N.	6 0 N.	6 30 N.	7 35 N.	9 20 N.	4°10'N.
	du S.-E.	4 30 N.	4 10 N.	4 0 N.	3 35 N.	3 30 N.	3 35 N.	3 35 N.	4 0 N.	4 0 N.	
En *décembre*	du N.-E.	2 20 N.	3 5 N.	3 25 N.	3 25 N.	4 15 N.	4 35 N.	5 50 N.	7 0 N.	7 50 N.	
	du S.-E.	1 30 N.	2 30 N.	2 55 N.	2 30 N.	2 15 N.	2 30 N.	3 0 N.	3 35 N.	3 50 N.	

§ 3. — Zone des vents d'Ouest.

En remontant du Sud au Nord, dans l'océan Atlantique septentrional, et après avoir quitté les vents alizés, on pénètre dans une région connue généralement sous le nom de région des *vents variables*, et dans laquelle la direction et la force de la brise changent d'une manière assez irrégulière. La limite équatoriale de cette zone éprouve un mouvement d'oscillation, vers le Nord, en été; et vers le Sud, en hiver, suivant les mouvements analogues de la limite polaire de l'alizé.

Tout en se tenant soigneusement en dehors de toute théorie, on peut signaler dans cette région, dite des vents variables, l'existence de deux courants d'air principaux qui luttent constamment entre eux. Ce sont, d'un côté, les vents ou courants *polaires*, qui soufflent du N.O. au N.E., et les vents ou courants *tropicaux*, qui viennent du S.E. au S.O.

Ces deux courants s'entre-croisent et donnent le plus souvent comme résultante un vent de la partie de l'Ouest. Lorsque l'un des courants domine l'autre, on observe des séries de vents soit polaires, soit tropicaux. Enfin, dans le cas où les deux courants acquièrent en même temps une grande violence, leur lutte donne naissance à des mouvements tournants de l'atmosphère, c'est-à-dire produit des cyclones ou tempêtes tournantes.

En général, les vents polaires sont froids, secs, à grains; les vents tropicaux, chauds, humides, pluvieux. Cette remarque permet, dans beaucoup de circonstances, de prévoir les changements de direction de la brise. Ainsi, lorsque avec des vents de S.O. on voit se former une éclaircie dans le N.O., ou dans le Nord, et lorsqu'en même temps le temps se refroidit et que le pont, les toiles de bastingage, les cordes, etc. se sèchent rapidement, on peut en conclure que le vent va passer au N.O. et souffler de la partie du Nord. Ces pronostics sont complétés par l'observation d'une hausse du baromètre. Inversement, les vents de la partie du Nord, les vents de N.E. et d'Est ne doivent pas tarder à hâler le S.E., le Sud et le S.O., lorsque l'horizon se charge dans le Sud, que le temps devient plus chaud et que le pont, les cordes, les vêtements de laine, les cheveux, la barbe, etc., se couvrent d'humidité; — ces avertissements sont accompagnés d'une baisse du baromètre.

Il est bien connu également des marins que d'ordinaire les vents de S.O. ne deviennent violents qu'après avoir soufflé pendant un temps assez long. Au contraire, il arrive assez généralement que les vents violents de S.O. sautent brusquement au N.O., sans diminuer de force, de sorte que les mauvais temps de N.O. surviennent inopinément. On se tient en garde contre ces sautes de vent brusques du S.O. au N.O. en prenant la cape tribord amures avec les mauvais temps de S.O. Si l'on négligeait cette précaution et si la saute de vent se faisait sur un navire à la cape bâbord amures, on s'exposerait à masquer, la mâture serait compromise, et l'on risquerait de recevoir, *en culant*, de mauvais coups de mer.

C'est ainsi que, malgré leur inconstance apparente, les vents variables suivent, dans leurs changements de direction, une loi générale très-remarquable : ils tournent sur la rose du compas dans le sens du soleil, ou dans celui des aiguilles d'une montre, c'est-à-dire qu'ils soufflent successivement du Sud, du S.O., de l'Ouest, du N.O , du Nord et ainsi de suite. Lorsque, par exception, les vents n'obéissent pas à cette loi de rotation, lorsqu'ils reviennent, par exemple, du N.O. au S.O. et S.S.O., on dit qu'ils reculent ; et, dans une telle circonstance, on peut s'attendre à de très-mauvais temps : on veille le baromètre et l'horizon.

Dans la zone dite des vents variables, les vents, comme nous l'avons déjà dit, soufflent principalement de la partie de l'Ouest, entre S.-O. et N.-O. Il semble donc rationnel, ainsi que le conseillent certains auteurs, de remplacer la dénomination de région des vents variables par celle de région des vents *généraux d'Ouest*.

§ 4. — Mousson de S.O. de la côte d'Afrique.

En se reportant au tableau des limites équatoriales des alizés de N.E. et de S.E. que nous avons donné précédemment, on constate que ces limites, entre lesquelles on peut s'attendre *en général* à trouver plus de calmes et de folles brises, vont en s'écartant l'une de l'autre de plus en plus, à mesure qu'elles se rapprochent de la côte occidentale d'Afrique. C'est ainsi que sur le méridien de 25° Ouest les limites des alizés sont distantes de trois degrés de latitude environ pendant toute l'année, excepté en juin, juillet, août et septembre, pendant lesquels la distance des limites est de neuf degrés en moyenne. Sur le méridien de 30° Ouest, on constate, à la même époque, un écart moyen de huit degrés.

D'un autre côté, le tableau des chances de calmes, que nous avons donné pour les mois de juillet, août et septembre, prouve qu'à cette époque et entre les parallèles de 5° et de 10° Nord (c'est-à-dire dans l'espace compris entre les limites des deux alizés) les chances de calmes, en partant de la côte d'Afrique sont peu nombreuses. On en a d'abord 0 (c'est-à-dire pas du tout), puis seulement 6 p. 0/0, 8 p. 0/0 et encore 8 p. 0/0 jusqu'au méridien de 32° Ouest. Au delà de ce méridien, les chances augmentent et sont de 15 et de 21 p. 0/0. Nous ferons remarquer de plus, qu'entre 10° et 15° Nord, c'est-à-dire dans la zone qui contient la limite équatoriale de l'alizé de N.E., les chances de calmes sont plus fortes qu'entre 5° et 10° Nord. Dans la première zone, on trouve 11 et 13 p. 0/0 entre 22° et 32° Ouest; au lieu de 8 p. 0/0 seulement, entre les mêmes méridiens et dans la deuxième zone. Inversement, on n'a que 3 et 2 p. 0/0 de chances de calmes entre les mêmes méridiens et dans la zone comprise entre l'équateur et 5° Nord, dans laquelle se trouve la limite de l'alizé de S.-E.

Ces observations prouvent qu'au point de vue des chances de calmes, on a tout avantage pendant les mois de *juin, juillet, août, et septembre, à couper l'équateur sur un méridien plus oriental* que pendant le reste de l'année. L'examen des cartes des vents prouve de plus qu'à la même époque et entre les limites des deux alizés, et depuis la côte d'Afrique jusqu'au méridien de 32° Ouest, les vents dominants soufflent de la partie du Sud et du S.O.

A toute autre époque de l'année (et même en juillet, août et septembre, *dans l'Ouest de* 37° Ouest), on trouve entre les limites des deux alizés des brises dominantes de l'Est variables du S.E. au N.E., et inversement.

On donne généralement le nom de *mousson de S.O.* de la côte d'Afrique à ces vents qui s'établissent en juin, juillet, août et septembre, et qui sont dominants de la partie du S.O., depuis la côte d'Afrique jusque vers le méridien de 37° Ouest, surtout entre les parallèles 5° et 10° Nord.

A cette époque de l'année, *entre les parallèles* 5° *et* 10° *Nord,* on aura les chances suivantes :

Entre la côte d'Afrique et le méridien 17° Ouest, environ 67 p. 0/0 de vent de S.O. et 33 p. 0/0 de S.E. ;

Entre 17° et 22° Ouest, environ 6 p. 0/0 de calmes, 72 p. 0/0 de vent de Sud et 22 p. 0/0 de S.O.;

Entre 22° et 32° Ouest, environ 8 p. 0/0 de calmes, 48 p. 0/0 de vent de Sud et 44 p. 0/0 de S.-O.

A la même époque, et dans la zone comprise entre 0° et 5° Nord, et entre 22° et 32° Ouest, les vents sont dominants du Sud et du S.E. . On peut compter sur 2 ou 3 p. 0/0 de calmes, 52 p. 0/0 de vents de Sud, 46 p. 0/0 de S.E. et 2 p. 0/0 de calmes seulement.

§ 5. — Harmatan.

L'*harmatan* est un vent extrêmement sec, soufflant particulièrement *pendant la saison sèche*, de directions variables entre l'E.S.E. et l'E.N.E., sur la côte d'Afrique, entre *le Sénégal et le Gabon*. Il ne dure généralement que peu de temps, de 2 à 6 jours ; on cite toutefois des cas où il a soufflé pendant 15 jours. Il est ordinairement interrompu par la brise de mer qui s'établit vers midi, et il ne se fait sentir d'ailleurs qu'à une distance assez faible de terre.

L'*harmatan* est presque toujours accompagné d'une sorte de brume, qui est assez souvent causée par une poussière fine et rougeâtre très-épaisse ; aussi convient-il, en pareille circonstance, de se défier du voisinage de la côte dont la distance n'est pas facilement appréciable. Ce vent est quelquefois très-fort sur les côtes du Sénégal et de la Sénégambie ; il est ordinairement faible sur celles de Guinée. Quoique l'*harmatan* soit désagréable, à cause de sa sécheresse, il a cependant un effet salutaire, au point de vue de l'hygiène. Il détruit la végétation ; mais il est très-favorable à la production de la gomme.

§ 6. — Tornades.

Les *tornades* sont des bourrasques de courte durée, survenant brusquement, et qui constituent l'un des phènomènes les plus saillants de la *saison des pluies* sur la côte d'Afrique, tandis que l'*harmatan* est le vent caractérisant la *saison sèche* sur cette même côte. Les *tornades* annoncent le commencement de l'hivernage ; elles se font sentir au cap des Palmes, un mois avant de se montrer à Sierra-Leone ; et sur ce dernier point, on les reçoit six semaines avant qu'elles parviennent à Gorée d'abord, puis à Saint-Louis.

Il faut saluer ces grains en carguant les voiles ; et il est même prudent de les serrer, quand on a suffisamment de monde pour le faire promptement ; car il y a des *tornades* qui ont la violence de véritables ouragans. Voici la description qui en a été donnée par de Kerhallet :

Les *tornades* sont des bourrasques durant une heure ou une heure et demie au plus, pendant lesquelles le vent saute successivement de plusieurs rumbs. Cette espèce de grains se rencontre particulièrement sur la côte d'Afrique. Au sud de l'équateur, les tornades ne sont pas très-fortes ; mais au Nord de la ligne, elles sont très-violentes. Pour chaque parage elles sont fréquentes, surtout à la fin et au commencement de l'hivernage. Longtemps avant une *tornade,* on voit des nuages blafards et cuivrés pendant le jour, ou noirs pendant la nuit, fréquemment sillonnés par des éclairs, et qui s'amoncellent dans le Nord et le N.E. et marchent contre la brise régnante. Ces nuages s'étendent à l'horizon et s'élèvent, lentement d'abord, en formant un grand arc de cercle dont les bords sont d'autant plus nettement tranchés que le vent doit être plus violent. Alors la brise régnante mollit et tombe tout à fait ; puis, après quelques secondes de calme, le vent prend soudain avec violence du N.E., et l'orage éclate, atteignant sa plus grande force lorsqu'il est à trois ou quatre quarts de l'horizon. Le vent saute brusquement du N.E. à l'Est et au S.E., en conservant la même violence, puis il mollit au Sud et devient faible au S.O., en même temps que l'orage se résout en pluie. Les plus fortes tornades sont celles où le vent souffle avant que la pluie tombe. Quelquefois, sur la côte du Gabon et dans le golfe de Biafra, les tornades soufflent du N.O à l'Ouest et au S.O.

§ 7. — Vents régnant au Gabon.

Sur la côte du Gabon, règnent les brises de terre et de mer. La brise de mer souffle de directions variant entre le N.O et le S.S.O. ;

la brise de terre est ordinairement faible du S.E. à l'Est. Les *pluies* sont fréquentes à toute époque de l'année ; cependant elles sont plus particulièrement abondantes de Septembre en Janvier, et surtout en Novembre, Décembre et Janvier. Pendant cette période, que l'on appelle « *saison des pluies* » le vent est souvent frais du S.O.; les tornades sont fréquentes.

La saison la moins pluvieuse porte le nom de « *saison sèche* » et dure de Juin en Septembre. Pendant ces mois, la chaleur est forte, quoique le soleil soit assez rarement visible.

De Février en Mai, le temps est variable ; on éprouve des tornades qui sont particulièrement violentes en Mars et Avril.

§ 8. — Vents régnant dans la baie de Biafra.

Sur la côte E. de la baie de Biafra, la « *saison des pluies* » dure de Septembre en Mars, avec des calmes et de petites brises du S. au S.O. et au S.S.O. La plus mauvaise saison, celle des tornades et des orages, commence en Mars et finit vers le milieu de Septembre. Durant les mois de Juillet et d'Août, qui sont les moins humides de l'année, les vents sont généralement frais du S.S.O. au S.S.E.

Sur la côte N., au Vieux-Calebar et à la rivière Bonny, la « *saison des pluies* » dure depuis la fin de Mai jusqu'en Septembre ; les pluies sont notamment continuelles en Juillet et en Août. Pendant cette saison, les vents soufflent du S.-S.-O au S.-O, souvent avec force. Le temps s'éclaircit en Octobre, époque à laquelle de fraîches brises de terre alternent avec les grains de pluie. Des *brouillards*, ressemblant à de la fumée, sont fréquents en Septembre, Octobre et jusqu'en Novembre : ces mois sont particulièrement malsains. On peut considérer comme « *belle saison* » la période de Novembre au milieu de Mai. Durant ces mois, la température est très-élevée ; on a des brises de terre et de mer ; les *tornades* sont fréquentes, surtout en Novembre, en Mars et en Avril ; enfin l'*harmatan* souffle du N.E., parfois avec force, et particulièrement en Décembre, Janvier et Février.

§ 9. — Vents régnant dans le golfe de Benin.

Dans le golfe de Benin, entre le cap Saint-Paul et le cap Formose, les vents dominants sont ceux du S.-O. et de l'O. Il faut s'attendre à des *tornades*, de *Mars* en *Juillet*. En *Avril* et en *Mai*, on en a une au moins en 48 heures, et quelquefois deux dans un jour. En *Juin* et *Juillet*, on en a presque tous les jours ou toutes les nuits, mais elles donnent moins de vent qu'en *Août* et en *Septembre*, où les *pluies* sont *presque continuelles*, avec forte brise du large et grosse houle du S.O. En *Octobre*, le temps s'éclaircit ; et les mois de *Novembre*, *Décembre*, *Janvier* et *Février* correspondent au temps le plus fixe et le mois malsain, avec une température de 30° à 32°. Pendant ces quatre mois, qui représentent la *saison sèche*, et en général de Novembre en Mai, des exhalaisons sortent du sol durant les trois heures qui suivent le lever du soleil. Ces exhalaisons enveloppent la côte de cette brume, semblable à de la fumée, qui est généralement dissipée par la brise du large, vers dix heures du matin. Le mois de *Juin* est le moins chaud, thermomètre 25°; fortes brises de S.O. à deux ris dans les huniers. En *Décembre* et *Janvier*, on est à l'époque de l'*harmatan*, ou saison des vents d'E. Les *tornades* sont ordinairement de courte durée dans le golfe de Benin ; mais elles peuvent quelquefois être assez fortes pour faire démâter ou engager. Elles commencent généralement du S.-E. et tournent à l'E. et au N.E ; cependant il y en a qui soufflent sur la côte et d'autres de l'O. Le tonnerre précède un arc de nuages amoncelés, qui obscurcissent l'horizon dans la direction d'où la bourrasque et la pluie doivent venir ; le baromètre n'annonce rien, il reste à peu près fixe à 762 $^m/_m$; le thermomètre baisse de 3° dès le commencement de la tornade.

§ 10. — Vents régnant sur la Côte d'Or et sur la Côte d'Ivoire.

Sur ces côtes, on a successivement *deux saisons sèches*. La première dure du milieu de décembre au milieu de mars: pendant ces mois, la température est très-élevée; les brises de mer soufflent de l'Ouest à l'O.S.O., souvent avec une grande force ; l'harmatan se fait sentir parfois de la partie de l'Est, par séries de plusieurs jours ; enfin, l'on a fréquemment des brouillards comme de la fumée. La *seconde saison sèche* commence à la fin de juillet et finit vers le milieu d'octobre: pendant cette période, on a encore des brouillards très-épais, ressemblant à de la fumée et cachant la terre.

Les deux saisons sèches séparent deux autres saisons, dites *saisons des pluies.* La première dure du milieu de mars au milieu de juillet : avec des temps à grains, des tornades et de grandes pluies qui tombent avec une abondance peu ordinaire, surtout en mai et juin, accompagnant un temps lourd et étouffant. La *seconde saison* humide commence à la fin d'octobre et dure jusque vers le commencement de décembre, avec de nouvelles et longues séries de pluies.

§ 11. — Vents régnant sur les côtes de Liberia et de Sierra Leone.

1° CÔTE DE LIBERIA.

Sur la côte de Libéria, l'on a deux *saisons des pluies. La première* dure depuis avril jusqu'au milieu d'août ; et *la seconde* règne en octobre et novembre. Pendant ces périodes, le temps est à grains, les tornades soufflent de la partie de l'Est ; quant aux pluies, elles sont extrêmement abondantes en juillet et en août, tandis qu'elles ne tombent pas constamment en octobre et novembre. Durant les saisons humides, les navires qui se tiennent près de terre, entre 5 et 10 milles, sont moins exposés aux calmes, aux pluies persistantes et aux temps à grains, que ceux naviguant plus au large.

La *belle saison* commence en décembre et se termine en avril. A cette époque, on a les brises de terre du N.N.O. au N.N.E., et les brises de mer de l'O.S.O. à l'O.N.O. *L'harmatan* accompagné de brume se fait sentir en décembre ; au reste la terre est voilée, pendant la belle saison, par des brouillards en fumée qui sont très-épais et qui règnent particulièrement, le matin, pendant plusieurs heures.

2° CÔTE DE SIERRA-LEONE.

Sur la côte de Sierra-Leone, la *saison des pluies* dure de mai en septembre, et même, à vrai dire, jusqu'en novembre. Pendant cette période qui est la plus malsaine, les vents dominent du S.O. à l'O.S.O assez faibles, et quelquefois ils soufflent avec beaucoup de violence de l'O.-N.-O et de l'Ouest.

Les tornades apparaissent au mois de mai, au commencement des pluies ; elles les précèdent quelquefois d'un mois. Elles recommencent en octobre, quand les pluies sont sur le point de cesser ; on en éprouve aussi quelquefois en novembre. Elles soufflent de l'E. au S.E., avec une grande violence, mais elles durent rarement plus de trois heures. Elles sont précédées par un arc léger dans l'Est, avec des nuages sombres et des éclairs ; un nuage blanc épais, au milieu de l'arc indique une rafale terrible. Dès qu'on aperçoit ces indices, il faut serrer toutes les voiles et mettre le navire vent arrière.

La belle saison, sur la côte de Sierra-Leone, commence en novembre et finit en avril. A cette époque, on trouve généralement au large des brises du N.N.O. au N.O. ; mais en se rapprochant de terre, à moins de 20 ou 30 milles, on a la *brise de mer* variant de l'O.N.O. au N., de 10 heures du matin à midi, heure à laquelle le vent tourne au N.E., au N.N.E et devient la *brise de terre.*

Sur la côte de Sierra-Leone, les lames moutonnent par les fonds de 9 mètres et déferlent violemment par 6 mètres et même 7 mètres de fond. Ce ressac est plus particulièrement violent vers le mois de septembre, c'est-à-dire pendant la dernière partie de la saison des pluies, et aux nouvelles lunes. Il faut s'en défier quand on est mouillé par petits fonds, surtout aux embouchures des rivières et pendant le jusant. La saison de l'*harmatan* dure de novembre au commencement de janvier. L'*harmatan* commence à souffler au N.N.E. et parcourt huit quarts, en tournant à l'E.S.E. Il est brûlant et violent au commencement de la saison ; et après le premier mois, il est beaucoup plus faible. Dans les intervalles où l'harmatan cesse de souffler, on a un temps plus clair avec des brises de mer de N.O., qui donnent de la fraîcheur. *Les brumes,* fréquentes sur la côte, atteignent leur maximum d'intensité pendant l'harmatan ; elles sont en partie dispersées par les tornades et par la saison des pluies, et reprennent avec force quand les pluies ont cessé. Il faut se tenir en garde contre l'effet d'optique produit par les brumes qui font paraître les terres plus éloignées qu'elles ne le sont.

§ 12. — Vents régnant sur les côtes de la Sénégambie et du Sénégal.

1° ILES BISSAGOS, CAZAMANCE ET GAMBIE.

Aux îles Bissagos, et auprès des *rivières Cazamance* et *Gambie,* l'*hivernage,* ou *saison des pluies,* dure de mai en octobre, période pendant laquelle dominent les vents de la partie de l'O., variant de l'O.N.O. au S.O.. et soufflant fréquemment avec violence en juillet et août. Durant ces deux mois et aussi en septembre, tombent les grandes pluies. Les *tornades* se font sentir en mai, juin et juillet, et parfois aussi en août et en septembre.

Dans les mêmes parages, la « *belle saison* » dure de novembre en janvier. Pendant ces mois, on trouve assez régulièrement les brises de terre, du N.N.E. à l'E.S.E., et les brises de mer de l'O.N.O. à l'O.S.O. L'*harmatan* souffle souvent, le matin, à cette époque ; quelquefois il dure de 3 à 9 jours de suite. On observe aussi, pendant cette saison, des brouillards en fumée, surtout durant la matinée, ainsi que des effets de mirage qui rendent les observations astronomiques incertaines. Il convient donc de faire un usage fréquent de la sonde. Les brouillards que l'on rencontre, en novembre et en décembre, à l'entrée des rivières, sont particulièrement chargés de miasmes et causent malheureusement trop souvent des maladies : fièvres, dyssenteries, etc., parmi les équipages.

2° SÉNÉGAL.

Au Sénégal, pendant la *belle saison*, de la mi-septembre à la mi-juin, les vents soufflent bien établis du N.E., variables au N.N.O. et au N.O. en passant par le N. Pendant l'*hivernage*, ou saison pluvieuse, de la mi-juin à la mi-septembre, les brises sont ordinairement faibles et interrompues par des tornades, qui viennent de la partie du S.E. et qui tournent ensuite au S., au S.S.O. et au S.O. Quelquefois, à cette époque, les vents soufflent de l'O. avec violence. En tous temps, les navires attérissent un peu au N. du parallèle de Saint-Louis, de manière à se trouver au vent, si l'on est dans la belle saison où les vents dominent de la partie du N.; et afin de ne pas s'exposer à se laisser drosser par le courant vers le S., si l'on est dans l'hivernage, époque à laquelle on n'a ordinairement que de petites brises. Il faudra toujours sonder et ne pas approcher la côte, avec un voilier, par moins de 12 à 10 mètres d'eau, à cause des *ras de marée* qui sont à craindre, en toutes saisons, et particulièrement pendant les mois de mars, d'avril, de novembre et de décembre.

Le climat du Sénégal est moins malsain que celui de la côte de Sierra-

Leone. Cependant, les chaleurs de l'été sont fatigantes, surtout lorsque les vents viennent de la partie de l'Est ; quant à la saison pluvieuse, du 15 juin au 15 septembre, elle est défavorable, particulièrement pour les Européens qui arrivent à cette époque.

La barre du Sénégal est difficile, et dangereuse même, vers la fin de l'hivernage, en novembre, décembre et même jusqu'en mars. A cette époque, la mer brise assez souvent à plus de 1 mille au large, et par plus de 13ᵐ de fond. La barre est moins mauvaise d'avril à la fin de septembre, période pendant laquelle de simples canots peuvent très-souvent la franchir. Etant sur la rade de la barre, on est soumis aux courants de marées qui sont assez forts pour faire éviter souvent les navires en travers au vent, par les brises les plus fraîches ; aussi, ce mouillage est-il très-incommode, en raison de la houle que l'on y trouve presque toujours.

Sur la côte du Sénégal, les *vents* dominent, comme nous l'avons dit, entre le N.E. et le N.O., durant la plus grande partie de l'année. Pendant la saison des pluies, les orages et tornades venant du S.E., il est toujours facile d'appareiller à leur approche, si on le juge nécessaire ; et, comme les vents tournent ensuite au S.O. en faiblissant, on peut venir reprendre le mouillage quand le grain est passé.

La rade de Gorée, au N.E. de l'île, est abritée de tous les vents depuis le S.O. jusqu'à l'E., par le Nord. Elle est parfaitement sûre pendant 8 mois de l'année, de novembre à juillet ; mais, pendant la mauvaise saison, il faut se tenir en garde contre les orages de S.E.

§ 13. — Vents régnant aux îles du Cap-Vert.

Aux îles du Cap-Vert, les alizés du N.E. règnent pendant neuf mois environ, d'octobre en juillet ; et la mousson de S.E. et de S.O. souffle de juillet en octobre. L'*hivernage*, ou saison des pluies, comprend les quatre mois d'août, septembre, octobre et novembre. A cette époque, on est exposé aux fièvres pernicieuses et même à la fièvre jaune. La saison sèche dure de décembre à juillet ; elle est très-chaude, mais n'est pas malsaine.

Quand on n'a pas à s'arrêter aux îles du Cap-Vert, on peut, en venant du N., se borner à reconnaître l'île San-Antonio. Si l'on est obligé de passer entre les îles, on doit se défier des courants, des calmes et des rafales. Le canal le meilleur est celui compris entre Santiago et Fogo.

La relâche de Porto-Grande (dans l'île Saint-Vincent), est devenue plus importante que jamais, maintenant qu'elle est reliée à l'Europe et au Brésil par un câble télégraphique. D'ailleurs, cette relâche est bonne, surtout pour faire de *l'eau* et *du charbon de terre* ; on y trouve aussi des vivres frais. La baie est très-étendue, le mouillage de bonne tenue, et l'on y est relativement bien abrité de tous les vents. Cependant, il faut se tenir en garde contre les rafales qui tombent des montagnes avec les vents de N.E.; on a beaucoup de houle avec tous les vents.

L'Ile Saint-Vincent a la réputation d'être saine.

Il n'en est pas de même de l'île Santiago, surtout dans sa partie S.O. qui est marécageuse et réputée malsaine. *La baie de la Praïa*, dans cette île de Santiago . offre un mouillage abrité contre tous les vents, excepté contre ceux du S.O. au S.E., qui ne sont réellement à craindre que pendant la saison malsaine, de juillet en septembre. Pendant la saison des vents de N.E., on ne ressent que des rafales tombant des montagnes. Dès que l'on voit les vents prendre de la partie du Sud, il faut appareiller. On peut y faire de l'eau facilement ; on y trouve des bœufs de 200 à 250 kilos, coûtant de 100 à 125 fr. ; beaucoup de moutons de 15 à 20 kilos, coûtant de 5 à 8 fr.; des poules à 1 fr. 25.; des oranges à 2 ou 3 fr. le cent ; et des bananes à 2 ou 3 fr. le régime.

§ 14. — Vents régnant aux îles Canaries.

Aux Canaries, les vents dominent du N.N.O. au N.-N.-E. pendant toute l'année, et principalement d'avril à octobre. Ils sont interrompus d'octobre en février, par des vents violents du S.E. au S.O., accompagnés fréquemment de grandes pluies et durant 7 à 8 jours. Pendant ces mois d'hiver, on peut s'attendre également à des temps brumeux. Les coups de vent sont surtout à craindre en décembre et janvier, époque à laquelle, suivant les instructions de Kerhallet, le seul mouillage que l'on puisse prendre sans trop de danger est celui de Palmas, dans le N. de la Grande-Canarie. On s'y trouve en appareillage de tout temps ; ce qui n'a pas lieu au même degré à Ste-Croix-de-Ténériffe, où il ne paraît pas y avoir beaucoup plus de ressources de ravitaillement. Ce mouillage de Sainte-Croix, toujours d'après Kerhallet, est *détestable*, et l'on y est *en perdition* avec un coup de vent de S.E.

Après avoir cité l'avis de Kerhallet, nous donnerons, un peu plus loin, l'opinion de M. le commandant Grasset qui parait plus favorable à la relâche de Sainte-Croix-de-Ténériffe. Nous pensons, quant à nous, que Palmas est préférable pour les *voiliers*, au point de vue de la sécurité *relative* ; et que Sainte-Croix peut être une meilleure relâche pour les navires mixtes et à vapeur ; ceux-ci ayant toujours la faculté de prendre le large à leur gré, ne seront pas plus en danger à l'un des mouillages qu'à l'autre, et ils pourront avoir, à Sainte-Croix, l'espoir de trouver *un peu plus* de facilités pour le ravitaillement en vivres frais. Au point de vue du climat, les deux relâches sont également saines.

Nous allons présenter maintenant ci-après un résumé succinct des excellentes indications fournies par M. le commandant Grasset :

« Le mouillage de Sainte-Croix, situé du côté S.E. et près de l'extrémité N.E. de Ténériffe, quoique *médiocre*, est cependant l'un des meilleurs des Canaries. Il est ouvert à l'E., direction d'où les vents soufflent rarement avec violence ; cependant quelques navires ont été jetés à la côte, avec ces vents, au mouillage de Sainte-Croix. Quand on voudra y relâcher, on sera guidé par le pic de Ténériffe, qui est de forme triangulaire, élevé de près de 3,800 mètres, et visible parfois à 90 milles de distance. Pendant la nuit, le feu d'Anaga, fixe, à éclats, de 3 min. en 3 min., et visible à 35 milles, permet d'attérir sans difficulté sur l'extrémité N. de l'île.

A Sainte-Croix-de-Ténériffe, comme à Palmas, il est recommandé de n'appareiller qu'à la nuit ou dans la matinée, *avec la brise de terre*, parce que l'on pourrait risquer de se mettre au plein, si l'on voulait appareiller avec la brise du large, quand elle est fraîche. Sur ces deux mouillages, quand on est dans la saison des coups de vent, il faut appareiller dès que le temps prend une mauvaise apparence. »

§ 15. — Vents régnant à Madère.

A Madère, la saison pendant laquelle surviennent des pluies et des mauvais temps, peut être considérée comme durant de novembre à la fin de mars. Toutefois, à vrai-dire, le climat de cette île est très-beau ; la température est agréable et peu variable.

La relâche de Madère est destinée à augmenter d'importance, depuis que cette île a un câble télégraphique, communiquant, d'une part avec l'Europe, et d'autre part, avec les îles du Cap-Vert et avec le Brésil, la Plata et le Chili.

Nous donnerons d'abord un exposé du régime des vents, à Madère, d'après les travaux de M. *Al. Vidal*, officier de la marine royale britannique :

« *Janvier* est un mois ordinairement très-venteux du S.E. Les vents de N.E sont fréquents. On observe souvent des pluies dans le N. de l'île, en même temps qu'il y a beau temps clair dans la baie de Funchal.

En *février*, vents de S. dominants. Ils sont aussi fréquents du N., avec des sautes brusques à l'E. et à l'E.S.E. qui sont parfois suivies de coups de vent de peu de durée, accompagnés de tonnerre et de fortes pluies.

En *mars*, vents dominants du N.O., soufflant parfois très-dur. Ils causent un fort ressac sur la plage, mais ils ne sont pas dangereux pour les navires au mouillage.

Avril est fréquemment très-venteux, jusque vers le milieu du mois, époque à laquelle commencent les vents alizés de N.E.

En *mai, juin* et *juillet*, les nuits sont généralement claires et les jours nuageux, avec des brises régulières de terre et du large. La brise du large souffle du S.O. à l'O.S.O., de dix heures du matin jusque vers le soir, aux abords de la baie de Funchal. La brise de terre est ordinairement faible de dix heures du soir jusqu'au matin.

Août et une partie de *septembre* sont très-chauds, avec temps clair. Les vents appelés *Este* ou *Sirocco* soufflent quelquefois de l'E. très-forts et pendant 6 ou 9 jours de suite. Tant qu'ils soufflent, l'atmosphère est d'une sécheresse et d'une pureté particulières ; et à la fin de *septembre* cessent les alizés.

Vers le milieu d'*octobre*, on a ordinairement des pluies qui durent une quinzaine de jours. Elles commencent avec de forts vents de S.E. tournant au S.O.; et le temps s'éclaircit avec les vents de N.O. Après ces pluies, vient l'*été* de la *Saint-Martin* qui dure aussi une quinzaine avec des vents de N.E. Cependant l'*été* de la *St-Martin* est très-irrégulier et ne vient parfois qu'en décembre.

Les *coups de vent* sont à redouter, surtout en novembre et en décembre. Ils commencent à souffler de la partie du S. et passent graduellement à l'O. pour se terminer au N.O. Les coups de vent ne paraissent pas à craindre du milieu d'Avril à la fin de Septembre. »

Voici maintenant quelques renseignements succints sur le mouillage de *Funchal*, que nous extrayons, en les abrégeant le plus possible, des observations de M. le commandant Grasset :

« Le mouillage de *Funchal* situé au S. de Madère, est bon pendant la saison des vents de N.E.; mais depuis novembre jusqu'au commencement de mars, l'on y peut recevoir des coups de vent de S.O et de S.E., de sorte qu'il faut quitter le mouillage à la moindre apparence de mauvais temps de S. Ces coups de vent sont annoncés ordinairement par une très-grosse houle en rade, un temps sombre et pluvieux et par des brises venant de la terre et changeant brusquement de direction. Le mouillage de Funchal est signalé par un feu fixe, rouge, visible de 8 milles, et placé dans le fort du rocher Loo. En été, on mouille à l'E. de la ville, par 30 à 40ᵐ d'eau ; *en hiver*, il est prudent de mouiller de manière à relever la citadelle de Pico, dans le N.N.O. environ, soit par des fonds de 22ᵐ à 23ᵐ, *avec un vapeur*; soit par des fonds de 45ᵐ à 60ᵐ, *avec un voilier*. »

§ 16. — Vents sur la côte du Maroc, entre 30°N. et Gibraltar.

Sur la côte du Maroc, *pendant l'hiver*, c'est-à-dire en décembre, janvier et février, les vents dominent de la partie du S.O., parfois violents. Pendant le reste de l'année, et surtout d'avril en octobre, on est dans la *belle saison*, et les vents soufflent du N.E. au N. et au N.O., généralement frais. D'octobre en avril, et particulièrement en décembre et en janvier, on peut s'attendre à des brumes persistantes et épaisses ; en pareil cas, le climat n'est pas sain. Des tempêtes sont à craindre, sur cette côte, pendant les mois de décembre, janvier et février, période pendant laquelle le mouillage de Mogador n'est pas sûr.

§ 17. — Vents régnant dans le détroit de Gibraltar, et à l'ouvert du détroit.

1º A l'ouvert et dans l'Ouest du détroit.

En janvier, février et mars, il conviendra de se tenir en garde contre de violents coups de vent de la partie du Sud, sautant brusquement à l'O. et au N.O. Ces mauvais temps se suivent à de courts intervalles, et les grains les plus violents viennent ordinairement du S.O. *En avril, mai et juin,* on aura seulement 3 °/₀ de chances de calmes et des vents de S.O. et d'E.S.E., qui soufflent parfois grand frais, surtout au changement de lune. *En juillet, août et septembre,* on devra compter sur 9 °/₀ de calmes, et sur des brises variables, quoique dominant d'abord du N.N.E., et ensuite du S.E. En se rapprochant de la côte d'Espagne, brises de terre et de mer. *En octobre, novembre et décembre,* les vents d'Ouest soufflent plus souvent que ceux de la partie de l'Est. On pourra avoir, en octobre, des temps à grains avec tonnerre. Les vents du N.E. causent des brouillards sur la côte d'Afrique. Les calmes sont rares.

2º Dans le détroit.

Dans le détroit, il n'y a, pour ainsi dire, que des vents d'Est et des vents d'Ouest. La belle saison dure de la fin d'avril jusque vers le milieu d'octobre. A partir de la fin d'octobre, il faut être en garde contre les mauvais temps et les coups de vent, particulièrement en janvier, février et mars. A cette époque, les coups de vent sont très violents du S.O au N.O., accompagnés de grandes pluies; ils sont très généralement annoncés par la baisse du baromètre.

La force des vents est la plus grande, dans la partie la plus resserrée du détroit. Ainsi, lorsque les vents d'Est sont modérés entre Gibraltar et Ceuta, ils sont fréquemment très-violents entre la pointe Ciris et Tarifa et dans l'Ouest du détroit. Inversement, pendant que les vents d'Ouest sont modérés entre Trafalgar et Spartel, ils soufflent ordinairement très-forts entre Tarifa et la pointe Ciris et dans l'Est du détroit. Il importe aussi de remarquer que les vents, dont la direction est le plus souvent l'E. ou l'O., au milieu du détroit, hâlent fréquemment la partie du Nord, quand on se rapproche de la côte d'Europe, tandis qu'ils hâlent la partie du Sud, lorsqu'on vient auprès de la côte d'Afrique. Ainsi, au même instant, les vents peuvent souffler du N.E. sur la côte d'Europe, de l'Est au milieu du détroit, et du S.E. sur la côte d'Afrique. De même, on pourra trouver du N.O. sur la côte d'Europe et du S.O. sur celle d'Afrique, pendant que le vent sera Ouest, au milieu du détroit.

Les vents d'Est sont ordinairement à rafales ou modérés, auprès de la terre, et presque toujours frais ou même violents au milieu du détroit. Ces vents sont très-humides, surtout dans l'Est du détroit; ils ne donnent que très-rarement de la pluie, mais pendant qu'ils soufflent, les terres se couvrent de brumes d'autant plus épaisses que la brise est plus fraîche. On devra s'attendre à des vents d'Est, lorsque la rosée sera abondante, et quand on observera de la brume sur la terre et surtout des pannes de brume sur les sommets ou sur les flancs du Morne de Gibraltar et du Mont-aux-Singes. Après de forts vents d'Est, on voit quelquefois, pendant la belle saison, se former des nuages ronds et à bords blanchâtres. Si, en pareil cas, la brise se lève du S.O ou de l'O., on voit bientôt se former dans l'O. un banc de brume qui enveloppe rapidement tout le détroit et qui persiste pendant plusieurs heures.

On est prévenu que les vents d'Ouest doivent bientôt souffler quand on voit les sommets du Morne de Gibraltar et du Mont-aux-Singes se dégager des nuages dont ces montagnes sont entourées pendant les vents d'Est. En général, les vents d'Ouest soufflent modérés, avec le ciel pur, et en laissant toutes les terres claires et visibles. Toutefois, lorsque les vents d'Ouest forcent, pendant la belle saison, ils sont à grains et ils amènent quelquefois des temps sombres et une grosse mer. Ces mêmes vents, pendant l'hiver, peuvent souffler en coups de vent, comme nous l'avons dit au commencement du présent paragraphe.

§ 18. — Vents sur les côtes d'Espagne et de Portugal, du cap Saint-Vincent au cap Finistère.

On peut dire, d'une manière générale, que, pendant la plus grande partie de l'année, les vents sont frais de la partie N., avec assez beau temps, surtout en été.

Les coups de vent sont assez fréquents d'octobre en Mars; ils sont très-violents et soufflent du S. au S.O. et à l'O.S.O., accompagnés de pluies ; s'ils tournent au N.O., ils continuent à souffler avec force, mais sans pluie. Si l'on a du calme après les vents de S.O., on doit s'attendre à du mauvais temps. Les coups de vent sont généralement précédés et annoncés par la houle venant du S.O. et de l'Ouest.

En été, la terre est souvent embrumée avec les vents de la partie N.E.

§. 19. — Vents régnant dans le golfe de Gascogne et sur les côtes Ouest de France.

Dans le golfe de Gascogne, les vents sont variables, mais ils soufflent le plus souvent de la partie du S O. au N.O., surtout en hiver. Les vents de la partie de l'E. entre E.N.E et E.S.E., ne sont pas rares de mai en septembre, et ils soufflent quelquefois avec force et avec une grande persistance en décembre et en janvier ; quand ils viennent du N.E, ils sont forts, à grains, amènent de la pluie, et sont assez généralement suivis par un coup de vent de la partie de l'E. et du S.E. *En 'hiver*, d'octobre en mars, on est exposé à de fréquents coups de vent de N.O. violents et persistants, qui commencent au S.O., tournent ensuite vers l'O. avec un temps sombre, et passent enfin au N.O. Pendant cette saison, les vents de la partie du N. et du N.N.E. sont très-rudes et amènent des grains et de la grêle. *En avril, mai et juin*, les vents de la partie du S.O. au N.O. sont ordinairement modérés, et les pluies sont assez fréquentes. *En juillet, août et septembre*, et surtout vers le mois d'août, il faut se tenir en garde contre de forts grains, avec sautes brusques du S. au N.O.

Dans la Manche et sur les côtes de France, les vents dominent du S.O, variables de l'O. au N.O., *surtout en hiver* de septembre en avril, avec de forts coups de vent. Les vents de S.O sont pluvieux et brumeux ; ceux de N.O. donnent des grains qui sont violents en hiver et entre lesquels le ciel est clair et l'horizon dégagé. Les vents de N. O., quand ils sont modérés, donnent de beaux temps faits. Pendant *l'été*, les vents qui dominent du S.O. donnent ordinairement un assez beau temps, quoiqu'ils puissent souffler parfois avec force et donner alors de gros temps. Les vents de la partie du N.E. au S.E. ne sont pas rares, à la fin de décembre et en janvier, avec de forts grains de N.E. et quelquefois des coups de vent d'E. On a aussi des vents de N.E. à S.E. irréguliers et ordinairement modérés, en mars et avril, ainsi qu'à la fin de septembre et en octobre. Quant aux calmes, ils ne durent pas longtemps.

§ 20. — Vents aux Açores et dans les parages de ce groupe.

Aux Açores, le climat est sain, et généralement beau quoique très-variable. *En été*, les vents sont variables, mais dominent du N.E. à l'E. *En hiver*, les vents les plus fréquents sont ceux de N.O., O. et S.O. ; ils soufflent souvent avec force ; ceux de N.O. et ceux de S.E. donnent des grains violents; enfin, on doit toujours se tenir en garde, pendant cette saison, contre les coups de vent. Le temps est ordinairement beau, de juin en septembre. Les parages des Açores sont également réputés pour les calmes et folles brises que l'on y trouve assez souvent, surtout à l'abri des îles, et d'un côté ou de l'autre de l'archipel, selon la direction des vents régnant au large.

On trouve, aux Açores, des bestiaux, des fruits et des légumes.

Relâche de Punta Delgada. — Les Portugais ont créé, dans l'île de Saint-Michel (Açores), le port artificiel de Punta Delgada, qui offre une grande sécurité. La digue dont la construction a été commencée vers l'année 1864, était presque terminée en 1876, et elle aura plus d'un kilomètre de long. Dans l'état actuel, il y a déjà un abri suffisant pour une trentaine de navires, qui se trouvent protégés dans le port, contre les vents de S.O. et de S.E. les seuls à craindre. Ce mouillage paraît donc de beaucoup préférable à celui de Fayal. On trouve, à Punta Delgada de bon charbon, des provisions de toute nature, un grand dock, et des ateliers de réparations.

§ 21. — Vents régnant dans le golfe Saint-Laurent.

Les brumes sont très-fréquentes, avec les vents d'E. ; elle sont assez rares avec les vents d'Ouest. En avril et mai, le temps est souvent clair, et les vents au N.E. En octobre et en novembre, les coups de vent d'E. sont accompagnés de neige. Ordinairement, les brumes qui accompagnent les coups de vent d'E. sont très-élevées, tandis que les brumes venant avec le calme, ou avec de très-faibles brises, permettent souvent de voir quand on monte dans la mâture.

Les vents soufflent ordinairement dans la direction des montagnes qui bordent les deux côtés du golfe. Les vents de la partie de l'O. amènent presque toujours un temps sec, clair, avec du soleil ; ceux d'E. amènent au contraire des temps froids, humides et brumeux. Au printemps, les vents d'E. soufflent souvent pendant plusieurs semaines de suite. A mesure que la saison avance, les vents d'O. deviennent plus fréquents, et pendant l'été, les vents dominant sont ceux du S.O. En octobre et novembre, on a fréquemment de grands vents de N.O. à rafales, très-froids et accompagnés de grains, de grêle et de neige. En juillet et en août, on est exposé à des orages durant une heure ou deux et amenant subitement beaucoup de vent ; il convient de réduire la voilure à leur approche. Les vents de N.O. tournent habituellement au S.O., après avoir molli ; les vents de S O. tournent ordinairement au S., au S.E. et à l'E. ; les vents d'E. mollissent jusqu'au calme, et le vent s'élève ensuite du côté opposé. Ainsi, les vents tournent généralement dans le golfe Saint-Laurent, en sens inverse du sens ordinaire de rotation des vents variables de l'hémisphère Nord. Il est assez rare qu'on éprouve, de mai en octobre, de véritables coups de vent, quoique l'on puisse avoir du vent à faire prendre le bas ris des huniers.

Le baromètre varie entre 736 et 775 $^m/_m$. Son observation est très-utile ; mais il ne faut pas trop s'alarmer de ses mouvement brusques. Il est important de remarquer que le baromètre monte généralement, dans le golfe Saint-Laurent, à l'approche d'un temps humide et brumeux ; tandis qu'il baisse ordinairement, avant les temps secs.

Ayant de grands vents de la partie du S. et de l'E., si le baromètre baisse rapidement, il faudra s'attendre à voir les vents mollir, puis une accalmie se faire, et après quelques heures on recevra un coup de vent de N.O. La force de ce vent sera d'abord très-grande, elle diminuera ensuite à mesure que le baromètre montera, et le vent tournera à l'O. et au S.O. On pourra alors avoir du beau temps, si le baromètre reste fixe à une hauteur moyenne. Mais, si le baromètre monte rapidement à une grande hauteur, les vents pourront retourner au S. ou à l'E., en coup de vent. Ainsi, les coups de vents d'Est débutent ordinairement avec le temps clair et le baromètre haut ; le vent commence au S. et au S.E. faible, et il augmente de force en tournant à l'E., en même temps que le baromètre baisse.

§ 22. — Vents régnant dans les parages de Terre-Neuve et au large de la Nouvelle-Écosse.

Dans les parages de Terre-Neuve, le temps est très-changeant ; cependant les vents d'O. dominent. Les grands vents de l'E. au S.O. par le S. donnent de la brume et beaucoup de pluie ; ceux de N.O. au N.E. par le N. amènent ordinairement un temps clair. Quand le vent dépasse le N.E. et se rapproche du S.E., le ciel recommence à se charger. Il faut se défier des sautes de vent du S.O. au N.O.

Quoique l'on puisse avoir de la brume par tous les vents, c'est avec ceux du S.E. au S.O. que la brume est le plus épaisse et le plus persistante.

Au large de la Nouvelle-Écosse, d'octobre en mars, les vents de N. et de N.O. sont dominants, accompagnés par un temps clair ; les vents venant accidentellement de la partie de l'E. amènent des brouillards. *D'avril en octobre*, des brouillards épais ou de la pluie accompagnent ordinairement les vents du large. Les vents de N. et de N.O. amènent des temps clairs ; on n'a généralement de forts coups de vent qu'à partir de la fin d'août, époque après laquelle ils sont fréquents.

§ 23. — Vents régnant sur la côte des États-Unis.

Sur la partie septentrionale de la côte des États-Unis, le temps est très-variable. Les vents les plus fréquents sont ceux de N.O. et de S.O. : les premiers paraissent dominer, quand le soleil est dans l'hémisphère Sud (d'octobre en mars) ; tandis que les vents de S.O. semblent l'emporter pendant l'autre partie de l'année (d'avril en septembre). Durant les mois d'hiver, de novembre en mars, des grains ainsi que des tempêtes, accompagnées de pluie et de neige, traversent le territoire des États-Unis, de l'O. vers l'E., et suivent cette même direction en s'éloignant de la côte. Les parages du cap Hatteras sont, à juste titre, réputés pour les mauvais temps que l'on est exposé à y rencontrer.

Sur la côte de la Caroline du Sud, les vents les plus fréquents sont ceux de la partie du S.S.O. à l'O.N.O., et ceux de la partie du N. à l'E.N.E. Pendant l'été, on peut avoir des orages et du tonnerre, avec de forts vents de la partie du N.E. Nous citerons encore une autre remarque importante : lorsque le vent de N.E., dans ces parages, n'est pas pluvieux, il peut durer plusieurs jours ; mais ce même vent, s'il est accompagné de pluie, saute ordinairement à l'E. et au S.E., puis il hâle le N.O. en éclaircissant le ciel et en continuant à souffler avec beaucoup de force de cette direction pendant un temps assez court.

§ 24. — Vents régnant aux Bermudes.

Aux Bermudes, le climat est réputé pour sa salubrité. La température *moyenne* atteint 30° en *juin*, mois le plus chaud ; et elle est seulement de 17° en février et mars, époque la plus froide. Les vents, *pendant l'été*, dominent du S.E. au S.O. ; et *pendant l'hiver* ils varient surtout du N.O. au N.E. Les vents soufflant directement du N. ou du S. sont très-rares. Les ouragans, les grains subits, les orages et les tempêtes sont à craindre, *particulièrement dans le N. des Bermudes* Dans cette région, et durant l'automne et l'hiver, la mer est presque toujours très-dure et les vents soufflent fréquemment du N.O. avec violence, amenant de la brume et un ciel couvert. Mais, dans le S. des îles, le temps est généralement serein et la mer belle. Les courants, dans les environs des Bermudes, sont très-variables, et dépendent des vents régnants ; cependant ils portent le plus souvent vers le N.E. avec force. Ces courants et les brumes épaisses de la belle saison rendent l'attérage de ces îles délicat.

§ 25. — Vents régnant entre les Bermudes et la côte des États-Unis.

Ces parages sont visités par des cyclones (v. § 42), et l'on doit toujours s'attendre à y trouver des vents variables et souvent des mauvais temps. En octobre, on a généralement du beau temps. En novembre, le beau temps cesse et l'on commence à ressentir la formation de vents tournants qui acquièrent des degrés de force très-variables. De décembre à la fin de mars, le temps est le plus souvent froid et sec. Pendant ces quatre mois, on observe fréquemment, auprès des Bermudes, des coups de vent tournant, commençant au S.O. et hâlant le N.O., en passant par l'Ouest. Au contraire, à la même époque et auprès de la côte d'Amérique, ces mêmes coups de vent commencent au N.E. et tournent à l'Ouest, en passant par le N.O. D'un coup de vent à l'autre, règnent des vents de la partie de l'Est et des calmes de courte durée.

§ 26. — Vents régnant dans les îles Lucayes ou Bahama.

Dans les parages des îles Lucayes, les vents sont généralement variables et le temps est incertain. De plus, ces îles se trouvent sur le parcours des cyclones, qui sont à craindre particulièrement de juillet jusqu'à la fin d'octobre (v. § 42).

En été, d'avril à septembre, les vents viennent le plus ordinairement du Sud de l'Est. Ils sont interrompus quelquefois par des grains très-lourds accompagnés de pluie, de tonnerre et d'éclairs, qui alternent avec des calmes et de folles brises. Avec ces dernières circonstances de temps, l'on a une atmosphère étouffante. *En hiver*, d'octobre en mars, les vents alizés dominent de la partie de l'E.N.E. à l'E. Pendant cette saison, et surtout en décembre et janvier, les *Nortes* ou vents de N.O. et de N sont très-fréquents. Voici, d'ailleurs, comment s'observe généralement, à cette époque, l'ordre de succession des vents : ils tournent du S.E. au S. et au S.O., et soufflent quelquefois 24 heures de cette direction; on voit alors, dans l'Ouest, des nuages lourds et noirs se former, et avec eux viennent des vents de la même partie qui fraîchissent rapidement, de manière à faire prendre deux ou trois ris dans les huniers. Le vent saute ensuite au N.O. et au N., en éclaircissant le temps, et il souffle de cette direction pendant deux ou trois jours; après quoi il passe au N.E , en augmentant quelquefois de force et en donnant de forts grains. Il hâle ensuite la partie de l'Est en mollissant.

§ 27. — Vents sur la côte de Cuba et dans le canal de Bahama.

Sur la côte de Cuba dominent généralement les alizés, dont la direction se rapproche du N.E., d'octobre en mars; et de l'E. ou même du S.E., de mars en octobre. *L'hivernage*, ou saison des pluies, dure de *juin en octobre*. Pendant ces mois, qui constituent la mauvaise saison, au point de vue sanitaire, les brises sont irrégulières et interrompues par des calmes, des grains, des tornades et occasionnellement par des cyclones. D'*octobre en février*, on est dans la saison des *Nortes*, ou vents très-frais de la partie du N.O. au N.E. Cette période est celle de la belle saison, pendant laquelle la température n'est pas trop élevée. A cette époque, règnent généralement les brises de terre et de mer.

Sur la côte Nord de Cuba et dans le Nouveau canal de Bahama, pendant la belle saison, de novembre en avril, la brise de mer est très-régulière ; elle commence vers 10 ou 11 heures du matin et souffle du N.E. à l'E.N.E., puis elle passe à l'E. et parfois à l'E.S.E., vers le soir. La brise de terre souffle ensuite, pendant la nuit, entre le S. et l'E. Dans la partie N. du Nouveau-Canal, les vents dominent du N.E. au N.O., d'octobre en mars ; ils tournent souvent à l'E., au S.E., au S. et au S.O., de mars en mai ; enfin, ils dominent du S.E. au S.O., de juin en septembre.

Sur la côte Sud de Cuba, les alizés sont interrompus, *surtout de la fin d'avril au commencement de septembre*, par la succession journalière des brises de terre et de mer. La brise de terre commence après le coucher du soleil et souffle de la partie du Nord. De grand matin, le vent tourne à l'E. et devient brise de mer, soufflant de l'E.S.E. vers midi ; celle-ci passe au Sud et au S.O., dans la soirée. Les calmes et les folles brises ne sont pas rares de mai en août. Il faut se défier, sur cette côte, et particulièrement dans l'Ouest du cap de Cruz, des *bayamos*, nom donné aux coups de vent subits et d'une grande violence, qui accompagnent de forts orages, avec pluie, éclairs et tonnerre, dont la venue s'annonce par des nuages épais couvrant les montagnes.

Dans le Vieux-Canal de Bahama, d'octobre en mars, les *nortes* soufflent à intervalles assez rapprochés, particulièrement en décembre, janvier et février. Pendant cette saison, l'on sera prévenu que les *nortes* ne tarderont pas à souffler quand l'alizé sera faible et l'horizon clair ; le calme se fera ; puis des nuages très-noirs s'élèveront dans l'O.N.O. et amèneront des grains de cette partie. Le vent passera au N.O., d'où il soufflera avec force pendant plusieurs jours ; puis il tournera au N. et au N.E. avec de forts grains accompagnés de pluie. Le baromètre n'annonce généralement pas les *nortes*. On n'a plus guère de chances d'en trouver, à partir de la fin de mars. *En mars et en avril*, les vents de la partie du Sud sont assez fréquents. *D'avril en octobre*, le temps est généralement beau ; les vents dominants sont ceux de l'E.N.E. au S.E. On a quelquefois, pendant l'été, de légères brises venant de la côte de la Floride. Enfin, *de juillet en octobre*, il faut veiller le baromètre, pour se défier *longtemps à l'avance* des cyclones, qui commencent ordinairement par des vents de la partie du N.E. ou par des vents de l'Est. En pareil cas, on pourrait se trouver dans une position très-critique, et il faudrait faire tout son possible pour sortir du Vieux-Canal et pour aller chercher, au plus vite, la mer libre.

§ 28. — Vents régnant sur la côte Nord du golfe du Mexique (*Pensacola, Mobile, Nouvelle-Orléans.*)

Sur la côte Nord du golfe, entre l'extrémité de la presqu'île de la Floride et Galveston, les vents dépendent plus souvent de la partie de l'E. que de la partie de l'O. : on peut ajouter, d'une manière générale, qu'ils hâlent la partie du Nord, de septembre en février ; et la partie du S., de mars en août.

Sur la côte de Floride, entre le Cap-Sable et la baie Tampa ou Saint-Esprit, en *octobre, novembre* et *décembre*, on a des vents dominants de la partie du N.E., interrompus quelquefois par des brises de S.O., qui lèvent une forte mer. En *janvier, février et mars*, on a 5 °/₀ de chances de calmes et des vents dominants de la partie du N.O. *De Mai en août*, le temps est incertain et à grains ; les vents soufflent fréquemment du S.O. et du S.S.O., en levant une grosse mer. Pendant cette saison, l'alizé venant de la partie de l'E. souffle généralement jusque vers midi, et la brise de mer s'établit ensuite de l'O.S.O. à l'O.N.O. *De juillet en octobre*, il faut se défier des cyclones.

Sur les côtes de la Floride et de l'Alabama, entre la baie Tampa ou Saint-Esprit et les bouches du Mississipi, *de novembre en mars*, les vents dépendent surtout de la partie du N., et l'on a de 6 à 7 °/₀ de chances de calmes. Pendant cette saison, lorsque les vents prennent du S.E. et de la partie du S., ils amènent parfois de très-fortes pluies ; ils passent ensuite au S.O. et à l'O., en soufflant avec beaucoup de force ; ils tournent enfin au N.O. et au N., où ils se maintiennent en amenant du beau temps. *D'avril en juillet*, les vents sont établis ordinairement, durant la matinée, entre le N.E., l'E., le S.E. et le S.; et ils hâlent, dans l'après-midi la partie du S.O. *De juillet en octobre*, on est à l'époque où il faut se tenir en garde contre les cyclones. Pendant ces mois, on peut s'attendre aussi à de forts vents de S.O. et de S. (appelés *Virazones*), et qui amènent de lourds grains.

Sur les côtes de la Louisiane et du Texas, du Mississipi à Glaveston et à Matagorda, les vents dominent de la partie du N., *d'octobre en mars*, mais ils soufflent parfois du S. avec force et à grains. Pendant les mois de *février, mars et avril*, on a souvent, auprès des embouchures du Mississipi, d'épais brouillards qui s'étendent dans l'E. jusque vers la baie d'Appalache. On a ensuite, *d'avril en juillet*, des vents d'E.S.E. au S.E., dans la matinée, qui passent au S.O. dans l'après-midi; pendant la nuit, la brise de terre s'établit généralement. Les mois de *juillet, août et septembre* (pendant lesquels les cyclones sont à craindre), sont marqués par de forts grains, survenant brusquement, et donnant ordinairement des vents de S.E. à S.O., avec de la pluie. Pendant ces mois, ainsi qu'en octobre et novembre, la navigation est souvent pénible sur cette côte.

§ 29. — Vents régnant sur la côte du Mexique *(Tampico, Vera-Cruz)*.

Sur la côte du Mexique, on peut dire, d'une manière générale, que la *belle saison dure de mars en mai ou en juin*; la saison *des pluies, de mai ou de juin en septembre ;* et la *saison sèche* ou saison *des coups de vent de nord (nortes), de septembre en mars*.

Entre la Vera-Cruz et la baie Matagorda, d'octobre en mars, on éprouve quelquefois de lourds coups de vent de l'E. à l'E.S.E., durant deux ou trois jours, et tournant ensuite vers la partie du Nord.

En *avril, mai et juin*, entre la baie Matagorda et Tampico, les vents sont faibles du S.E., et l'on a la brise de terre du S. et du S.O., pendant la nuit. De Tampico à la lagune de Terminos, on peut s'attendre, pendant cette saison, à des vents légers accidentels de la partie du N.; et à partir du mois de mai, l'on a des pluies, des calmes, des grains et des temps sombres.

En *juillet, août* et *septembre*, entre la baie Matagorda et la barre de Santander (23° ou 24° N.), on a des vents de S.E., légers et réguliers pendant le jour, et de légères brises de terre durant la nuit. De Tampico jusque vers la lagune de Santa-Anna et jusqu'à Tabasco, les alizés sont ordinairement établis de l'E.S.E. à l'E.; les brises de terre soufflent du S. et du S.O. pendant la nuit. On a aussi des vents légers de N.E. en août et septembre.

A la Vera-Cruz, la *saison des pluies* dure depuis le 15 mai jusqu'en juillet, période pendant laquelle l'alizé est interrompu par des temps mauvais et incertains ; les brouillards sont fréquents. Ensuite, les mois de juillet à octobre sont marqués par des coups de vent et des temps à grains ; les grains les plus violents viennent de la partie de l'E., mais ils ne durent pas longtemps. Cette saison est celle où l'on doit se tenir en garde contre les cyclones. Enfin, *d'octobre en mars*, les vents dominent de la partie du N., soufflant avec force de 9 heures du matin jusqu'au milieu de l'après-midi, et tombant vers le moment du coucher du soleil. Quand ces vents ne commencent que dans l'après-midi, ils soufflent avec une force encore plus grande, et ils persistent pendant la nuit, en passant au N.O. En général, si les vents hâlent l'E. pendant cette saison, le temps reste au beau durant plusieurs jours ; au contraire, quand les vents reculent du N.E. vers le N., le temps est incertain.

Nous terminerons cet exposé du régime des vents du golfe du Mexique, en reproduisant, d'après Kerhallet, la description des *nortes*, ou coups de vent de N., qui soufflent fréquemment dans ces parages , comme nous l'avons déjà dit, durant la saison sèche, de septembre en mars :

« Les *nortes* sont des vents dominants de la partie du N., faibles en septembre et octobre, forts et continuels en décembre, janvier et février. Durant cette période, de septembre en mars, les vents soufflent modérés de l'E., passent au S.E., au S. et au S.O.; puis ils forcent en tournant à l'Ouest, et sont très-violents quand ils viennent du N.O. et du N.N.O. Ensuite ils continuent à tourner au N. et mollissent au N.N.E et au N.E. On est averti des coups de vent de N.O et de N.N.O., fréquents de novembre à février, par une grande augmentation de l'humidité et surtout par le baromètre qui, après s'être tenu d'abord très-bas, commence à monter un peu avant le mauvais temps. Ces coups de vent durent deux ou trois jours et ordinairement avec beaucoup de pluie et un temps très-sombre. Ils sont précédés assez souvent par un nuage noir que l'on voit dans le N.O., le matin et le soir, à un quart environ au-dessus de l'horizon et quelquefois deux ou trois jours avant le coup de vent. »

§ 30. — Vents régnant sur la côte Ouest du Yucatan (*Campêche*).

De la lagune de Terminos au cap Catoche, la *saison des pluies* comprend les mois de *juin, juillet* et *août.* Cette saison est un peu plus longue à la lagune de Terminos qu'à Campêche : sur le premier de ces points, elle commence en mai et dure jusqu'en septembre ; toutefois les *très-grandes pluies* n'ont guère lieu que dans les mois de juillet et d'août Sur toute cette côte, pendant la saison des pluies, on a de forts vents et des temps à grains, qui alternent avec des calmes ; la brise de mer souffle du N.N.O. au N.E , et la brise de terre varie du S.E. à l'E.S.E. Les temps à grains durent ainsi jusqu'en septembre. Ensuite, *du commencement d'octobre à la fin de mars,* les vents alizés dominent ; ils sont interrompus occasionnellement par de forts vents de N., surtout de novembre en février. *En avril,* on a quelquefois des grains de N.E. à S.E. ; cependant ce mois est généralement beau.

§ 31. — Vents régnant dans le golfe de Honduras.

En février, mars, avril et mai, les vents alizés sont dominants de la partie du N.E. Ils sont parfois interrompus en février et en mars, par des vents de la partie du N. et de l'O. (*nortes*), et en avril et mai, par des brises modérées de l'Ouest.

En juin, juillet et août, les vents soufflent aussi souvent de la partie du S.E. que de celle du S.O. ; pendant cette saison et surtout en juin et juillet, on a souvent des orages, des calmes, de forts grains et des pluies. Les mois *d'août et de septembre* sont généralement beaux, et ils correspondent à l'époque la plus favorable pour la navigation.

De septembre en février, règne la *saison des pluies* et des mauvais temps, période pendant laquelle la barre qui existe presque toujours sur les côtes du golfe, est le plus forte et le plus dangereuse. Durant cette saison, les vents dominent de la partie du S.O et de celle du N.O., accompagnés de fortes bourrasques et de très-mauvais temps de l'O.S.O. à l'O.N.O. et au Nord.

Dans le golfe de Honduras, soufflent ordinairement les *brises de terre et de mer,* excepté pendant la *saison des pluies,* où ces brises sont faibles et irrégulières. La brise de mer commence vers 6 heures du matin et dure jusqu'au soir ; quant à la brise de terre dont la régularité est toujours bien moindre, elle commence entre 8 heures du soir et minuit, et elle finit soit au jour, soit vers 8 heures du matin.

§ 32. — Vents régnant sur la côte des Mosquitos.

Sur cette côte, depuis le cap Gracias-a-Dios jusque vers Greytown ou Saint-Jean-de-Nicaragua, la *saison des pluies* dure depuis le commencement de mai jusqu'en novembre. Durant cette saison, encore plus que pendant le reste de l'année, le temps est très-incertain, avec de fréquents grains de vent et de pluie, accompagnés parfois d'éclairs et de tonnerre. Les vents varient surtout du N.E. au S.E., et l'on a aussi des *vendavales* ou vents de S.O. à l'O., qui sont très-frais dans le S. du parallèle de la lagune des Perles et en se rapprochant de Greytown. Les mois les moins mauvais de l'année sont ceux de mars et d'avril.

On donne communément le nom de *saison seche* à la période comprise de décembre en avril, pendant laquelle les alizés dominent, avec des temps moins variables. Il faut toutefois se tenir en garde, jusqu'au commencement de mars, contre de très-forts vents de la partie du N., qui varient entre le N.E. et le N.O.

§ 33. — Vents régnant sur les côtes de Costa-Rica & de Nouvelle-Grenade
(Chagres, Puerto-Bello, Sabanilla, Carthagène et Santa-Martha).

Sur cette côte qui commence à l'O. dans les parages de Greytown, et qui finit à l'E., vers Santa-Martha et le cap de la Vela, les vents sont très-variables. D'une manière générale, on peut dire que la *saison des pluies* dure du commencement de mai à la fin de novembre ; et que la *saison* relativement *sèche* dure du milieu de décembre à la fin d'avril.

Pendant la saison des pluies, l'on a des grains, des orages, et les vents fréquents de S.O. et d'O.S.O., quelquefois très-forts (*vendavales*), qui sont cependant loin d'être constants. Les vents de N.E. sont assez rares sur la côte ; mais on les trouve ordinairement dans le N. des parallèles de 12° à 13°N. Cette dernière latitude est à peu près la limite extrême jusqu'à laquelle s'étendent les pluies qui règnent aux abords de cette côte. Il faut, à cette époque, se tenir en garde contre les ouragans qui sont heureusement assez rares.

Pendant la belle saison, les vents soufflent régulièrement du N.E. à l'E.N.E. surtout pendant le jour, en amenant du beau temps.

D'octobre en février, surviennent parfois les *nortes*. En pareil cas, les vents font le tour du compas dans l'espace de plusieurs jours ; ils commencent au S.E. et au S.O ; deviennent frais et parfois très-violents à l'O.N.O. et au N.O.; puis mollissent en passant au N. et au N.E.

§ 34. — Vents régnant sur la côte du Venezuela (*golfe de Venezuela, Puerto-Cabello, la Guayra et Cumana*).

La *saison sèche* dure de novembre en juin, et la *saison des pluies*, de juillet à octobre.

Pendant la saison sèche, les alizés sont presque constants de l'E. au N.E. Ils soufflent quelquefois avec une assez grande force de la partie du N., de novembre en janvier. Durant la seconde moitié de cette saison, c'est-à-dire de mars en juin, les vents de la partie de l'E.N.E sont fréquemment très-forts, et atteignent même quelquefois une extrême violence ; ils sont plus frais au large qu'auprès de la côte, et, dans tous les cas, ils mollissent quand vient la nuit.

Pendant la saison des pluies, les vents de l'E. à l'E.N.E sont moins frais, et hâlent assez souvent l'E.¹/₄S.E. et l'E.S.E. Ils sont interrompus assez fréquemment par des vents de S., de S.O. et d'O. de peu de durée, accompagnés de grains, de bourrasques et parfois de calmes. Ces circonstances de temps peuvent survenir jusqu'en décembre.

Dans le golfe de Venezuela et plus au large, l'alizé est souvent de l'E.N.E. au point du jour, et tourne à l'E. et à l'E.¹/₄S.E., vers midi, quand le temps est beau. Cette remarque peut être utilisée, pour combiner ses bordées, quand on veut s'élever au vent dans ces parages.

§ 35. — Vents régnant dans le golfe de Paria et à la Trinidad.

La *saison sèche* dure du commencement de décembre en juin ; et la *saison des pluies*, de juillet en novembre.

Pendant la saison sèche, les vents dominent de l'E.N.E. au N.E., soufflant assez fréquemment avec force. Dans le golfe et sur la côte occidentale de la Trinidad, la brise de mer commence ordinairement vers 9 heures du matin, de l'E. à l'E.N.E.; quelquefois elle hâle davantage le Nord, particulièrement de décembre en mars ; la brise souffle fraîche pendant l'après-midi et tombe vers 6 heures du soir, heure à partir de laquelle on a des calmes et de légères brises durant toute la nuit.

Pendant la saison des pluies, on a de faibles brises dominant du S.E. à l'E.S.E., interrompues par des calmes. Il faut se tenir en garde, à cette époque, contre de violents grains du S.E. au S. et à l'O., qui sont assez fréquents.

§ 36. — Vents régnant sur la côte de la Guyane anglaise.
(*Georgetown, rivière Demerari*).

Sur cette côte, les pluies sont presque continuelles, en mai, juin et juillet qui constituent la *première saison des pluies*, avec des calmes et des temps variables. Il faut s'attendre aussi à des grains, qui atteignent parfois une certaine force dans le mois de mai, époque la plus mauvaise.

Du commencement d'août au milieu de novembre, l'on se trouve dans la *première saison sèche*, avec brises de l'E.N.E. à l'E.S.E., temps brumeux dans la matinée et clairs dans l'après-midi.

La seconde saison des pluies, moins mauvaise que la première, dure du milieu de novembre à la fin de janvier. Les vents dominent de la partie de l'E., hâlant le N.E. et le N.N.E. en décembre et janvier, mois pendant lesquels les ras de marée sont très-forts, surtout au commencement du flot.

La seconde saison sèche comprend février, mars et avril, avec des vents dominant du N.N.E. à l'E., avec rafales, grains et parfois de la pluie.

Les ras de marée sont à craindre, en toutes saisons, et particulièrement en décembre et janvier, avec les vents battant en côte.

Le long de la côte, en restant à moins de 30 milles de terre, on peut s'élever au vent à la condition de bien combiner ses bordées. Dans la matinée, on court tribord amures avec la brise soufflant ordinairement du S.E. à l'E.S.E., de manière à se trouver à environ 25 milles, ou 30 milles au plus de terre, *à midi*. Alors, la brise hâlant généralement l'E.N.E., on virera de bord, pour revenir vers la terre. Puis, on verra souvent la brise adonner au N.E. et au N.N.E. jusque vers 6 ou 8 heures du soir. Pendant la nuit, la brise variera de l'E.¹/₄ S.E. à l'E.¹/₄ N.E.

§ 37. — Vents régnant sur la côte de la Guyane française (*Maroni et Cayenne*).

D'une manière générale, on est convenu d'appeler *hivernage*, ou *saison des pluies*, la période comprise du milieu de novembre à la fin de juillet; et *saison sèche*, ou *été*, la période comprise de la fin de juillet au milieu de novembre. Les vents de la partie du N.E. accompagnent ordinairement les pluies; et ceux de l'E.S.E. et du S.E. donnent du beau temps.

Pendant l'hivernage, les pluies tombent d'abord avec une assez grande abondance, durant les mois de décembre, janvier et février. Les vents dominent alors de la partie du N.E. a l'E.N.E. et sont assez forts en janvier et février. Puis, entre le milieu de février et le milieu d'avril, on peut assez *généralement* compter sur trois semaines ou un mois, sans pluies, et cette époque prend, dans la colonie, le nom d'*été de mars*. C'est au commencement de mars que les vents hâlent le plus la partie du N., en mollissant; puis, pendant l'*été de mars*, ils sont variables entre l'E. et le S.; enfin, en avril, se prépare le changement de temps, avec des calmes et des grains. Vers le milieu d'avril, recommencent les pluies qui durent jusqu'en juillet et qui tombent avec une grande abondance, surtout en mai et juin : cette période de grandes pluies porte le nom de *poussinière*, à Cayenne. Pendant cette seconde moitié de l'hivernage, les brises dominent de la partie de l'E.N.E. au N.E.

Pendant l'été, ou saison sèche, les vents de S.E. à l'E. dominent, jour et nuit, à quelques lieues au large. Mais, auprès de la terre, elles s'établissent dans la matinée, et tombent ordinairement pendant la nuit. Elles soufflent quelquefois très-fraîches du S.E. à l'E.S.E. Quand on se trouve très-près de la côte, on ressent, durant la nuit et le matin, de faibles brises de S.S.E. à S.S.O., interrompues par des calmes, et qu'on peut appeler des brises de terre. Mais il n'y a que les embarcations et les caboteurs qui puissent en profiter.

Les vents de S.O. et de N.O. peuvent souffler accidentellement, en toutes saisons, avec une certaine force; ils sont, toutefois, plus fréquents pendant l'été que durant l'hivernage; ils ne durent pas longtemps.

Il n'y a pas à craindre de *coups de vent* proprement dits, sur cette côte; on peut seulement avoir des vents *très-frais* soufflant particulièrement du N.E. à l'E.N.E.

§ 38. — Vents régnant sur les côtes de la Jamaïque.

On considère comme *saison des pluies* la période comprise de juin en septembre. Toutefois, il pleut assez souvent en octobre et novembre ; le mois de janvier est également assez pluvieux. Il est, d'ailleurs, bien entendu que de juillet en octobre, on est exposé aux cyclones.

Pendant la saison des pluies, ou l'*hivernage*, de juin en septembre, les brises de N.E. à S.E. sont fréquemment interrompues par des calmes et de forts grains de S.E. et de S.O., accompagnés de pluies abondantes.

Durant la *belle saison*, de novembre en avril, on a les brises de terre et de mer, auprès de la côte ; et les alizés, à quelque distance de l'île. Dans le canal, entre la Jamaïque et Cuba, les vents sont fréquemment très-variables. De *décembre en mars*, il faut se tenir en garde contre des vents très-forts de la partie du N. (*nortes*), qui soulèvent une grosse mer sur la côte N. de l'île. Ces vents sont peu à craindre sur la côte S., où l'on se trouve abrité par les montagnes et où l'on a, d'ailleurs, la mer relativement libre dans le Sud.

Le *climat* de la Jamaïque est généralement peu favorable aux Européens.

§ 39. — Vents régnant sur les côtes d'Haïti ou de Saint-Domingue.

En toutes saisons, les vents dominants, dans les parages de Saint-Domingue, sont les alizés du N.E. au S.E., qui sont soumis aux variations ci-après indiquées.

La *saison des pluies* est comprise de juin en octobre, et, pendant cette période, qui constitue l'*hivernage*, l'on a fréquemment des brises de la partie du S., variables au S.O. et même à l'O , accompagnant de grandes pluies. Durant cette saison, les orages sont fréquents, avec de violents coups de tonnerre ; enfin, les cyclones sont à craindre, de juillet en octobre, particulièrement sur la côte E. et sur la côte S. de l'île.

Pendant la saison des pluies, sur la côte Ouest et à Port-au-Prince, la brise de terre souffle fréquemment du S.E., avec une grande violence. A la même époque, et *sur la côte Sud*, on est le plus souvent exposé à de lourds grains et à de forts vents de la partie du S.; les calmes ne sont pas rares en août, septembre et octobre. Enfin, *sur la côte E.*, *N.E. et Nord*, les vents dominent de la partie du S.E. modérés, entre-coupés par des calmes et de faibles brises de S. à S.O.

Pendant la belle saison, sur la côte Ouest, la brise de mer souffle de la partie de l'O., entre 11 heures du matin et 7 heures du soir. *Sur la côte Sud*, de septembre en mars, les vents paraissent dominer du N.E. à l'E.; toutefois, l'on a souvent des brises du S. au S.E., en novembre, décembre et janvier, et de plus, les brises alternatives de terre et du large sont bien établies de février en mai. *Sur la côte E., N.E. et Nord*, d'octobre en mars, les vents dominent de l'E.N.E. au N.O. par le N.; ils atteignent parfois beaucoup de force de la partie du N. et du N.O. *(nortes)* et produisent une grosse mer; à cette époque et sur cette partie de la côte, la brise de terre cesse fréquemment de souffler pendant plusieurs jours; il paraît que, lorsque la brise hâle le S.E. et le S. en mollissant, il faut s'attendre à un coup de vent de Nord.

§ 40. — Vents régnant à Porto-Rico et aux Iles-Vierges.

A Porto-Rico, les vents dominent de la partie du N.E. Pendant la *saison sèche*, de novembre en mars, les alizés sont interrompus quelquefois par de forts vents de N. et de N.O. Ces derniers commencent à souffler faibles du S.E., tournant au S. et à l'O., puis fraîchissant à l'O.N.O.; ils deviennent ensuite violents au N.O. et au N.N.O., et ils mollissent enfin en passant au N.E. A cette époque, il est généralement recommandé de passer dans le S. de l'île plutôt que dans le N. La brise de mer est irrégulière; elle dure généralement de 8 heures du matin à 4 heures du soir; et la brise de terre est le plus souvent très-faible. Pendant l'*hivernage*, on peut s'attendre à des calmes prolongés, alternant avec de faibles brises de S.E., et des vents de la partie du S.O. On doit également se tenir en garde contre de forts grains et contre les ouragans, surtout de juillet en octobre. Pendant cette saison, il est préférable de passer dans le N. de l'île. Les mois de juin à septembre sont ceux des *grandes chaleurs* et des *pluies*.

Il convient de se tenir en garde contre les *ras de marée*, qui sont très-violents sur la côte N. de Porto-Rico, surtout de novembre en mars.

Le climat des *Iles-Vierges* paraît semblable à celui de Porto-Rico. Sous le vent des Iles-Vierges, on a souvent des calmes; et il faut beaucoup se défier des *rafales* en naviguant dans les canaux qui séparent les iles, aussi bien qu'en traversant les zones où l'on pourrait se croire abrité.

§ 41. — Vents régnant dans les Petites-Antilles.

Dans les Petites-Antilles, les vents dominent, pendant la plus grande partie de l'année, de l'E.N.E. variable au N.E., à l'E. et au S E. Durant *l'hivernage*, qui commence à la fin de mai et se termine à la fin d'octobre, on a souvent des temps à grains, soufflant de l'O. et du S.O., ainsi que des calmes. Cette époque est également celle où l'on est exposé aux ouragans, dont le baromètre annonce d'ailleurs l'approche. Pendant la saison sèche de novembre en mai, on observe des ras de marée.

A la Martinique et à la Guadeloupe, la saison sèche dure de novembre en juillet; et l'hivernage, de juillet en octobre. Pendant la saison sèche, on a fréquemment des grains de pluies donnant beaucoup d'eau, mais durant peu. Les mois d'août, septembre et octobre, sont les plus mauvais de l'hivernage; les pluies sont alors très-abondantes; les temps très variables, lourds et très-chauds. Cette période paraît être la plus défavorable, au point de vue sanitaire.

§ 42. — Usage du baromètre.

Les avertissements que l'on cherche à déduire de l'observation du baromètre sont toujours basés sur la connaissance du *niveau moyen*. On peut donc dire que la notion indispensable à posséder est la connaissance, au moins approximative, de la *hauteur moyenne barométrique*, pour le lieu où l'on se trouve.

Voici, d'après *Maury*, cette hauteur moyenne, pour chaque parallèle de latitude dans l'Atlantique Nord, depuis l'équateur jusqu'à 70°N.

LATITUDES nord.	HAUTEUR barométriq.	LATITUDES nord.	HAUTEUR barométriq.	LATITUDES nord.	HAUTEUR barométriq.
	mill.		mill.		mill.
Equateur.	760	25°	765	50°	762
5°	760	30°	767	55°	762
10°	760	35°	766	60°	759
15°	762	40°	765	65°	758
20°	763	45°	763	70°	757

Le tableau suivant, établi par l'Amirauté anglaise, donne la hauteur barométrique moyenne, pour chaque mois de l'année, entre l'équateur et 50° Nord, dans la partie *orientale* de l'Atlantique.

HAUTEUR BAROMÉTRIQUE MOYENNE (dans l'Océan Atlantique Nord).												
LATITUDES NORD.	Janvier.	Février.	Mars.	Avril.	Mai.	Juin.	Juillet.	Août.	Septembre.	Octobre.	Novembre.	Décembre.
	mill.	mill.	mill.	mill.	mill.	mill.	mill.	mill.	mill.	mill	mill.	mill.
Dans l'Est du méridien de 42°O. de 50° à 45°	766	765	759	761	760	762	763	763	762	760	764	763
45° à 40°	766	765	764	762	762	763	766	764	763	762	761	763
40° à 35°	767	767	766	763	764	767	767	766	765	764	762	763
35° à 30°	768	766	767	766	765	767	768	767	766	766	763	766
30° à 25°	768	766	765	766	767	768	767	766	764	765	763	766
25° à 20°	764	765	764	764	765	766	764	764	763	764	762	763
20° à 15°	762	763	763	762	763	763	762	762	762	762	761	762
15° à 10°	761	761	762	761	762	761	761	760	760	761	761	761
10° à 5°	759	760	760	760	760	760	761	761	761	760	760	760
5° à 0°	759	760	759	759	760	760	761	761	761	761	760	760

Nous allons exposer maintenant les règles principales auxquelles'on pourra se conformer généralement, pour tirer parti des indications barométriques, en naviguant dans l'Océan Atlantique Septentional, et en dehors de la région des alizés. Il est bien entendu que ces règles ne seront plus exactement applicables, lorsque l'on sera dans le voisinage de la terre, ou lorsque l'on se trouvera dans certains espaces de mer resserrés, comme le golfe St-Laurent par exemple, où le régime des vents se trouve influencé par la configuration de la côte et par diverses circonstances locales. Ce que nous allons dire ne s'appliquera point non plus aux mouvements barométriques qui annoncent l'approche des ouragans, ou cyclones: on trouvera des indications spéciales, à ce sujet, au § 45.

Dans la région des vents généraux d'Ouest de l'Atlantique *Nord,* le baromètre annonce généralement les changements importants de direction et de force du vent, plusieurs heures à l'avance; quant aux coups de vent, ils sont presque toujours signalés 12 heures au moins à l'avance.

Il est bien constaté que, *dans l'hémisphère Nord,* les vents d'Est tournant au S.E. et au S. font baisser le baromètre. Lorsque les vents dépassent le S.O., et qu'ils tournent à l'O., au N.O. et au N., il font monter le baromètre. Avec les vents de N.E., le baromètre cesse de monter ; et il commence à baisser dès que les vents dépassent ce rumb en hâlant l'Est.

On peut donc dire qu'en général le baromètre est *haut* ou qu'il *monte*, avec les vents de la partie du N. ; et qu'il est *bas* ou qu'il *baisse*, avec les vents de la partie du Sud.

Lorsque le niveau barométrique est *ferme*, c'est-à-dire lorsqu'il n'a ni monté ni baissé pendant les 5 ou 6 heures précédentes, on ne s'attendra à aucun changement, ni de direction, ni de force du vent.

Si le niveau a oscillé, c'est-à-dire s'il a monté et baissé alternativement d'un demi-millimètre à un millimètre et demi, dans la demi-journée précédente, le temps sera incertain.

Si le niveau a monté d'une manière modérée, de 1 à 2 millimètres en 5 heures, on s'attendra à moins de vent, ou à un temps plus froid et plus sec.

Si le niveau a baissé d'une manière modérée, de 1 à 2 millimètres en 5 heures, on s'attendra à plus de vent, ou à un temps plus chaud et plus humide.

En général, si la hauteur barométrique se maintient *ferme*, à 4 ou 5 et même à 10 ou 12 millimètres, *au-dessus ou au-dessous* du niveau moyen, on a des temps bien établis et maniables : de la partie du N., dans le premier cas ; et de la partie du S., dans le second.

Il est rare que la hauteur barométrique soit à 15 millimètres, 20 millimètres, ou davantage encore, au-dessus ou au-dessous du niveau moyen, sans que l'on éprouve ou que l'on soit sur le point d'éprouver de très-mauvais temps, c'est-à-dire beaucoup de vent.

Cependant, il ne faut pas attacher une trop grande foi à ce principe admis généralement trop à la lettre : « Le baromètre est très-haut ou très-bas, donc il va surventer. »

Il est préférable d'adopter le précepte suivant, qui est plus certain : « *Il doit surventer, lorsque le baromètre a brusquement monté ou baissé*, surtout s'il a atteint ainsi un niveau très éloigné du niveau moyen. »

Il convient donc, quand on observe le baromètre, de constater non-seulement s'il est au-dessus ou au-dessous du niveau moyen ; mais surtout de tenir compte du nombre de millimètres dont le niveau a monté ou baissé depuis la veille, depuis le matin, ou depuis 3 ou 4 heures. C'est là que se trouve la principale source d'informations.

Tout mouvement modéré de hausse ou de baisse (de 1 à 2 millimètres en 4 heures) annonce des vents maniables. Au contraire, tout mouvement brusque (de 4 à 5 millimètres en 5 heures, ou de 12 à 20 millimètres en 24 heures, ou davantage) annonce beaucoup de vent.

Le baromètre étant très-haut (à 15 ou 20 millimètres et plus, au-dessus du niveau moyen) avec des vents de la partie du N., une baisse *brusque* du baromètre, accompagnée d'une hausse du thermomètre, annoncera que les vents reprendront bientôt, avec force, de la partie du Sud.

Inversement, si le baromètre est très-bas (à 15 ou 20 millimètres et plus, au-dessous du niveau moyen) avec des vents de la partie du S.O., une hausse *brusque* du baromètre annonce une saute de vent du S.O. au N.O. et coup de vent de la partie du Nord.

En hiver, une baisse brusque du baromètre au-dessous de la moyenne et le thermomètre vers zéro annoncent de la neige.

Enfin, suivant que les mouvements de hausse ou de baisse du baromètre sont plus ou moins rapides, le temps annoncé est plus ou moins prompt à venir. D'ailleurs, le temps venant vite finit vite ; et s'il est lent à venir, il est lent à finir.

§ 43. — Cyclones et ouragans de l'Océan Atlantique.

Dans l'Océan Atlantique Nord, les cyclones, ou tempêtes tournantes, obéissent généralement aux lois bien connues des marins, et dont un exposé se trouve au § 44. Presque toutes ces tempêtes commencent entre les parallèles de 10° et de 21°N., dans l'O. du méridien de 56° ou même de 58°O. Leur direction est d'abord l'O.N.O. et le N.O.; quelques-unes se dirigent vers le golfe du Mexique ; d'autres vers les Grandes-Antilles ; mais, dans la plupart des cas, la partie centrale passe un peu au N. de ces îles, en longeant les Lucayes. Lorsqu'elles atteignent le parallèle de 28°N. environ, elles redressent leur course vers le N., jusqu'au parallèle de 31° ou de 32°N.; puis, leur trajectoire continue à se courber vers le N.N.E., le N.E. et enfin l'E.N.E. Elles passent presque toutes dans le N. des Bermudes, et l'on peut remarquer que leur parcours, dans le N. du parallèle de 30°N., présente, dans son ensemble, une véritable analogie avec celui du Gulf-Stream.

Dans la mer des Antilles, sur 33 tempêtes tournantes, on en a observé :

1 en juin, 2 en juillet, 13 *en août*, 10 *en septembre*, *et* **7** *en octobre*. Le diamètre des cyclones, dans ces parages, varie généralement de 150 à 200 milles seulement; et il est rare qu'il atteigne 300 milles.

Au-delà du parallèle de 35°N., le diamètre des cyclones augmente de plus en plus, à mesure que ces ouragans s'avancent vers le N. et vers l'E. : ce diamètre peut atteindre ainsi 500 et 600 milles, et même un millier de milles en se rapprochant des côtes d'Europe Il importe d'ajouter que, dans le N. du parallèle de 40°N., les cyclones ne sont pas seulement à craindre de juin en octobre, mais aussi durant les mois d'hiver, et particulièrement en novembre, en décembre et en mars.

La vitesse de translation des cyclones, c'est-à-dire la vitesse avec laquelle ces tempêtes circulaires parcourent leur trajectoire, est extrèmement variable. Certains cyclones restent à peu près stationnaires pendant quelques heures, et parfois même pendant un jour ou deux. D'autres ne s'avancent qu'avec lenteur, en marchant 1^m,5 ou 2 milles à l'heure. Mais, en général, la vitesse de translation varie de 9^m,5 à 43 milles à l'heure, pour les cyclones de la mer des Antilles et de l'Amérique du Nord. Il conviendra donc de compter, comme chiffre moyen, sur une *vitesse de* 20 *milles*, lorsqu'on se trouvera devant un cyclone et que l'on voudra calculer sa route pour échapper à la partie centrale de l'ouragan.

Lorsque la trajectoire des cyclones passe sur des terres élevées, il a été remarqué que la vitesse de translation de la tempète diminue ordinairement.

Après avoir donné ces indications générales, nous croyons important de citer quelques cas *exceptionnels* de cyclones, afin de mettre le navigateur en garde contre une trop grande confiance, dans la régularité du mouvement de translation de ces tempètes.

Ainsi, en octobre 1847, un cyclone a commencé à se faire sentir par 14°N. et 53°O. environ. Il s'est avancé vers l'O.S.O., et a passé successivement sur Tabago, la Trinidad et Margarita, continuant encore sa course au-delà de cette ile, dans la même direction.

Trois autres cyclones présentèrent une anomalie différente : celui d'octobre 1780, qui commença dans le S. de la Jamaïque, par 16°N. et 81°O., et qui se dirigea de ce point vers le N.E. et ensuite vers le N.N.E.; celui d'octobre 1844, qui se forma par 18°N. et 86°O., et dirigea immédiatement sa course vers le N.E.; enfin, le cyclone d'octobre 1842, qui prit naissance dans les environs du banc de Campêche, par 21°N. et 94°O., et dont la trajectoire fut dirigée vers le N.E. d'abord, puis vers l'E.N.E.

Nous citerons encore le cyclone du mois d'août 1837, qui a été étudié par Reid. Cette tempête commença à se faire sentir par 17°N. environ, passa sur l'île d'Antigue, se dirigea vers le N.O., en longeant par le N. les îles Lucayes ou Bahama, comme le font un grand nombre d'ouragans, et atteignit le parallèle de 30°N. par 81°O. Mais, le cyclone étant parvenu à cette latitude, sa trajectoire, au lieu de se courber vers le N. et ensuite vers le N.E., se dirigea brusquement vers l'O.N.O. et pénétra sur le continent américain, en conservant cette direction anormale jusque dans le N. de Pensacola et de Mobile.

Enfin, on trouve, dans le remarquable ouvrage de Piddington, la description de deux cyclones qui ont été observés dans des parages où ces sortes de tempêtes sont très-rares. Le premier se forma en septembre 1848, sur la côte O. d'Afrique, par 18°N. environ, et se dirigea vers l'O.N.O., en passant dans le N. des îles du cap Vert. Le second prit naissance, en octobre 1842, dans l'O. des Canaries, par 28°N. et 22°O. environ; il se dirigea vers le N., jusqu'au parallèle de 30°N.; puis, vers le N.N.E. et le N.E.; il passa au N. de Madère et atteignit la baie de Cadix.

§ 44. — Lois générales des cyclones.

Dans l'Océan Atlantique Nord, les cyclones obéissent, le plus souvent, comme nous venons de l'exposer, aux lois générales que nous allons rappeler ci-après, d'une manière sommaire. En énonçant ces lois, nous croyons préférable de les donner, *pour les deux hémisphères*, afin de permettre au lecteur de distinguer plus aisément les différences qui existent dans le mouvement des cyclones, dans le N. et dans le S. de l'Equateur.

Dans l'hémisphère N., le mouvement de tourbillon du vent est dirigé dans le sens inverse de celui des aiguilles d'une montre; dans l'hémisphère S., le tourbillonnement se produit dans le sens des aiguilles d'une montre. De là, découle cette règle capitale, qui est la base de toute manœuvre dans les cyclones : « *En se tournant vers le point* » *de l'horizon d'où vient le vent*, *le centre* du cyclone *est* à **8** quarts de

» cette direction, *à droite* de l'observateur s'il est dans l'*hémisphère*
» *Nord;* ou *à gauche* s'il est dans l'*hémisphère Sud.* »

Ce principe fondamental suppose naturellement que les cyclones ont une forme circulaire. Il est évident qu'il n'en est pas ainsi en réalité, puisqu'en raison du mouvement de translation, le tourbillon doit se faire suivant une succession de spirales. D'un autre côté, il ne serait pas improbable que le mouvement de giration se produisît, dans bien des cas, suivant une courbe elliptique, par exemple, plutôt que réellement circulaire. Mais, il n'en est pas moins vrai que, dans l'état actuel de nos connaissances, la règle si simple que nous venons d'énoncer, pour trouver approximativement la direction du centre d'un cyclone, sera, pendant bien longtemps encore, jugée comme la meilleure par les marins, au point de vue de la pratique de la navigation.

Quant au mouvement de translation, il semble dirigé constamment vers une direction dépendant de celle du pôle voisin. Dans l'hémisphère N., par exemple, les cyclones paraissent marcher vers le N.O. depuis l'Equateur jusqu'au parallèle de 25° ou de 28°N., puis vers le N., et enfin vers le N.E., au-delà du parallèle de 30°N. Dans l'hémisphère S., ils semblent diriger leur course d'abord vers le S.O., depuis l'Equateur jusqu'au parallèle de 25° ou de 28°S., puis vers le S., et enfin vers le S.E., au-delà du parallèle de 30°S. Mais, on s'exposerait parfois aux erreurs les plus grandes, si l'on se fiait à cette marche en quelque sorte *théorique* des cyclones : dans maintes circonstances, les tempêtes tournantes ont *très-notablement* dévié de ces directions, ainsi que nous l'avons indiqué déjà au § 43. D'ailleurs, nous nous hâtons d'ajouter qu'avec les indications données dans le présent paragraphe, on ne pourra se trouver embarrassé, que si l'on est surpris par un cyclone dans le voisinage de récifs ou de terres sans abri.

Quelle que soit la direction de la trajectoire que parcourt le centre d'un cyclone, si l'on suppose cette trajectoire tracée sur la carte, elle divise, à un instant quelconque, la tempête en deux demi-cercles : *celui de droite,* situé à droite d'un observateur qui suivrait la même route que le centre ; *et celui de gauche,* situé du bord opposé.

Dans l'hémisphère Nord, le *demi-cercle de droite* est le côté *dangereux;* et le *demi-cercle de gauche,* est le côté *maniable.* Dans l'hémisphère Sud, l'observation est inverse : le *demi-cercle de droite* est le côté *maniable;* et le *demi-cercle de gauche* est le côté *dangereux.*

Pour se rendre compte de ces indications, il suffit de prendre un exemple. Soit un cyclone de l'hémisphère Nord, ayant sa trajectoire dirigée vers le Nord; supposons en même temps deux navires se trouvant dans le Nord du cyclone et atteints par celui-ci. L'un des navires se trouve à droite de la trajectoire et éprouve des vents de S.E.; la mer et la dérive le rapprochent donc de la route que le centre doit parcourir; il est dans le côté dangereux. L'autre navire se trouve à gauche de la trajectoire et éprouve des vents de N.E.; la mer et la dérive l'éloignent de la route que doit parcourir le centre; il est dans le côté maniable. Mais il ne faudrait pas conclure de ces qualificatifs : *dangereux* et *maniable* que le temps soit plus mauvais d'un côté que de l'autre. Les observations ne le prouvent en aucune manière. La vérité est que, le plus souvent, le navire se trouve en avant de la route du cyclone, quand il est atteint par cette sorte de tempêtes; et que, dans ce cas le plus ordinaire, si le navire se trouve à droite de la trajectoire dans l'hémisphère *Nord* (ou à gauche dans l'hémisphère *Sud*), il a beaucoup plus de peine à éviter le passage du centre que s'il se trouve de l'autre bord de la trajectoire. Sa position est donc plus dangereuse; et cette observation suffit pour justifier le nom de côté dangereux donné au côté dont il s'agit.

Dans l'un et l'autre hémisphère, et par une latitude quelconque, à bord d'un navire au plus près ou à la cape, on reconnaît que l'on se trouve *dans le côté droit*, quand les vents observés tournent *à droite du Nord*, en regardant la rose du compas; au contraire, on est *dans le côté gauche* quand les vents tournent *à gauche du Nord*. Ainsi, que l'on soit dans le Nord ou dans le Sud de la Ligne, si le vent tourne du Nord au N.N.E. et au N.E (c'est-à-dire *à droite* du Nord), ou bien du S.O. à l'O. et au N.O. (c'est-à-dire toujours dans ce même sens que nous appelons *à droite* du Nord), on en conclura que le navire se trouve dans le *côté droit du cyclone*. Au contraire, si le vent tourne du Nord au N.N.O. et au N.O. (c'est-à-dire *à gauche* du Nord), ou encore du du S.S.E. au S.E. et à l'E. (soit toujours dans le même sens que nous appelons *à gauche* du Nord), on aura la certitude que le navire est dans le *côté gauche* du cyclone; quels que soient d'ailleurs, nous le répétons, l'hémisphère et la latitude du lieu d'observation.

On peut encore énoncer cette loi de la manière suivante:

1° *Dans l'hémisphère Nord*, le navire étant à la cape ou au plus près, on reconnaît que l'on est dans le *côté droit ou dangereux,* si le vent, dans ses variations de direction, *tourne sur la droite* du **Nord,** ou dans le sens des aiguilles d'une montre dont la rose des vents serait le cadran. Dans le cas où les variations du vent se font en sens inverse, le navire est dans le *côté gauche ou maniable.*

2° *Dans l'hémisphère Sud,* le navire étant à la cape ou au plus près, on reconnaît que l'on est dans le *côté gauche ou dangereux,* si le vent dans ses changements de direction *tourne sur la gauche* du **Nord,** ou dans le sens inverse de celui des aiguilles d'une montre dont la rose des vents serait le cadran. Dans le cas où les variations du vent se font en sens inverse, le navire est dans le *côté droit ou maniable.*

Dans les deux hémisphères, et par une latitude quelconque, un navire qui se trouve contraint de tenir la cape, *sur la route d'un cyclone,* reçoit le *vent* constamment *de la même direction,* et voit le *baromètre baisser,* avec une rapidité qui augmente considérablement à mesure que le centre de la tempête approche. Au moment où le navire est atteint par le centre, le vent s'apaise pendant un temps assez court, quelquefois une heure ou deux; et le baromètre atteint son niveau le plus bas. On a observé souvent de 50 à 55 $^{m}/_{m}$ de baisse et exceptionnellement une chûte du niveau barométrique d'environ 74 $^{m}/_{m}$, dans la partie centrale des cyclones. La mer est alors furieuse et démontée, et la période de répit que le vent semble accorder n'en n'est pas moins signalée comme la position la plus effrayante par tous ceux qui ont eu le bonheur d'en revenir. Brusquement, le vent reprend avec la même furie du rumb de vent opposé, et si le navire supporte cette nouvelle épreuve, on peut espérer être bientôt hors de danger, attendu que le centre s'éloigne ordinairement avec la même vitesse qu'il est venu. Cette vitesse, qui est celle du mouvement de translation, est très-variable; elle paraît être, en général, de 6 milles à l'heure environ, dans les régions intertropicales. Parmi les cyclones observés, quelques-uns ne marchaient que 2 ou 3 milles à l'heure; d'autres atteignaient 10 et 12 milles Au-delà des tropiques, la vitesse est plus forte et varie souvent de 15 à 20 et à 25 milles à l'heure. *Dans l'Océan Atlantique Nord,* il conviendra, comme nous l'avons dit au paragraphe précédent, de compter sur une vitesse moyenne de 20 milles environ à l'heure, quand on se trouvera sur la route du cyclone et en avant du centre.

§ 45 — Indications du Baromètre dans les Cyclones.

L'observation du baromètre est la source d'informations la plus certaine que l'on puisse utiliser, aussi bien pour reconnaître l'approche d'un cyclone que pour apprécier la distance à laquelle le navire se trouve du centre de la tempête tournante.

Dans les cyclones, le niveau barométrique est d'autant plus bas que l'on est plus près du centre. Ainsi, tout navire situé dans un cyclone est averti que le centre s'approche si le baromètre baisse, et que le centre s'éloigne si le baromètre monte.

Entre les tropiques, où les variations accidentelles sont relativement faibles, on devra se tenir sur ses gardes, lorsque le baromètre sera à 5 ou 10 $^m/_m$ au dessous du niveau moyen; surtout lorsque la baisse *horaire* sera forte. Il semble résulter de nombreuses observations, qu'avec le baromètre à 20 $^m/_m$ au-dessous de la moyenne, il vente généralement à prendre le troisième ris dans les huniers. Quand le niveau est à 25 $^m/_m$ ou davantage, au dessous de la moyenne, on ne peut plus que capéyer ou fuir devant le temps. Enfin, au centre même du cyclone, le baromètre peut baisser jusqu'à 30 ou 40 $^m/_m$, et quelquefois même jusqu'à 60 $^m/_m$ au-dessous de la moyenne. On cite même un exemple de baisse totale ayant dépassée 71 $^m/_m$, au-dessous du point où se trouvait d'abord le niveau.

Dans les régions tempérées, en dehors des alizés, les mouvements de baisse du baromètre doivent être plus forts de 5 à 10 $^m/_m$ environ, pour qu'on puisse en déduire les mêmes avertissements, sur l'approche des cyclones.

D'après les relevés faits par Piddington, on peut admettre, d'une manière générale, que tout observateur placé sur la route d'un cyclone voit le baromètre baisser de 0^{mm}, 5 à 1^{mm}, 5 *par heure*, quand la distance du centre est de 150 à 250 milles. Lorsque la baisse *horaire* du baromètre est de 1^{mm}, 5 à 2^{mm}, le centre n'est plus qu'à 150 ou 100 milles; avec une baisse *horaire* de 2^{mm} à 3^{mm}, le centre est à 100 ou 80 milles environ; enfin, avec une baisse *horaire* de 3^{mm} à 3^{mm}, 8, le centre est seulement à 80 ou 50 milles.

Dans certains cas, on a observé des baisses *horaires* du baromètre de 13^{mm} et même de 19^{mm}.

En général, un navire placé sur la route d'un cyclone peut conserver l'espoir de parvenir à éviter le passage du centre, en fuyant devant le temps, lorsque le baromètre ne baisse pas de plus de 2^{mm} à l'heure. Mais avec une baisse *horaire* supérieure à 2^{mm} et $2^{mm},5$ on ne pourra généralement plus lui échapper.

Après le passage du centre, le baromètre monte aussi vite qu'il a baissé ; c'est-à-dire qu'il monte d'abord très-rapidement ; puis de moins en moins vite, à mesure que le centre s'éloigne.

A bord des navires à la cape, dans l'un des côtés dangereux ou maniable, le niveau barométrique baisse assez rapidement, pendant que le centre du cyclone s'approche ; puis il monte, quand le centre s'éloigne. Mais ces mouvements ne sont pas aussi précipités que dans le cas précédemment examiné ; parce que le centre du cyclone ne passe plus sur le navire, mais devant ou derrière lui et à une distance plus ou moins grande.

A bord de tout navire courant grand largue dans un cyclone, le niveau barométrique varie assez modérément. S'il monte, la route est bonne, et l'on s'éloigne du centre ; s'il baisse de plus de $2^{m}/_{m}$ à l'heure, la route est mauvaise, ou du moins l'on se rapproche beaucoup du centre ; c'est-à-dire que l'on se trouve devant lui sans pouvoir le doubler.

Enfin, si un navire courait vent arrière (ce qui ne serait admissible que s'il se trouvait devant le centre et sur sa trajectoire), il décrirait une circonférence autour du cyclone, sans en pouvoir sortir. Dans ce cas, la distance du navire au centre du cyclone ne varierait pas ; et le niveau barométrique resterait à peu près stationnaire. Il y a eu des exemples de navires qui sont ainsi restés fort longtemps dans la sphère d'action des cyclones, dont ils faisaient le tour, en fuyant devant le temps avec une regrettable persévérance.

§ 46. — Manœuvres à faire dans les cyclones.

Nous avons donné précédemment des indications précises sur les changements réguliers de direction du vent pour les navires à la cape dans les cyclones. Or, tous les marins savent que, pour un navire à la cape, *si le vent refuse*, il y a danger de masquer ; et que, même sans voile établie, on peut craindre de culer et par suite de faire de graves

avaries. Au contraire, *si le vent adonne*, le navire prend de l'erre et loffe ensuite sans trop de difficulté pour reprendre le travers.

Afin d'être certain de voir toujours le vent adonner quand on prendra la cape dans un cyclone, on se conformera à la règle suivante, extraite de l'ouvrage de Reid : « *Dans les deux hémisphères*, il faut capéyer *tribord amures*, si l'on se trouve dans le *côté droit* du cyclone ; ou *bâbord amures*, dans le côté gauche. »

Nous allons passer en revue les quatre situations diverses dans lesquelles on pourra se trouver placé.

1° INCERTITUDE, AU DÉBUT DU CYCLONE.

Au début d'un cyclone, quand on ne sait pas encore quelle est la position du navire par rapport à la trajectoire que parcourt le centre, le mieux est, dans l'hémisphère $\begin{Bmatrix} Nord \\ Sud \end{Bmatrix}$, de mettre les amures à $\begin{Bmatrix} tribord \\ bâbord \end{Bmatrix}$, et d'attendre ainsi, jusqu'à ce qu'on soit fixé (1). Etant ainsi à la cape $\begin{Bmatrix} tribord \\ bâbord \end{Bmatrix}$ amures, *si le vent adonne*, c'est qu'on se trouve dans le *côté dangereux*, auquel cas il n'y a rien à faire, et surtout il ne faut pas laisser porter. Au contraire, *si le vent refuse*, c'est qu'on se trouve alors dans le *côté maniable*, et il faut : soit **laisser** porter et courir grand largue sans changer d'amures ; soit virer lof pour lof et changer d'amures pour tenir la cape $\begin{Bmatrix} bâbord \\ tribord \end{Bmatrix}$ amures.

2° POSITION DU NAVIRE, SUR LA ROUTE DU CENTRE DU CYCLONE.

Quand les indices fournis par la fixité du vent et la baisse du baromètre, signaleront que *l'on se trouve sur la route que le centre doit parcourir*, il ne faudra pas hésiter à fuir, *vent arrière d'abord* ou à peu près vent arrière, à moins d'un empêchement absolu causé par la direction des lames, par le voisinage de terres ou de roches.

S'il n'y a pas moyen de fuir devant le temps, on ne peut que se résigner à subir le passage du centre et la saute du vent cap pour cap.

---

(1) Il est bien entendu qu'une telle manière de faire serait mauvaise, si la direction, la force croissante et la fixité du vent, ainsi que la chûte du baromètre pouvaient faire supposer que le navire se trouve en avant et sur la route même du centre.

Aussitôt qu'en fuyant vent arrière, on estime avoir dépassé la trajectoire du centre, on se trouve dès lors dans le côté maniable, et l'on doit continuer à faire la même route au compas, en prenant le vent par la hanche, à mesure qu'il tourne. Si l'on est dans l'hémisphère *Nord*, on prend ainsi l'allure grand largue *tribord* amures ; au contraire, dans l'hémisphère *Sud*, on se trouve amené à courir grand largue *bâbord* amures : dans les deux cas, on voit le vent refuser de plus en plus. On continuera, en conservant toujours le même cap, *s'il est possible*, jusqu'à ce que le baromètre remonte ou du moins cesse de baisser. Quand le baromètre remontera (et même avant, si le vent et la mer y obligent), on pourra laisser porter et reprendre l'allure largue : *tribord* amures dans l'hémisphère Nord et *bâbord* amures dans l'hémisphère Sud.

3° POSITION DU NAVIRE, DANS LE CÔTÉ DANGEREUX.

Supposons l'observateur dans l'hémisphère $\left\{ \begin{array}{c} Nord \\ Sud \end{array} \right\}$, et admettons que l'ordre dans lequel se font les variations du vent prouve que le navire se trouve dans le côté $\left\{ \begin{array}{c} droit \\ gauche \end{array} \right\}$ du cyclone, ou côté dangereux. Dans ce cas, et si le vent et la mer forcent à mettre à la cape, les amures doivent être à $\left\{ \begin{array}{c} tribord \\ bâbord \end{array} \right\}$. Mais, s'il n'est pas impossible de faire de la route, vent de travers et même plus près du vent, toujours avec les amures à $\left\{ \begin{array}{c} tribord \\ bâbord \end{array} \right\}$, on a ordinairement plus de chances d'éviter ainsi le voisinage du parcours du centre. Lorsque le baromètre remonte franchement, on peut courir largue, avec les *amures du même bord*.

Ainsi, dans le côté dangereux, il ne faut jamais prendre d'autre allure que le plus près, ou la cape $\left\{ \begin{array}{c} tribord \\ bâbord \end{array} \right\}$ amures, tant que le baromètre n'a pas remonté d'une manière bien sensible.

4° POSITION DU NAVIRE, DANS LE CÔTÉ MANIABLE.

Supposons l'observateur dans l'hémisphère $\left\{ \begin{array}{c} Nord \\ Sud \end{array} \right\}$, et admettons que l'ordre dans lequel se font les variations du vent prouve que le navire se trouve dans le côté $\left\{\begin{array}{l} gauche \\ droit \end{array}\right\}$ du cyclone, ou côté maniable.

Dans ce cas, et si l'on se décide à mettre à la cape, les amures devront être à $\left\{\begin{array}{l} bâbord \\ tribord \end{array}\right\}$. Mais, si la terre ou des récifs ne s'y opposent pas, il est certainement préférable de s'éloigner de la tempête, en laissant porter sans retard, et en courant grand largue $\left\{\begin{array}{l} tribord \\ bâbord \end{array}\right\}$ amures, avec le vent à 2 ou 3 quarts de l'arrière, par la hanche de $\left\{\begin{array}{l} tribord \\ bâbord \end{array}\right\}$. Au bout de quelque temps, le vent commencera à tourner et à refuser ; et l'on continuera, autant que possible, à courir à peu près *au même cap*, en orientant à mesure, jusqu'à ce que le baromètre commence à remonter. Lorsque ce moment sera venu, et même avant, si le vent et la mer y obligent, on pourra s'éloigner encore plus rapidement, en laissant porter et en courant de nouveau grand largue $\left\{\begin{array}{l} tribord \\ bâbord \end{array}\right\}$ amures.

⸻

CHAPITRE II.

Courants. — *Glaces flottantes.*

§ 47. — Courant équatorial.

Le *Courant équatorial* traverse l'Atlantique de l'Est vers l'Ouest et règne entre les parallèles extrêmes de 5°N. et de 10°S. environ. Il peut être considéré comme un mouvement de dérive de la surface des eaux, venant de régions plus froides et poussées par les vents alizés de S.E. Ce courant commence dans les parages d'Annobon, un peu au Sud de l'équateur et entre les méridiens 0° et 6°E. La température de l'eau, à la surface, dans la partie orientale de ce courant et pendant une grande partie de l'année, est de plusieurs degrés plus froide que celle du courant de Guinée, dont la direction est inverse. Cette différence dans les températures est une preuve que le courant équatorial prend son origine sur un parallèle éloigné et plus froid. D'ailleurs, ainsi qu'on le verra dans l'exposé des courants de l'Atlantique Sud, un courant portant généralement au N.O. sur la côte d'Afrique, à partir du Rio-Congo et même du cap de Bonne-Espérance, vient se relier au courant équatorial qu'il alimente en partie.

Le courant équatorial atteint le maximum de son volume et de sa vitesse, pendant l'été de l'hémisphère Nord. Entre la côte d'Afrique et le méridien de 17°O., la vitesse est à son maximum en juin et juillet. Dans l'Ouest du méridien de 17°O., le maximum de force a lieu de juillet à octobre. Toutefois, comme le courant équatorial est, avant tout, un mouvement de dérive résultant de l'action du vent, sa vitesse, suivant les époques de l'année, doit dépendre de la force des vents qui ont régné et qui l'ont produit.

La limite septentrionale de ce courant, ou plutôt la ligne de démarcation qui le sépare du courant de Guinée, coulant parallèlement à lui, mais en sens inverse, est nettement tranchée dans l'espace compris entre les méridiens 2° et 25°O. Cette limite varie peu d'une saison à l'autre. Ainsi, sur le méridien de 22°O., la ligne de séparation des deux courants est par 5° de latitude Nord, en octobre et novembre; elle est par 2°30′N., en mars et avril. En prenant un autre méridien, celui de 12°O., par exemple, la ligne de séparation est généralement fixe, sur le parallèle de 2°30′N.; de même, sur le méridien de 2°O., la limite est par 1°30′N. environ.

En se rapprochant de la côte d'Afrique, Annobon est en toute saison dans le courant équatorial; l'île du Prince est au contraire dans le courant de Guinée; et Saint-Thomas, placé entre ces deux îles, se trouve, suivant les saisons, sous l'influence de l'un ou l'autre de ces courants.

En partant d'Annobon jusque vers le méridien de 17°O., les températures moyennes de l'eau, à la surface, sont les suivantes, savoir : de décembre à mars (thermomètre centigrade) de 25°6 à 27°8 ; de mars à juillet, température de 27°8 à 22°2 ; de juillet à octobre, température de 22°2 à 23°9 ; enfin d'octobre à décembre, température de 23°9 à 25°6.

Dans l'Ouest du méridien de 17°O., les températures moyennes de surface des eaux voisines diminuent sensiblement pour chaque saison, de sorte que le courant équatorial perd graduellement son premier caractère distinctif d'être comparativement un courant à basse température dans toutes les saisons.

Entre Annobon et le méridien de 2°O., la vitesse portant à l'O. du courant équatorial varie de 12 à 36 milles par jour.

Entre 2°O. et 12°O , la vitesse à l'Ouest varie de 14 à 30 milles par jour Les vitesses les plus fortes sont observées entre la Ligne et la limite septentrionale du courant.

Entre 12°O. et 22°O., la vitesse du courant portant à l'Ouest au-dessous de la Ligne varie de 12 à 50 milles par jour ; et au-dessus de la Ligne elle varie de 18 à 79 milles.

Entre 22° et 32°O., la vitesse du courant portant à l'Ouest, au-dessous de la Ligne, et jusque par 6°S , varie de 10 à 67 milles par jour ; et au-dessus de la Ligne jusque par 3° ou 4°N., la vitesse à l'Ouest varie de 13 à 88 milles.

Entre 32° et 37°O., la vitesse du courant portant à l'Ouest, entre l'équateur et le parallèle 5°S., varie de 12 à 46 milles ; elle peut même atteindre quelquefois 60 milles par jour un peu dans l'Ouest et auprès des Rocas. Au Nord de la Ligne et jusque par 2°N., la vitesse est seulement de 19 à 31 milles.

Entre 37° et 42°O., au-dessous de la Ligne, la direction du courant est à peu près parallèle à la côte et varie de l'Ouest à l'O.N.O. ; la vitesse est de 10 à 60 milles par 24 heures. En général, près de la côte et dans les parages du cap Saint-Roque, le courant atteint sa plus grande force de mars à septembre, vitesse de 20 à 60 milles ; tandis que d'octobre à février, la vitesse dépasse rarement 12 à 18 milles.

Au Nord de la Ligne et jusque par 3°N. environ, le courant porte à l'O.N.O. avec une vitesse de 12 à 36 milles.

Dans l'Ouest de 42°O. et jusqu'aux Petites Antilles, les eaux du courant équatorial suivent la côte d'Amérique, avec une direction générale vers le N.O. La limite septentrionale de ce courant est 42°O. coupé par 3°40′N. environ ; 47°O. coupé par 4°40′N. ; 52°O. coupé par 7°N. ; 57°O. par 10°N. A partir de ce point, le mouvement général des eaux vers l'Ouest qui existe dans la partie centrale de l'Atlantique, et que nous désignerons sous le nom de *dérive des alizés*, vient se combiner et se relier avec le courant N.O. qui règne sur les côtes de la Guyane. L'ensemble de ces eaux pénètre dans la mer des Antilles, puis dans le golfe du Mexique, entre Cuba et le Yucatan, contourne le golfe du Mexique dans le sens des aiguilles d'une montre, et débouche dans l'Atlantique sous le nom de Gulf-Stream.

En revenant au **régime** des courants sur la côte Nord du Brésil, nous ferons remarquer que le courant équatorial ne se fait sentir qu'à partir de 10 ou 12 lieues de la côte et jusqu'à la limite septentrionale que nous avons assignée.

Au Nord de cette limite, *et jusqu'au parallèle de 10°N.*, les eaux forment, *en été et en automne, un contre-courant vers l'Est* qui va rejoindre le courant du golfe de Guinée, comme nous l'indiquerons plus tard.

Ce contre-courant, entre les méridiens de 42° et de 55°O., peut atteindre la vitesse de 60 milles par jour. Dans l'Est du méridien de 42°O., la vitesse décroit et devient, entre les méridiens 32° et 22°O., de 30 à 15 milles seulement par jour.

Sur la côte du Brésil et jusqu'à une distance de 10 à 12 lieues au large, les eaux se meuvent sous l'influence des marées.

La vitesse du courant *au large* de la côte du Brésil, au-delà de 12 lieues et à moins de 75 ou de 70 lieues, varie de 18 à 63 milles par jour, portant au N.O., entre 42° et 47°O.; elle varie de 20 à 99 milles par jour, portant entre le N.N.O. et le N.¹/₄ N.O., depuis le méridien de 47°O. jusqu'à celui de 32°O. A partir de 32°O. et jusqu'à 57°O., entre 12 lieues et 60 lieues des côtes de la Guyane, la direction du courant est N.O., et sa vitesse est variable de 19 à 68 milles par jour. Entre 57° et 63°O., et entre les mêmes distances de terre, le courant porte au N.O., avec une vitesse variable de 15 à 57 milles par jour.

§ 48. — Courant de la rivière des Amazones.

Les eaux de l'Amazone atteignent leur maximum de crue au mois de mai, après avoir monté pendant six mois environ. Elles baissent ensuite pendant six mois et atteignent leur minimum en novembre. Le courant que forment les eaux de l'Amazone (le courant de jusant) porte d'abord à l'E.N.E., puis s'infléchit vers le Nord et le N.O., se mêlant au courant équatorial dont il augmente la vitesse. Le changement de couleur de l'eau produit par la rivière de l'Amazone s'étend à une distance considérable dans le Nord et dans l'Ouest.

Au large du cap de Norte (un peu au N. de l'embouchure de l'Amazone), la vitesse du courant de flot, de janvier en avril, est double de celle du jusant. Au mois de mai, les courants de flot et de jusant sont d'égale force. De juillet en octobre, le courant de jusant est plus fort que celui de flot ; et de novembre à janvier les deux courants sont encore d'égale force.

§ 49. — Courant vers l'Ouest, ou dérive des eaux dans les Alizés.

Un courant général vers l'Ouest existe dans toute la partie centrale de l'océan Atlantique Nord et peut être considéré comme un immense mouvement de dérive de la surface des eaux produit par la pression des vents alizés.

Entre les parallèles 10° et 20°N., et depuis le méridien 27°O. jusqu'aux Petites-Antilles, ce courant acquiert les vitesses extrêmes ci-après indiquées : sur le méridien de 30°O., de 9 milles à 30 milles par jour ; sur le méridien de 35°O., de 10 à 22 milles par jour ; sur le méridien de 40°O., de 8 à 25 milles ; sur le méridien de 45°O., de 8 à 29 milles ; sur le méridien de 50°O , de 10 à 30 milles ; sur le méridien de 55°O., de 10 à 36 milles ; et sur celui de 40°O., de 10 à 24 milles par jour.

Entre les parallèles 20° et 30°N., et sur le méridien de 30°O., la vitesse du courant portant à l'Ouest varie de 6 à 20 milles par jour ; sur sur le méridien de 35°O., elle varie de 7 à 16 milles ; sur celui de 40°O., elle est de 6 à 20 milles ; par 45°O., elle est de 5 à 20 milles ; par 50°O., elle est de 8 à 26 milles ; par 55°O., de 6 à 19 milles ; par 60°O., de 8 à 20 milles ; par 65°O., de 8 à 21 milles ; par 70°O., la vitesse varie de 6 à 20 milles par jour.

Entre les parallèles 30° et 35°N. et par 45°O., la vitesse à l'Ouest varie de 8 à 16 milles par jour ; sur le méridien de 50°O., elle est de 12 à 27 milles ; par 55°O., elle varie de 8 à 24 milles ; par 60°O., de 8 à 36 milles ; par 65°O., de 12 à 20 milles ; et par 70°O., de 8 à 24 milles par jour.

Telle est la description aride, mais exacte, de ce grand mouvement de dérive des eaux, qui est entouré dans l'Ouest et dans le Nord par le *Gulf-Stream*, marchant dans une direction opposée ; tandis que dans la partie orientale de l'Atlantique il est borné, et en même temps alimenté par le grand courant qui descend les côtes d'Europe et d'Afrique et qui va se terminer dans le golfe de Guinée.

§ 50. — Courant de la mer des Antilles.

Dans la mer des Antilles, la direction générale du courant porte vers l'Ouest. Les eaux du courant équatorial, après avoir remonté la côte des Guyanes et du Brésil, débouchent entre les îles Trinidad, Tabago et la Grenade, avec une vitesse qui atteint de 24 à 72 milles par jour dans cet étroit passage, et qui se maintient aussi forte le long de la côte, entre Trinidad, Margarita et Curacao. Dans cette même partie orientale de la mer des Antilles, et en allant à plus de 40 lieues des terres d'Amérique, on trouve le courant à l'Ouest beaucoup plus faible : de 8 à 30 milles par jour seulement. Ce mouvement général de la surface des eaux, dans la partie centrale de la mer des Antilles, est produit et alimenté par le courant de dérive de l'alizé, qui traverse la chaîne d'îles des Petites-Antilles. Entre les méridiens 72° et 82°O., et dans la zone comprise entre les parallèles 12° et 15°N., la vitesse du courant portant vers l'Ouest est de 12 à 60 milles par jour. Elle est un peu moindre en se rapprochant des côtes Sud de la Jamaïque et d'Haïti.

Au-delà du méridien de 82°O., les eaux se dirigent vers le N.O. pour entrer dans le golfe du Mexique par l'espace étranglé compris entre Cuba et la presqu'île de Yucatan. La vitesse du courant N.O., dans cette partie occidentale de la mer des Antilles, varie de 12 à 43 milles par jour dans la partie la plus large, et de 14 à 62 milles dans la partie la plus resserrée, à l'entrée du golfe.

Dans certaines régions de la mer des Antilles, au moment de la nouvelle et de la pleine lune, et dans les environs de l'équinoxe d'automne, on peut quelquefois éprouver un courant portant vers l'Est, contre le vent. Cette anomalie a été observée notamment sur les côtes Sud et à quelque distance de la Havane, de la Jamaïque, d'Haïti et de Porto-Rico.

§ 51. — Courants de Panama et du Honduras.

On donne le nom de *Courant de Panama* à un contre-courant qui porte successivement au Sud, au S.E., à l'Est et à l'E.N.E., et qui suit la côte d'Amérique jusqu'à une distance d'environ 10 ou 12 lieues au large, depuis le cap Gracias a Dios jusqu'à Carthagena, y compris le golfe de Darien. On remarquera, en passant, que ce contre-courant des eaux offre une très-grande analogie avec le contre-courant d'air qui a été signalé, dans les mêmes parages, où soufflent fréquemment des vents de la partie de l'Ouest pendant que l'alizé règne au large.

Un autre contre-courant portant à l'Est règne également *dans le golfe de Honduras*, et suit la terre de très-près depuis le fond du golfe jusqu'au cap Camaron.

§ 52. — Courant du golfe du Mexique.

Les eaux qui pénétrent dans le golfe du Mexique, entre le cap San-Antonio de Cuba et le Yucatan, avec une vitesse variable de 14 à 62 milles par jour, se divisent en deux courants Une partie des eaux suit la côte de Cuba et se dirige vers le N.E., au large des bancs des Colorados, avec une vitesse de 14 à 31 milles par jour. Elles se portent ensuite vers l'E.N.E., au large de la Havane, se dirigeant vers le canal de la Floride avec une vitesse de 20 à 72 milles. L'autre courant, le plus important, contourne la presqu'île de Yucatan jusqu'à une cinquantaine de lieues au large, portant successivement au N.O. avec une vitesse de 20 à 60 milles; à l'Ouest, avec un vitesse de 18 à 30 milles; puis au S.O.; et exécute un vaste circuit, dans le sens des aiguilles d'une montre, en suivant la côte du Mexique, entre 10 et 40 lieues de terre. Ainsi, devant Tampico, le courant porte au Nord avec une vitesse de 12 à 45 milles; au large du Rio del Norte, il porte au N.N.E., vitesse de 12 à 14 milles; un peu plus au Nord, et plus au large, il porte au N.E., vitesse de 26 à 31 milles. Après avoir porté à l'Est, sur le méridien de 90°, et entre les parallèles 25°30′ et 28°N., le plus fort du courant se dirige vers le S.E. avec une vitesse de 24 à 36 milles, et va rejoindre, au large de la Havane, le courant portant à l'Est et à l'E.N.E., dont la vitesse est de 20 à 72 milles, ainsi que nous l'avons déjà dit.

La température des eaux de la mer, dans le golfe du Mexique, est de 22°8 (centigr.) en hiver; de 25° au printemps; de 28°3 en été, et 26°7 en automne.

§ 53. — Courants dans les Grandes-Antilles et dans les Lucayes.

Dans le Sud des Grandes-Antilles, nous avons déjà dit que le courant porte à l'Ouest, sauf dans les circonstances exceptionnelles que nous avons mentionnées.

Dans le N.E. et au large des îles Vierges, le courant porte au N.O.; vitesse, 18 milles par jour. Sur la côte Nord de Porto-Rico, le courant porte à l'Ouest; entre Porto-Rico et Haïti, il porte au Nord et au N.N.O. Entre le banc de la Nativité, le banc d'Argent et le Mouchoir-Carré (au N. d'Haïti), de même qu'entre le banc des Caïques et l'île Marigane, le courant porte à l'Ouest et au S.O. Sur la côte Nord d'Haïti, courant vers l'Ouest; entre Haïti et Cuba, courant portant au Sud et au S.O. Sur la côte Nord de Cuba, le courant porte à l'Ouest et au N.O. et va rejoindre le Gulf-Stream. A 15 ou 20 lieues au large et dans le N.E. de la chaîne d'îles Lucayes, règne un courant de 10 à 15 milles par jour, portant au S E., depuis les bancs de Bahama jusqu'au large du banc des Caïques et du Mouchoir-Carré. Dans les canaux N.O. et N.E. de la Providence, le courant vient du canal de la Floride et se dirige vers la partie de l'Est (E.S.E. d'abord, puis E.N.E.), en suivant la sinuosité des passes.

§ 54. — Courant du Gulf-Stream.

Ce courant, comparé par beaucoup d'auteurs à un fleuve traversant l'Océan, débouche avec une grande vitesse par le canal de la Floride et entraîne, vers la partie septentrionale de l'Atlantique, une masse considérable d'eaux chaudes provenant des mers dont la température est la plus élevée. C'est ainsi que, dans l'Atlantique Nord et entre les parallèles de 35° à 45°O., se trouve une région où l'atmosphère elle-même est plus chaude (21° centigr. environ), tandis que sur le parallèle de 35°N. et sur celui de 45°N., c'est-à-dire au Nord et au Sud de cette zone, la température est plus basse (18° centigr. environ).

Les eaux du Gulf-Stream sont d'un bleu indigo, et il est généralement facile de distinguer leur ligne de démarcation avec les eaux voisines de l'Atlantique. Par beau temps, la limite du Gulf-Stream se reconnaît également par les lignes de courant et les remous : et, dans les latitudes élevées, par l'évaporation, les brumes, etc., qui s'y produisent fréquemment. En observant la température de surface de ce courant, particulièrement au large de la côte des Etats-Unis, on remarque que l'axe du courant où la vitesse atteint son maximum, est la ligne des plus hautes températures. Les eaux se refroidissent assez rapidement dans l'O. de cette ligne ; et, en se rapprochant de la côte, où règne un contre-courant, venu du détroit de Davis, on trouve des différences de 8°, et même de 17° en hiver, entre les eaux du Gulf-Stream, portant vers le N.E, et celles du contre-courant portant vers le S.O. Le Gulf-Stream, dans l'E. de la ligne à température maximum, se refroidit moins rapidement. Une série analogue d'observations a été faite sur les changements de température de l'eau, à partir de la surface, jusqu'à des profondeurs considérables.

Entre la partie centrale du Gulf-Stream et la côte, le mouvement de baisse de la température de l'eau est si rapide, que la ligne de démarcation a reçu le nom de muraille froide (*Cold Wall*). On a observé quelquefois 17° centigrades de différence entre deux points éloignés l'un de l'autre de quelques longueurs de navire seulement. Toutefois, la température élevée de l'eau n'est pas toujours un indice certain que l'on se trouve dans le Gulf-Stream, parce que les eaux de ce courant débordent fréquemment, comme celles d'un fleuve, et forment des contre-courants qui suivent ses bords en sens inverse. C'est ainsi que, dans l'E. et dans le S. du Gulf-Stream, on observe généralement un courant portant au S.O., avec une vitesse variable de 7 à 24 milles par jour. Ce contre-courant, en se rapprochant des bancs de Bahama, s'infléchit vers le S., puis vers le S.E., et se relie au courant que nous avons signalé dans le N. de la chaîne des îles Lucayes. Les eaux forment donc un mouvement demi-circulaire, dans le sens inverse des aiguilles d'une montre, sur la rive droite du Gulf-Stream d'abord, puis dans le N. des îles de Bahama.

La ligne de démarcation entre les eaux chaudes et les eaux froides est très-variable ; la limite du courant lui-même varie aussi, bien qu'à un moindre degré. Dans certaines circonstances, le Gulf-Stream se trouve déplacé : il est plus rapproché des côtes d'Amérique ou plus au large, suivant les pressions que lui font subir, dans un sens ou dans l'autre, les coups de vent de N.E. et de S.E., ou ceux de N.O. et S.O. De là, vient cette anomalie observée quelquefois : le Gulf-Stream coulant dans des eaux relativement froides ; et, inversement, ce courant n'existant pas d'une manière sensible dans les régions où l'on constate des eaux chaudes.

On s'accorde également à reconnaître que la partie du Gulf-Stream qui traverse l'Atlantique de l'O. à l'E. éprouve un mouvement d'oscillation vers le N. et vers le S., suivant les changements de déclinaison du soleil, et réglé de la même manière que les changements de limites des vents alizés. La limite extrême septentrionale est atteinte en septembre, et la limite la plus méridionale est celle du mois de mars ; la masse des eaux du Gulf-Stream est probablement moindre en cette saison.

La vitesse du courant est variable suivant la saison ; elle atteint son maximum vers le solstice d'été et au commencement de l'automne. Au sortir du golfe du Mexique et à l'entrée du détroit de la Floride, la vitesse varie de 2 milles 1,2 à 4 milles par heure; dans les parties resserrées du détroit, la vitesse la plus forte observée au mois d'août a atteint 5 milles par heure. Plus loin, et entre les parallèles de 30° et de 33°N., la vitesse du courant portant N.N.E. varie de 30 à 97 milles par jour; de 33° à 36°N., elle est de 30 à 90 milles par jour, portant au N.E¼ N.; sur le méridien de 73°O., entre 36°30′ et 39°N., la vitesse est encore de 24 à 95 milles par jour, portant à l'E.N.E.; sur le méridien de 69°O. et entre les parallèles 36° et 40°N., elle varie de 24 à 64 milles par jour, portant à l'E.; sur le méridien de 65°O., entre 37°30′ et 41°30′N., la vitesse varie de 20 à 65 milles, portant à l'E.¼ N.E.; sur le méridien de 60°O., elle est encore de 20 à 60 milles; puis elle diminue très-rapidement. Ainsi, elle n'est plus que de 12 à 36 milles par jour, portant à l'E., sur le méridien de 50°O., et entre les parallèles 38°30′ et 44°N.; enfin elle n'est plus que de 19 milles par jour, portant à l'E., sur le méridien de 42°O., et entre 38°30′ et 46°N.; toutefois, on a observé exceptionnellement par 43°N. et 47°O., au mois d'août, une vitesse de 4 milles à l'heure. Dans l'E. du méridien de 37°O., les eaux du Gulf-Stream se disséminent et se perdent sur une surface considérable ; puis, se dirigeant vers le N.E., vont faire sentir leur influence sur les côtes d'Irlande et de Norvége.

Au sortir du golfe du Mexique, le courant atteint son maximum de température, 29°,4 centigrades, c'est-à-dire 3° environ de plus que les eaux de l'Océan, par la même latitude. Dans le S. du banc de Terre-Neuve, la température du courant est de 11° à 17° plus élevée que celle des eaux voisines. Le tableau suivant indique la température moyenne (centigrade) de la zone la plus chaude du Gulf-Stream, en divers parages, et pour chaque saison :

	En hiver.	Au printemps.	En été.	En automne.
Détroit de la Floride......	25°0	25°5	28°3	27°8
Au large de Charlestown.........	23.9	25.0	27.8	27.2
Au large du cap Hattéras.........	22.2	22.8	26.7	24.4
Dans le S.E. des bancs de Nantucket.	19.4	20.0	26.7	22.2
Dans le Sud de la Nouvelle-Ecosse..	16.7	19.4	25.5	20.5

Les régions que traverse le Gulf-Stream sont remarquables par leur température plus élevée, et par des temps à grains et incertains. Lorsque les vents d'Ouest ou de S.O. soufflent en tempête, la chaleur de l'air est extrème, tandis qu'au-delà des limites septentrionale et orientale du Gulf-Stream, le temps est extrèmement froid. Pendant les mauvais temps, la mer est grosse, tourmentée, et fait beaucoup fatiguer les navires.

Les routes qui font profiter du courant favorable du Gulf-Stream pour se rendre du golfe du Mexique en Europe, ont donc l'inconvénient grave d'exposer le navigateur à de très-mauvais temps et à des avaries.

§ 55. — Courants du Groënland et du détroit de Davis.

Le *courant du Groënland* vient des mers polaires, suit la côte orientale du Groënland et porte au S.S.O., avec une vitesse de 10 à 15 milles par jour. Ce courant, parvenu à l'extrémité Sud du Groënland, infléchit sa marche vers l'Ouest, contourne le cap Farewell avec une vitesse de 10 à 18 milles par jour et remonte vers le N.O. en suivant la côte occidentale du Groënland.

A 30 ou 40 lieues environ au large de la côte occidentale du Groënland et jusqu'à celle du Labrador, ainsi que dans le détroit de Davis, règne un courant qui porte au S.S.E., vitesse de 8 à 24 milles, sur le parallèle 59°N.; puis au S.E., vitesse de 10 à 36 milles, sur le parallèle 56°N.; puis au Sud, vitesse de 8 à 20 milles, sur le parallèle de 49"N., entre Terre-Neuve et le méridien de 43°O. Ce courant charrie des *glaces*, *surtout au printemps*; la température de ses eaux est très-basse.

Une partie des eaux du courant du détroit de Davis pénètre dans le golfe Saint-Laurent par le détroit de Belle-Ile, vitesse de 12 à 48 milles, et débouche entre l'île du cap Breton et Terre-Neuve avec une vitesse de 12 milles par jour.

Ces eaux se joignent alors à celles venant de l'Est de Terre-Neuve et qui, se trouvant arrêtées par la barrière que leur oppose le Gulf-Stream, infléchissent leur course vers le S.O. et l'Ouest. La vitesse du courant sur le parallèle de 46°40'N. est de 12 à 48 milles par jour, portant au S.O. près du cap Race ; à 20 lieues dans l'E. du cap, le courant n'est plus que de 12 à 24 milles, jusqu'à l'accore Est du banc ; par 46°40'N. et 44°O. la vitesse au S.O. est de 10 à 18 milles par jour.

Dans le Sud de Terre-Neuve et près de la côte, la vitesse du courant portant à l'Ouest est de 12 milles par jour ; et plus au large, en se rapprochant du Gulf-Stream, la vitesse à l'O. est de 10 à 30 milles.

Sur la côte de la Nouvelle-Ecosse, le courant froid porte au S.O. avec une vitesse de 12 à 24 milles. Dans le Sud du cap Sable et au large du cap Cod, le courant porte au Sud, vitesse de 10 à 20 milles ; entre le cap Cod et le cap Hattéras, le courant suit les sinuosités de la côte avec une vitesse journalière de 10 à 15 milles, et il continue à se faire sentir à petite distance de terre, jusqu'à la Floride, avec la même vitesse de 10 à 15 milles.

Entre Terre-Neuve et le cap Hattéras, et surtout au commencement de l'hiver, la température à la surface de ce courant est souvent de 17° plus basse que celle des eaux du Gulf-Stream, et la différence de température est de 8° à 14° dans les autres saisons.

§ 56. — Courant du golfe de Gascogne et de Rennel.

Ce courant porte d'abord à l'E avec une vitesse de 24 milles par jour, en suivant la côte septentrionale d'Espagne ; puis il contourne le golfe de Gascogne et porte vers le N.O., au large des côtes de Bretagne et de l'entrée de la Manche.

Après avoir contourné le golfe, il prend le nom de courant de Rennel, et sa vitesse est environ de 10 milles par jour.

§ 57. Courant général vers l'Est, dans la partie orientale de l'Atlantique.

Entre les parallèles de 40° et de 50° N. et dans l'E. du méridien de 40°O. règne un courant portant vers l'E. avec une vitesse de 10 à 48 milles, sur le méridien de 40°O. ; de 6 à 30 milles sur celui de 35°O. ;

et de 6 à 24 milles sur ceux de 30° et 25°O. Sur le méridien de 20°O. et entre 45° et 50°N., la vitesse est encore de 6 à 24 milles ; mais entre 40° et 45°N. et sur les méridiens de 15° et de 20°O., elle varie de 12 à 30· milles et de 8 à 36 milles. Ce courant est alimenté par le Gulf-Stream, par le courant du détroit de Davis, et il doit être accéléré par suite de la pression des vents dominant de l'O.

Entre les parallèles de 50° et 60°N. et à partir du méridien de 35°O., le mouvement de la surface des eaux est dirigé vers l'Est, avec une vitesse de 10 à 24 milles. En arrivant au méridien de 25°O., le courant se dirige vers les côtes d'Écosse : direction générale N.E. ; vitesse de 8 à 24 milles.

Au large et dans l'Ouest du cap Clear, le courant porte à l'Est du monde ; vitesse variable de 8 à 24 milles. Entre les parallèles de 30° et de 40°N., et entre les méridiens de 20° et 25°O. les courants portent généralement vers le Sud, avec une vitesse de 7 à 28 milles ; entre les mêmes parallèles, mais entre les méridiens de 12 et 20°O., le courant porte au S.E., vitesse de 7 à 25 milles. Dans l'Est du méridien de 12°O., le courant porte à l'Est, vitesse de 6 à 18 milles ; enfin dans le détroit de Gibraltar, la vitesse moyenne du courant portant à l'Est varie de 48 à 72 milles.

§ 58. — Courant de la côte Ouest d'Afrique (Maroc et Sénégal).

Le courant descend la côte d'Afrique, du Nord vers le Sud. Sa direction, entre les parallèles de 10° et de 30°N. est celle de la côte ; elle est donc d'autant plus *Sud* que l'on est plus rapproché de terre, et elle est d'autant plus infléchie vers le S.S.O., le S.O. et l'O. à mesure qu'on s'éloigne davantage de la côte d'Afrique.

Ainsi, entre les parallèles 20° et 30°N. et sur le méridien 24°O. la direction du courant est S.O., vitesse de 7 à 30 milles ; sur le méridien de 22°, la direction est S.S.O., vitesse de 6 à 9 milles ; et le long de terre, direction du S. et S.S.O., vitesse de 10 à 24 milles. Entre 10 et 20°N. sur le méridien de 24°O., direction du courant S.O., vitesse de 5 à 16 milles ; sur le méridien de 22° et au Nord du cap Vert, la direction est S.O., vitesse de 8 à 24 milles ; et au Sud du cap Vert, direction du courant vers le Sud, vitesse de 8 à 13 milles.

§ 59. — Courant de Guinée.

Le courant de Guinée porte vers la partie de l'E. et règne particulièrement du cap Roxo au golfe de Biafra, entre la côte de Guinée et le parallèle de 2° ou 3°N. Sa limite occidentale, c'est-à-dire son origine est vers le 25e degré de longitude Ouest ; toutefois, et ainsi qu'il a déjà été dit à propos du courant équatorial, on a souvent constaté, en été et en automne, entre les parallèles 4° et 8°N., l'existence d'un courant portant vers l'Est à partir du méridien de 55°O. et allant se relier au courant de Guinée.

Entre le cap Vert et Sierra-Leone et jusqu'à 50 ou 60 lieues au large, les courants changent comme les vents, selon la saison. De juin à septembre, on a des vents de S.O. à grains, et par suite un courant portant vers le Nord et le N.E. D'octobre en mai, avec les vents de Nord et de N.E., on observe un courant S.E. qui va se joindre à celui de Guinée.

Entre Sierra-Leone et le cap Palmas, même observation. De mai à octobre, le courant porte au N.O., avec les vents plus S. que le S.O. ; il porte au S.E. avec les vents plus O. que le S.O. En novembre, le courant porte généralement au N.O. et de décembre à mai il porte au S.E.

La plus grande vitesse du courant de Guinée existe au large du cap Palmas, où l'on a observé, à quelques milles de terre, des vitesses vers l'Est de plus de 3 milles à l'heure. Dans le Sud du cap Trois-Pointes, la vitesse à l'E. varie de 18 à 52 milles par jour.

Dans la saison de l'*harmatan*, de décembre à février, le courant de Guinée est quelquefois arrêté près de terre et remplacé par un contre-courant vers l'Ouest ; les tornades violentes causent un effet pareil.

Le courant de Guinée est, en toute saison, plus chaud que le courant équatorial ; sa température, au large de Fernando-Po, est toujours au dessus de 26° centigrades.

§ 60. — Indications sur les glaces flottantes.

Les courants du Groënland et du détroit de Davis charrient une quantité considérable de glaces, surtout au printemps et au commencement de l'été. Les baies de la côte d'Amérique et de Terre-Neuve, situées au Nord du parallèle de 45°N., sont le plus souvent fermées et encombrées par les banquises *durant l'hiver*; mais, pendant cette saison il est assez rare de rencontrer des glaces flottantes dans les parages ou sur le banc même de Terre-Neuve.

L'invasion des glaces dans la partie occidentale de l'Atlantique constituant un danger sérieux pour la navigation, il importe de déterminer les limites en dedans desquelles on peut en rencontrer. Nous donnons ci-après des indications aussi précises que possible à ce sujet.

D'AVRIL EN JUIN.

*Il faudra se tenir en garde contre les glaces flottantes,
lorsque l'on se trouvera :*

Par 52° lat. Nord, et dans l'Ouest du méridien de 53°Ouest;
Par 51°   —   —   —   50°O.;
Par 50°   —   —   —   48°O.;
Par 49°   —   —   —   47°O.;
Par 48°   —   —   —   46°O.;
Par 47°   —   —   —   45°O.;
Par 46°   —   —   —   46°O.;
Par 45°   —   —   —   44°O.;
Par 44°   —   —   —   43°O.;
Par 43°   —   —   —   42°O.;
Par 42°   Nord, et de 41°30'O. à 57°Ouest;
Par 41°   Nord, et de 41°   O. à 55°O.;
Par 40°   Nord, et de 42°   O. à 52°O.;
Par 39°30' Nord, et de 44°   O. à 50°O.;
Par 39°   Nord, et de 46°   O. à 48°O.

EN JUILLET ET EN AOÛT,

*Il faudra se tenir en garde contre les glaces flottantes,
lorsque l'on se trouvera :*

Par 51° lat. Nord, et dans l'Ouest du méridien de 45°   Ouest;
Par 50°   —   —   —   44°30'O.;
Par 49°   —   —   —   44°   O.;
Par 48°   —   —   —   43°   O.;
Par 47°   —   —   —   42°   O.;
Par 46°   —   —   —   42°   O.;
Par 45°   —   —   —   41°   O.;
Par 44°   —   —   —   41°   O.

DE FÉVRIER EN JUILLET,

On pourra rencontrer de grandes banquises, lorsque l'on se trouvera :

Par 51°30′ Nord, et dans l'Ouest du méridien de 55°Ouest ;
Par 51° Nord,   —   —   53°O. ;
Par 50° Nord,   —   —   50°O. ;
Par 49° Nord,   —   —   49°O. ;
Par 48° Nord,   —   —   48°O. ;
Par 47° Nord,   —   —   47°O. ;
Par 46° Nord,   —   —   47°O. ;
Par 45° Nord,   —   —   47°O. ;
Par 44° Nord, et de 48°O. à 56°O. ;
Par 43° Nord, et de 49°O. à 55°O. ;
Par 42°30′ Nord, et de 50°O. à 54°O. ;
Par 42° Nord, et de 52°O. à 53°O.

SECONDE PARTIE.

INSTRUCTIONS

SUR LES

PRINCIPALES TRAVERSÉES DE L'OCÉAN ATLANTIQUE NORD.

CHAPITRE PREMIER.

Routes d'Europe à la Ligne, pour les navires destinés au Brésil et pour ceux qui vont doubler les caps Horn et de Bonne-Espérance.

§ 61. — De la Manche, de Nantes ou de Bordeaux à l'Équateur.

Les capitaines de navires à voiles qui partent de la Manche, de Nantes ou de Bordeaux, doivent avoir pour *préoccupation constante de faire de l'Ouest,* en même temps qu'un peu de Sud, tant qu'ils n'ont pas atteint *au moins* le méridien de 12°O. Si l'on ne tenait pas compte de cette recommandation, c'est-à-dire si l'on ne profitait pas de tous les vents maniables qui permettent de faire de l'Ouest, on se trouverait exposé, particulièrement en partant de Nantes, et encore plus en partant de Bordeaux, à ne pouvoir pas doubler le cap Finistère et à se trouver acculé dans le golfe de Gascogne avec de forts vents de la partie de l'Ouest qui surviendraient et forceraient à capeyer, en même temps que les courants porteraient généralement vers l'Est.

Au large d'Ouessant et des côtes de Bretagne, le courant porte assez souvent vers l'O. et le N.O.; mais il faut bien dire que, dans maintes circonstances, surtout en été, il porte à l'Est et au N.E. Au large du cap Finistère et de la côte Nord d'Espagne, le courant porte presque toujours vers l'Est, ayant pour tendance d'entraîner dans le Golfe de Gascogne les navires qui veulent doubler le cap Finistère Au fond du golfe et le long de la côte de France, le courant porte vers le Nord et le N.O.

Les navires partant de la côte Ouest de France, de Nantes ou de Bordeaux par exemple, feront en sorte de n'appareiller qu'avec de bonnes apparences de temps, particulièrement en hiver et au moment des Équinoxes. Les télégrammes météorologiques envoyés chaque jour dans les ports, ainsi que l'observation attentive du baromètre pendant les deux jours qui précéderont le départ donneront de sérieuses garanties. Quand on devra partir de Nantes, de Rochefort ou de Bordeaux, il faudra se préoccuper surtout du temps régnant et du mouvement barométrique à Ouessant. Si l'on se trouve au Havre, il faudra bien veiller le temps et les indications barométriques de Valentia (Irlande). Ainsi, des circonstances favorables se présenteront quand les vents auront dépassé le N.O. ou du moins quand ils seront au N.O., avec un baromètre montant surtout à Ouessant ou en Irlande, et lorsque les vents seront modérés et que la mer sera belle sur ces points : il sera important aussi que le baromètre soit plus haut à Ouessant qu'à Nantes, ou plus haut en Irlande qu'au Havre, pour donner une grande chance de vents de la partie du N. et de beau temps. Au contraire, dès que le baromètre baissera et que le temps deviendra mauvais, dans ces sortes de postes avancés, on fera mieux de rester au port. Ces indications ne sont bien entendu que des principes généraux ; mais nous avons eu l'occasion très-fréquente d'en vérifier l'exactitude.

Au large de la côte de Portugal, régnent ordinairement des courants portant vers l'E., l'E.S.E. ou le S.E. Aussi, est-il bien recommandé de passer à grande distance, soit à 50 ou 80 lieues et même davantage s'il est possible, dans l'O. du cap Finistère, *en hiver*, et dans les semaines qui précèdent et suivent les équinoxes, époques où les vents de la partie de l'O. acquièrent parfois une grande violence. Mais, en été, on peut sans inconvénient passer à une vingtaine de lieues seulement du même cap, ou plus près encore, si l'on a un beau temps bien établi.

Si l'on excepte les coups de vents accidentels, auxquels on est exposé particulièrement d'octobre en mars sur la côte du Portugal (V. § 18), on peut dire qu'en général il est facile de descendre vers le Sud, au large de cette côte. Les vents de la partie du Nord conduisent très-fréquemment jusque dans les parages de Madère, dans l'Ouest de laquelle il convient de passer. Puis les vents se fondent ordinairement avec les Alizés, sans transition de calmes réellement sensibles. On double les Canaries par l'O., à petite distance, à moins que l'on n'ait

À relàcher. Dans ce cas, les voiliers préféreront le mouillage de **Palmas** qui est le seul d'où l'on puisse dérader à peu près sûrement, en cas de mauvais temps. Les navires à vapeur ou mixtes pourront préférer Ténériffe, quoique nous ne trouvions pas grand avantage à l'une plutôt qu'à l'autre de ces relàches, dès l'instant que le navire a une machine avec laquelle il peut toujours appareiller et s'éloigner de la terre.

On **gouvernera** ensuite pour passer dans l'Ouest des Iles du cap Vert, excepté toutefois à la fin d'octobre et au commencement de novembre, ainsi qu'à la fin de décembre et au commencement de janvier, où l'on pourra doubler cet archipel par l'Est, particulièrement quand on ira au cap de Bonne-Espérance, dans l'Inde, en Chine ou en Australie, etc. Mais, quand on sera destiné au Brésil, nous pensons qu'il sera préférable, ou du moins indifférent, de passer dans ces mêmes mois à petite distance dans l'Ouest ou dans l'Est des iles du cap Vert.

Nous allons donner maintenant, pour chaque mois, le tableau des points de croisement que l'on pourra se proposer de suivre, autant que les circontances de temps le permettront, lorsqu'on partira de la Manche. Les navires partant des ports de l'Océan, tels que Nantes et Bordeaux, pourront également chercher à suivre la même route, après avoir doublé le cap Finistère.

On trouvera d'ailleurs, à la suite de ce tableau, des indications détaillées, sur les circonstances de la traversée, dans chaque mois. Ces indications sont extraites en partie des *Instructions Hollandaises*.

TABLEAU DES CROISEMENTS DE LA MANCHE A L'ÉQUATEUR.

ÉPOQUE du Départ de France.	45°N.	40°N.	35°N.	30°N.	25°N.	20°N.	15°N.	10°N.	ÉQUATEUR coupé un mois plus tard.
	Long.O.	Long.O.	Long.O.	Long.O.	Long.O.	Long.O.	Long.O.	Long.O.	Long. O.
Janvier....	14° »'	17° »'	20° »'	21°30'	22° »'	27° »'	28°30'	28°30'	28°30'
Février....	17 »	17 »	20 »	22 »	23 »	27 »	28 30	28 30	28 30
Mars......	15 »	17 »	19 »	22 »	24 »	26 »	28 »	28 30	28 30
Avril......	13 »	17 »	21 »	22 »	24 30	27 »	28 30	30 »	29 30
Mai........	14 »	18 30	19 »	22 »	21 30	27 »	28 »	29 »	30 »
Juin........	14 »	18 30	19 »	22 »	24 30	27 »	28 40	29 20	29 »
Juillet.....	12 30	16 30	18 30	20 30	24 »	27 »	28 »	29 »	26 30
Août.......	12 20	17 »	18 »	20 30	24 »	27 »	28 30	29 »	25 30
Septembre.	14 20	17 »	19 »	21 »	24 30	27 30	27 30	27 »	27 »
Octobre....	15 »	17 »	20 30	21 »	21 30	23 »	24 30	26 »	30 »
Novembre..	14 »	18 30	20 »	22 »	25 »	27 30	27 30	27 30	29 »
Décembre..	12 30	17 »	20 »	21 »	21 30 24 30	23 » 27 30	24 30 27 30	27 30	28 30

ROUTE EN JANVIER.

En janvier, et en partant de la Manche, on ne cherchera pas à faire
beaucoup de S. et l'on tâchera de couper 45°N. par 14°O.; puis 40°N. par
17°O., et l'on continuera en se gardant bien de dépasser le méridien de
20°O. avant d'avoir doublé Madère dans l'O. On cherchera donc à couper
35°N. par 20°O.; 30°N. par 21°30′O.; on verra alors le baromètre monter
et l'on entrera dans les alizés avec lesquels on ira couper 25°N. par
22°O.; 20°N. par 27°O.; on passera dans l'O. des îles du cap Vert, et on
coupera 15°N. par 28° ou 29°O. De ce point, on fera route au Sud, de
manière à couper 5°N. à l'O. de 27°30′O. On trouvera 16 p. 0/0 de
chances de calmes entre 5°N. et la Ligne; dans cette zone, la route à
suivre sera le S. du monde. Au bout de quelque temps, on aura généralement de petites brises du S., qui seront les indices précurseurs
de l'alizé du S.E. et avec lesquelles on prendra bâbord amures, afin
d'éviter de faire de l'E. Lorsqu'on aura le S.E. bien établi, généralement par 1°N., on fera le plus de route possible au S., en portant près
et plein. Les meilleures traversées seront celles des navires qui auront
coupé la Ligne par 28°O. Dans le cas où l'on serait conduit à couper la
Ligne par 32°O., on ne devrait pas s'en préoccuper outre mesure, car,
même en partant de cette longitude, un navire bon voilier doublera
aisément Saint-Roque.

On pourra s'attendre à 4 heures de pluie par 24 heures, pendant le
temps que l'on mettra à se rendre de 4°N. à l'Équateur.

ROUTE EN FÉVRIER.

En février, et en partant de la Manche, il faudra généralement lutter
avec persistance contre les vents de la partie de l'O.; et l'on devra s'ef-
forcer de couper 45°N., autant que possible, à l'O. de 15°O. Il conviendra ensuite, quand les circonstances le permettront, de couper
40°N. par 17°O., afin d'éviter la zone très-défavorable comprise entre
les parallèles 40° et 45°N. et les méridiens 12° et 17°O.; on coupera 35°N.
par 20°O. environ, en passant à l'O. de Madère; puis, le parallèle de
30°N. par 22°O.; et l'on continuera droit au S. pour trouver l'alizé de
N.E. avec lequel on ira couper 25°N. par 23°O.; puis 20°N. par 27°O.
On passera dans l'O. des îles du cap Vert, et on coupera 15°N. par
28°30′O. environ. A partir de ce point, on fera bonne route au S. de

manière à couper 5°N. un peu à l'O. de 27°30'O. On trouvera 16 p. 0/0
de chances de calmes entre 5°N. et la Ligne ; la route à suivre dans
cette zone sera le S. du monde. Les alizés de N.E., en février et mars,
cesseront de souffler par 4°N. environ, et, à partir de cette latitude, on
ressentira généralement de petites brises de S. qui seront les indices
précurseurs de l'alizé de S.E., et avec lesquelles on prendra bâbord
amures, afin d'éviter de faire de l'Est. Lorsqu'on aura trouvé le S.E.
bien établi (ce sera sur la Ligne même à cette époque), on fera d'abord
le plus de route possible au S., en portant près et plein. Les meilleures
traversées seront celles des navires qui auront coupé la Ligne par 28°O.
Dans le cas où l'on se verrait contraint à couper la Ligne par 32°O., on
ne devrait pas s'en préoccuper outre mesure ; car, même en partant
de cette longitude, un navire bon voilier pourra doubler aisément
Saint-Roque.

Entre 4°N. et l'Equateur, on pourra s'attendre à 4 heures de pluie
par 24 heures.

ROUTE EN MARS.

En mars, et en partant de la Manche, on se dirigera vers l'O. sans
chercher à faire de S., et de manière à aller couper 45°N., s'il est possible, entre les méridiens 14° et 15°O. A partir de ce point de croisement, on pourra faire du S., et on gouvernera pour tâcher de couper
35°N. par 19°O., et 30°N. par 22°O. Cette route laisse Madère dans l'E.,
et fait passer le navire dans la zone limitée entre les parallèles 35° et
30°N. et entre les méridiens 17° et 22°O., qui est la plus favorable pour
atteindre l'alizé de N.E. Lorsqu'on l'aura trouvé bien établi, on fera
bonne route pour couper 18°30'N. par 27°O., et 5°N. par 28°O. A partir
de ce parallèle 5°N., on n'aura jusqu'à la Ligne que 16 p. 0/0 de chances
de calmes, mais à la condition de ne pas venir dans l'E. du méridien
de 27°O. On devra donc toujours venir plutôt sur tribord que sur bâbord. En gouvernant de cette manière, on perdra l'alizé de N.E. par
3°N. et 28°O. environ, et l'on arrivera sans grande perte de temps à
l'alizé de S.E. que l'on rencontrera un peu au-dessus de la Ligne et
par 28°O., et avec lequel on prendra bâbord amures. On coupera enfin
l'Equateur par 28°30'O. environ.

Entre 4°N. et l'Equateur, on pourra s'attendre à 4 heures de pluie
par 24 heures.

ROUTE EN AVRIL.

En avril, et en partant de la Manche, on tâchera de couper : le parallèle de 45°N. entre 12° et 13°O.; celui de 40°N. entre 16° et 17°O.; celui de 35°N. par 20°O. au moins, et s'il est possible par 21°30'O. environ. On gouvernera ensuite, avec les alizés que l'on trouvera bientôt, pour couper 30°N. par 22°O.; 20°N. par 27°O.; et 10°N. par 30°O. ou tout au moins par 29°O. Quand on aura dépassé le parallèle de 10°, on aura 8 p. 0/0 de chances de calmes jusqu'à celui de 5°N., et on trouvera l'alizé très-variable avec de folles brises. On fera du S. autant que possible, mais en se maintenant constamment entre les méridiens-limites 28° et 32°O., et l'on coupera 5°N. entre 29 et 30°O. Au-delà de 5°N., on aura 20 p. 0/0 de chances de calmes, en se tenant entre les mêmes méridiens-limites. On fera route au S., et comme l'on sera alors à la fin d'avril ou en mai, l'on perdra l'alizé de N.E. par 4°N. environ, et on trouvera celui du S.E. par la même longitude sur le parallèle de 3°30'N. On fera d'abord bonne route en portant bon plein, et l'on se rangera au plus près en serrant bien le vent lorsqu'on aura l'alizé franchement établi. On coupera la Ligne entre 29° et 30°Ouest.

Entre 8°30'N. et 2°30'N., on aura 4 heures de pluie par 24 heures.

ROUTE EN MAI.

En mai, et en partant de la Manche, on gouvernera pour tâcher de couper le parallèle de 45°N. par 14°O. environ; celui de 42°30'N. par 17°O.; 40°N. par 18°30'O.; 35°N. par 19°O.; 30°N. par 22° où l'on trouvera les alizés bien établis. Cette route fait éviter la zone défavorable comprise entre les parallèles 30° et 45°N. et les méridiens 12° et 17°O. Lorsqu'on aura les vents alizés, on gouvernera pour aller couper 25°N. par 24°O.; 20°N. par 27°O., et pour passer dans l'O. des îles du cap Vert. Lorsqu'on les aura dépassées et qu'on sera au mois de juin, on fera route au S. pour couper 10°N. entre 28° et 29°O.; et en continuant ainsi, on perdra les alizés par 8°30'N. environ. On traversera la zone de calmes en gouvernant au S. autant que possible, et on en sortira par 5°N. environ que l'on devra couper toujours dans l'O. de 27°O., afin d'éviter la zone très-défavorable dans l'E. de ce méridien. A partir du parallèle de 5°N. et dès qu'on sera sorti des calmes, on fera *le plus de Sud possible* avec les vents variables de S.S.O., S. et S.E. et sans se préoccuper de sa position tant qu'on ne sera pas forcé de couper la Ligne dans l'O. de 31°Ouest.

Entre 8°30'N. et 2°30'N., on aura 4 heures de pluie par 24 heures.

ROUTE EN JUIN.

En juin, la route est sensiblement la même que celle donnée pour le mois précédent. On passe dans l'O. des îles du cap Vert ; on coupe 15°N. par 28°40'O. environ, et 10°N. par 29°20'O. A partir de ce point et jusqu'au parallèle de 5°N., on doit traverser la zone des calmes, qui se trouve par ces latitudes en juillet. On fera route autant que possible au S., et l'on prendra tribord amures si l'on trouve du S.O. sans craindre de couper 5°N. par 25° ou même 24°O.; mais, en aucun cas, on ne coupera ce parallèle de 5°N. par 22°O., parce qu'on tomberait alors dans les calmes et dans la mousson de S. et de S.O. de la côte d'Afrique. Au-delà de 5°N., on trouvera bientôt l'alizé de S.E. et l'on coupera la Ligne ordinairement entre 28° et 29°Ouest.

Entre 8°30'N. et 2°30'N., on aura 4 heures de pluie par 24 heures.

ROUTE EN JUILLET.

En juillet et en partant de la Manche, on fera bonne route à l'O. si l'on trouve des vents de S. ou de S.S.O.; mais on profitera de toutes les variations du vent pour gouverner au S.S.O. et pour tâcher de couper 45°N. entre 12° et 13°O. On ira ensuite couper 40°N. un peu à l'O. de 16°O.; on passera à l'O. de Madère et on coupera 30°N. à peu près par 20° ou 21°O. On passera ensuite dans l'O. des îles du cap Vert, et à partir du parallèle de 15°N. on trouvera 12 p. 0/0 de calmes et les alizés mollissants avec lesquels on ira couper 12°N. entre 28° et 29°O. En continuant entre ces deux méridiens, on entrera par 10° ou 11°N. dans la mousson de S. et de S.O. de la côte d'Afrique, interrompue par 8 p. 0/0 seulement de calmes, et dans laquelle on prendra tribord amures. On fera de cette manière bonne route, sans craindre de couper s'il le faut 5°N. par 22°O. ou même 21°O.; mais, dans aucun cas, on ne coupera 5°N. aussi loin à l'E. que le méridien de 20°O. Lorsqu'on aura dépassé le parallèle de 5°N, les vents hâleront généralement le S. et le S.S.E., et dès qu'on aura le vent de cette direction, on prendra bâbord amures de manière à couper généralement l'Equateur par 26°30'O. environ (on sera alors au mois d'août).

Cette route sera d'autant plus avantageuse que les vents soufflent dans cette saison d'une direction plus rapprochée du S. sur la côte d'Amérique. C'est-à-dire que les vents sont défavorables, à cette époque, pour les navires qui coupent l'Equateur trop dans l'O., lorsqu'il leur faut doubler le cap Saint-Roque.

Entre 11°N. et 5°30'N., on traversera une zone où l'on devra s'attendre à de grandes pluies : elles tomberont à raison de 4 heures sur 24 h.; et même à raison de 7 heures sur 24, entre 9°30' et 6°30'Nord.

ROUTE EN AOUT.

En août, et en partant de la Manche, on se trouvera dans des circonstances défavorables : vents contraires et notamment du S.O., tant que l'on sera entre les parallèles 50° et 45°N. Le meilleur point de croisement de 45°N. est par 12°O. On fera route de ce point vers le S., en se maintenant dans l'E. du méridien de 19°O., et en coupant, si cela est possible, 40°N. entre 16° et 17°O.; et le parallèle de 35°N. par 18°O. On entrera dans les alizés de N.E., avec lesquels on gouvernera pour couper 30°N. par 20° ou 21°O.; on passera dans l'O. et près des îles du cap Vert, et on coupera 15°N. entre 28° et 29°O. On sera alors au mois de septembre et les alizés, entremêlés de 12 p. 0/0 de calmes, permettront de faire le S. jusque par 11°N. où ils cesseront généralement : on coupera ce parallèle par 29°O. A partir de ce point, on entrera dans la mousson de S. et de S.O., entremêlée de 8 p. 0/0 de calmes. Avec cette mousson, on prendra tribord amures et l'on continuera ainsi jusqu'à ce que l'on trouve les vents de S., ou hâlant le S.S.E. et le S.E., auquel cas on prendra immédiatement bâbord amures. Quoi qu'il arrive, on ne prolongera pas la bordée tribord amures portant vers l'E.S.E. ou le S.E., plus loin que le méridien de 21°O. On s'appliquera à ne pas couper 5°N. plus loin vers l'E. que 22° ou 21°O.; et dès qu'on aura les vents de S. et S.E., par 5°N. ou au-dessous, la bordée bâbord amures fera couper la Ligne entre 24°30' et 26°O. Tel est, à cette époque, le meilleur point de croisement avec lequel on double ensuite le cap Saint-Roque en portant bon plein.

Entre 11°N. et 5°30'N., on trouvera une zone où l'on devra s'attendre à de grandes pluies : elles tomberont à raison de 4 heures sur 24; et même à raison de 7 heures sur 24 h., entre 9°30'N et 6°30'Nord.

ROUTE EN SEPTEMBRE.

En septembre, et en partant de la Manche, on gouvernera pour aller, s'il est possible, couper 45°N. par 14°O.; et 40°N. entre 16° et 17°O., afin d'éviter les calmes qui seraient assez fréquents si l'on se tenait plus rapproché de la côte de Portugal. On gouvernera ensuite pour couper 35°N. entre 18° et 19°O., et pour doubler Madère dans l'O. et à petite distance ; on coupera 30°N. par 21°O.; on longera dans l'O. les îles du cap Vert (on sera alors en octobre) et on gouvernera bon plein avec les vents alizés et avec 6 p. 0/0 seulement de chances de calmes pour couper 10°N. entre 26° et 27°O. A partir de ce point, les alizés cessent ou sont sur le point de cesser ; on peut compter sur 25 p. 0/0 de calmes ; et les vents que l'on trouve sont variables du N.E., E., S.E., S. et S.O. Tant que la direction est N.E., E. et S.E., on doit faire bonne route au S. bâbord amures ; mais avec le S. et le S.O., on n'hésite pas à prendre tribord amures et sans s'étonner si l'on est conduit à couper 5°N. par 19°O. environ. Toutefois, on s'efforcera, dans la mesure du possible, de ne pas dépasser le méridien 22°, parce que dans l'E. de cette limite on aurait 28 p. 0/0 de chances de calmes. Dans les environs du parallèle de 5°N., on prend bâbord amures quand on trouve les vents de S. et de S.E. et l'on n'a plus que 4 p. 0/0 de chances de calmes entre les méridiens 22° et 27°O. et entre 5°N. et l'Equateur que l'on coupe dans les environs de 27°Ouest.

Un navire mixte, en allumant les feux, au besoin, par 10°N., pourra sensiblement abréger la dernière partie de cette traversée.

Entre 11°N. et 5°30′N., on trouvera une zone où l'on devra s'attendre à de grandes pluies : elles tomberont à raison de 4 heures sur 24 h.; et même à raison de 7 heures sur 24, entre les parallèles de 9°30′N. et de 6°30′Nord.

ROUTE EN OCTOBRE.

En octobre, en quittant la Manche et entre les parallèles 50° et 45°N., on devra s'attendre à de très-mauvais temps du S.S.O. au N.N.O. En général, on sera très-contrarié jusqu'au parallèle de 35°N. et la traversée, à cette époque, sera longue et pénible. On s'efforcera, en partant de la Manche, d'aller couper 45°N. entre 14° et 15°O., et 40°N. par 17°O. A partir de ce point, on se portera vers le S., en louvoyant à petits bords s'il le faut, de manière à couper le parallèle de Saint-Vincent entre 17° et 22°O., et 35°N. par 20° ou 21°Ouest.

On passera dans l'O. de l'île de Madère, dans les parages de laquelle on s'attendra à trouver 10 p. 0/0 de calmes. On y rencontrera, en octobre, des pluies et des vents tournant du S.E. au N.O. par l'O. En novembre, on y trouvera beau temps et vent de N.E., interrompu quelquefois par des coups de vent de S.O.

On ira couper le parallèle de 25°N. entre 21° et 22°O.; 20°N. par 23°O.; on passera vent arrière dans l'E. des îles du cap Vert, au-delà desquelles on aura 9 p. 0/0 de calmes et les vents variables du N.N.E. à l'E.N.E. avec lesquels on ira couper 10°N. entre 25° et 26°O. Parvenu à ce point de croisement, vers la fin d'octobre ou au commencement de novembre, on entrera dans une zone très-défavorable où l'on sera exposé à 24 p. 0/0 de calmes et à des vents variables du S.E. au S., S.O., N.E. et E. La route que l'on se proposera de suivre sera évidemment le S. du monde; rien ne sera plus facile tant que le vent se maintiendra à l'E. et au N.E.; mais, lorsqu'il passera au S. et au S.O. (direction la plus fréquente), et même au S.S.O., on prendra tribord amures, de manière à se mettre en position avantageuse et à pouvoir sans crainte prendre bâbord amures dès qu'on trouvera le S.E. Les vents domineront généralement du S. et S.S.E. quand on coupera 6° ou 7°N. par 25° ou 26°O.; et en venant alors sur tribord, on ira couper 5°N. par 26° ou 27°O. Ainsi, dans la zone comprise entre 10° et 5°N., que l'on traversera entre 22° et 27°O., on devra s'attendre à être très-contrarié; mais en la comparant à la zone plus occidentale qui n'est guère meilleure, on voit qu'elle a du moins sur celle-ci le grand avantage de faire entrer le navire dans l'alizé de S.E. en très-bonne position. On trouvera effectivement le vent de S.E. par 6°N. et 25° ou 26°O., ou même peut-être plus tôt; et alors, en portant bon plein, on fera beaucoup de route sans aucune appréhension du cap Saint-Roque. Entre 5°N. et l'Équateur, on aura 10 p. 0/0 de chances de calmes; la Ligne sera coupée dans les environs de 30°Ouest.

Entre 11°N. et 2°N., on traversera une zone où l'on devra s'attendre à de grandes pluies : elles tomberont à raison de 4 heures par 24 h.; et même à raison de 6 heures sur 24 h., entre les parallèles de 8°30'N. et de 5°Nord.

ROUTE EN NOVEMBRE

En novembre, les circonstances sont très-défavorables pour les navires qui partent de la Manche. On peut conseiller, d'une manière générale, de se porter d'abord vers l'O. autant que possible, et de tâcher d'aller couper 45°N. par 14°O.; 40°N. dans l'O. du méridien de 18°O.; 35°N. par 20°O.; et 30°N. par 22°Ouest.

Etant parvenu à ce point de croisement (30°N. par 22°O.) dans la deuxième quinzaine de novembre, on ira passer dans l'O. des îles du cap Vert et on coupera 10°N. un peu dans l'O. de 27°O. On entrera alors dans la zone comprise entre 10° et 5°N., où règnent 17 p. 0/0 de chances de calmes et des vents variables et surtout fréquents de l'E., avec lesquels on fera route au S. du monde autant que possible jusqu'à 6°N. environ, où les vents commenceront à tourner au S. et S.E. On prendra aussitôt bâbord amures et on n'aura guère plus que 10 p. 0/0 de chances de calmes jusqu'à la Ligne que l'on devra couper dans l'O. de 28°O. Il y a avantage, à la fin de novembre et en décembre, à couper la Ligne plus dans l'O., c'est-à-dire entre 28° et 30°O., parce que les vents adonnent généralement vers l'Est, à cette époque, en se rapprochant de la côte du Brésil. Entre 11°N. et 2°N., on traversera une zone où l'on devra s'attendre à de grandes pluies. Elles tomberont à raison de 4 heures par 24 heures, et même à raison de 6 heures sur 24 heures, entre les parallèles de 8°30′N. et de 5°N.

ROUTE EN DÉCEMBRE.

En décembre, on aura beaucoup de chances de tempêtes de S.O. entre 50° et 45°N. On cherchera à couper 45°N. par 12° ou 13°O.; 40°N. entre 16° et 18°O.; 35°N. entre 19° et 20°O.; et 30°N. par 21°O. où l'on sera sur le point de trouver les alizés. On passera *indifféremment* dans l'Est ou dans l'Ouest des îles du cap Vert (on sera alors en janvier) et l'on ira couper 10°N. par 27°O. et 5°N. par 27° ou 27°30′O. Ce n'est qu'à partir de ce moment que l'on commencera à perdre l'alizé de N.E. et à compter sur 16 0/0 environ de calmes. En faisant route autant que possible au Sud, on évitera de dépasser le méridien de 27°, dans l'Est duquel on aurait 21 p. 0/0 de calmes. On perdra généralement l'alizé de N.E. par 4°N. et l'on trouvera celui de S.E. par 2°N. On ira, avec ce dernier vent et les amures à bâbord, couper la ligne autant que possible entre 28° et 29°O., afin d'être en bonne position pour faire route dans l'hémisphère S. Entre 11°N. et 2°N., on traversera une zone où l'on devra s'attendre à de grandes pluies. Elles tomberont à raison de 4 heures par 24 h.; et même à raison de 6 heures sur 24 h., entre les parallèles 8°30′N. et de 5°Nord.

§ 62. — Sortie de la Méditerranée et route du détroit de Gibraltar à l'Équateur.

Les instructions contenues dans le présent paragraphe s'appliquant surtout aux navires partis de Marseille, nous ne croyons pas inutile de mentionner que, tous les ans, plusieurs navires font naufrage sur la côte d'Espagne, près de Denia, au moment où leurs capitaines se croient sur l'île d'Ivice (Baléares). Il est bon de noter qu'avec des vents de Nord au N.E., à l'Est et au S.E., les navires venant du golfe de Lion, et ayant reconnu le cap de Creux ou le cap Saint-Sébastien, doivent gouverner sur Ivice, de manière à passer très au large dans l'Est des Columbretes et ensuite à petite distance à l'Ouest d'Ivice. En même temps, on doit se tenir très en garde contre les courants causés par les vents de la partie de l'Est et qui portent avec violence dans le golfe de Valence et sur la côte de Denia. Enfin les vents d'Est et de S.E. sont fréquemment accompagnés de mauvais temps et de brouillards qui empêchent la vue du mont Mongo et du cap Saint-Antoine, et qui cachent pendant la nuit le feu placé sur ce cap.

Pour sortir de la Méditerranée, on devra généralement suivre la côte d'Espagne d'assez près pour en bien reconnaître tous les points, jusqu'à ce qu'on découvre la montagne d'Estepone; après quoi l'on verra bientôt le mont Gibraltar. Sans cette reconnaissance, avec un temps couvert et des vents grands frais, il sera imprudent de faire route vers le détroit; et il faudra attendre une embellie, en diminuant de vitesse ou en courant des bordées pendant lesquelles on sera soutenu par les courants généraux portant à l'E. Il est utile, d'ailleurs, de remarquer que l'on ne trouvera pas de fond, sur le parallèle de la pointe d'Europe et à l'Est du détroit; tandis que dans l'Est du Morne et particulièrement devant la plage de la Mal-Baie, les fonds diminuent d'une manière rapide et continue, en se rapprochant de terre. Ainsi, tant que l'on trouve le fond, on a la certitude de ne pas être devant le détroit, et en tous cas, pendant la nuit ou par temps brumeux, ce n'est qu'après avoir reconnu la tour ou le feu de la pointe d'Europe qu'on doit gouverner à l'Ouest.

Avec des vents d'Est, on traversera le détroit, en suivant la côte d'Espagne, afin de profiter du courant qui portera à l'Ouest pendant le flot. Si les vents sont frais, on aura probablement assez de vitesse pour refouler le courant contraire, qui portera à l'Est pendant le jusant. Mais, avec des vents d'Est faibles ou incertains, il pourra être avantageux de mouiller pendant le jusant.

Avec des vents d'Ouest, on attérira sur le morne de Gibraltar et l'on attendra dans la Mal-Baie le commencement du flot, avec lequel on louvoiera très-près de la Pointe d'Europe, de manière à la doubler et à gagner la baie d'Algésiras. On y mouillera, ou bien on louvoiera sans dépasser au Sud le parallèle de la Pointe d'Europe, jusqu'à l'instant de mi-jusant. A ce moment, on fera route pour doubler la pointe Acebuche, au commencement du flot, et pour se trouver vers la fin de la marée auprès de Tarifa, où l'on se tiendra mouillé durant le jusant. Au commencement du flot suivant, on essaiera de doubler la pointe de Tarifa. Si l'on n'y parvient pas, on pourra chercher à traver-ser le détroit et à gagner la côte d'Afrique à l'Ouest de la pointe Ciris, où les courants seront moins défavorables ; mais il ne faudra prendre cette détermination que pendant le flot, avec des vents d'Ouest francs, bien établis, et à la condition de partir de la pointe de Tarifa. De plus, si l'on reconnaît au milieu du détroit que l'on ne peut atteindre la côte d'Afrique au vent de la pointe Ciris, il sera prudent de virer de bord immédiatement afin de revenir sur la côte d'Espagne et de ne pas manquer la baie d'Algésiras. Lorsque l'on se trouvera à la pointe de Tarifa, avec des vents de S.O., il vaudra mieux faire route sur la côte d'Espagne, en se défiant de l'écueil des Cabezos ; si les vents sont de N.O, on doublera cet écueil en prolongeant suffisamment la bordée tribord amures ; enfin les Cabezos étant doublés, on louvoiera facile-ment sur la côte d'Espagne. Quant aux navires qui auront pu gagner la côte d'Afrique, à l'Ouest de la pointe Ciris, ils seront mieux abrités des vents de S.O., et ils trouveront les courants de flot portant à l'Ouest mieux établis et s'étendant plus au large. De plus, après avoir doublé les pointes Al-Boassa et Malabata avec le flot, ils pourront gagner un bon mouillage dans la baie de Tanger, et attendre au be-soin une occasion favorable. A partir du méridien de Tanger, les vents et le courant général portant à l'Est seront moins forts ; enfin, après avoir doublé le cap Spartel, à 5 ou 6 milles, on louvoiera si les vents sont Ouest, ou bien on prendra les meilleures amures pour faire de l'Ouest selon que les vents dépendront du N.O. ou du S.O.

D'une manière générale, les navires venant de la Méditerranée devront toujours se défier du voisinage de la côte d'Afrique, tant qu'ils n'auront point dépassé les parallèles de Madère et des Canaries. Leur principale préoccupation devra donc être de bien s'élever dans l'Ouest, dès leur entrée dans l'Océan, afin de se tenir en garde contre les courants qui portent à l'Est et contre les vents qui hâlent la partie de l'Ouest, avec d'autant plus de force qu'on se trouve plus rapproché de la côte d'Afrique.

ROUTE EN JANVIER, FÉVRIER ET MARS.

Pendant cette saison, et en partant de Gibraltar, on sera exposé à trouver, à l'ouvert du détroit, de forts coups de vents de la partie du Sud, sautant à l'Ouest et au N.O. et se succédant à de courts intervalles ; les grains les plus violents seront ceux de S.O. On veillera donc le baromètre.

On ira passer entre Madère et les Canaries et l'on coupera 30°N. par 21°O. ; puis 25°N. par 22°O ; et l'on continuera comme il a été dit pour les navires venant de la Manche. (Voir le tableau, page 75, et les explications, pages 76 et 77.)

Si l'on relâche aux Canaries, on se tiendra en garde contre les coups de vent de S.E. et de S.O.

ROUTE EN AVRIL, MAI ET JUIN.

Pendant cette saison, et en sortant du détroit, on rencontrera généralement des temps maniables et peu de calmes. On coupera 35°N. par 11°O. environ et l'on gouvernera pour passer dans l'Ouest des Canaries. Les vents seront bien établis du N.E. dès qu'on aura dépassé le méridien de 12°O., et l'on pourra aisément rejoindre la route qui a été exposée au paragraphe précédent, et dont les points de croisement se trouvent dans le tableau. (page 75). Si l'on veut traverser le groupe des Canaries, on laisse Palma et Hierro à l'Ouest, et Gomera dans l'Est ; seulement on pourra rencontrer quelques calmes et des brises variables lorsqu'on sera sous le vent de ces îles. (Voir les explications, pages 78 et 79.)

ROUTE EN JUILLET, AOUT ET SEPTEMBRE.

Pendant cette saison, et en partant du détroit, on a environ 10 p. 0/0 de chances de calmes ; aussi, dès qu'on en sera sorti, faudra-t-il faire le plus d'Ouest possible, sans se préoccuper d'abord de mettre de Sud dans la route, afin de dépasser le méridien de 12°O., au delà duquel on trouvera les vents plus favorables et moins de calmes. Cette recommandation s'applique surtout aux navires à voiles. Étant parvenu dans l'O., du méridien de 12°O., on fera route aisément pour doubler les Canaries dans l'O., et pour rejoindre la route des bâtiments venant de la Manche. (Voir le tableau, page 75, et les explications pages 79, 80 et 81). Si l'on traverse le groupe des Canaries, on sera exposé à trouver des calmes et des brises variables sous le vent des îles.

ROUTE EN OCTOBRE, NOVEMBRE ET DÉCEMBRE.

Pendant cette saison, les navires partant du détroit trouveront des vents très-variables ; les plus fréquents seront ceux de N.O. ; on n'aura pas plus de 5 p. 0/0 de chances de calmes. On fera route pour couper 34°N. par 13°O. environ ; et, de là, on gouvernera pour passer dans l'O. des Canaries, où l'on trouvera des vents de N.N.E. à N.N.O. se se fondant avec les alizés. On se tiendra en garde, dans ces parages, et surtout en décembre, contre des coups de vent de S.E. et S.O. On rejoindra ensuite la route donnée en détail pour les navires venant de la Manche. (Voir le tableau, p. 75, et les explications p. 81, 82 et 83.)

CHAPITRE II.

Routes de retour de l'Equateur en Europe, pour les navires qui reviennent du Brésil, du cap Horn ou du cap de Bonne-Espérance.

§ 63 — Retour de l'Equateur à la Manche, au Havre, à Cherbourg, ainsi qu'à Nantes et Bordeaux.

La route de retour de l'Équateur à la Manche ne présente pas de grandes difficultés ; mais elle demande seulement de la patience pendant que l'on traverse la zone des folles brises, entre les alizés de S.E. et ceux de N.E., et de l'attention au moment de l'attérage et de l'entrée en Manche.

Cette traversée peut se résumer, d'une manière générale en quelques lignes : couper l'Équateur entre les méridiens 23° et 28°O., suivant l'époque de l'année et le point d'où l'on vient ; porter tribord amures au plus près *bon plein* et sans chicaner le vent, dès qu'on aura atteint les alizés de N.E. ; prolonger cette bordée jusqu'à ce que l'on trouve les vents dépendant de la partie de l'Ouest par 35°N. environ ou au dessus ; et à partir de ce moment gouverner sur la Manche, en passant toujours dans l'Ouest des Açores.

En effectuant cette route, on devra s'attendre à *des pluies*, pendant que l'on sera dans la zone de transition, entre les alizés. Ainsi, *en janvier, février et mars*, les pluies tomberont à raison de 4 heures par 24 heures, entre 0° et 5°N. *En avril, mai et juin*, les mêmes chances de pluies se rencontreront entre 2° et 7°N. *En juillet, août, et septembre*, la zone des pluies commencera par 5°30′N. et s'étendra jusque par 10°30′N.; la pluie tombera surtout entre 6°30′ et 9°30′N., à raison de 7 heures par 24 heures. *En octobre, novembre et décembre*, les pluies seront à craindre depuis le parallèle de 2°N. jusqu'à celui de 10°N., et elles tomberont notamment de 5°N. à 8°30′N à raison de 6 heures par 24 heures.

On peut également remarquer que le navire traversera souvent des bancs de varechs, à partir du parallèle de 18° ou 20°N., jusqu'à celui de 38° ou 40°N.

Nous allons donner ci-après, pour chaque mois, le tableau des points de croisement que l'on pourra se proposer de suivre, autant que les circonstances le permettront. Le point de croisement de l'Équateur est sensiblement le même, pour les navires qui viennent du cap Horn et du cap de Bonne-Espérance. Quant aux navires venant du Brésil, surtout de Juin en Novembre, ils coupent la Ligne un peu plus à l'Ouest ; mais quelle que soit leur provenance, ils atteignent dans tous les cas la zone de calmes et l'alizé de N.E. par la même longitude.

A la suite de ce tableau, on trouvera des renseignements sur la route indiquée, pour chaque mois de l'année. On pourra également consulter les indications relatives à l'attérage et à la navigation dans la Manche, en se reportant à la fin du présent paragraphe, page 96.

TABLEAU DES CROISEMENTS DE L'ÉQUATEUR A LA MANCHE (1).

ÉPOQUE DU CROISEMENT DE L'ÉQUATEUR.	LONGITUDES SUIVANT LESQUELLES IL CONVIENT DE COUPER LES PARALLÈLES DE :												
	0°	10°N.	15°N.	20°N.	25°N.	30°N.	35°N.	40°N.	42°30' N.	45°N.	47°30' N.	49°N.	49°20' N.
	Long.O.	Long.O.	Long.O.	Long.O.	Long.O.	Long.O.	Long.O.	Long.O.	Long.O.	Long.O.	Long.O.	Long.O.	Long.O.
Janvier	27° »	31° »	35° »	38° »	39° 30'	39° 30'	39° »	37° »	35° »	30° »	25° »	17° »	11° »
Février	26 »	31 »	38 30	43 »	44 »	42 »	39 »	33 »	29 »	23 30	18 »	14 »	11 »
Mars	27 »	37 »	42 »	43 »	44 »	44 »	44 »	40 »	37 »	32 »	27 »	22 »	11 »
Avril	26 »	35 »	40 »	42 »	44 »	44 »	44 »	37 »	34 »	29 »	22 »	17 »	11 »
Mai	26 »	33 »	41 »	43 »	43 30	44 »	44 »	38 »	34 »	29 »	22 »	17 »	11 »
Juin	25 »	30 30	36 »	40 »	43 »	45 »	44 »	42 »	37 »	32 »	22 »	14 »	11 »
Juillet	23 »	27 »	29 30	34 30	37 »	39 »	38 »	30 »	26 »	22 »	18 »	14 »	11 »
Août	23 »	27 30	32 »	32 »	38 30	40 »	41 »	36 »	32 »	27 »	20 »	14 »	11 »
Septembre	24 »	25 »	29 »	31 »	34 30	35 »	34 30	31 »	26 »	22 »	18 »	14 »	11 »
Octobre	25 »	28 »	31 »	34 »	38 »	38 30	38 »	34 30	32 »	30 »	20 »	14 »	11 »
Novembre	24 30	28 30	33 »	36 30	38 »	39 »	38 »	34 30	32 »	30 »	20 »	14 »	11 »
Décembre	25 »	29 »	35 »	40 »	43 »	43 »	41 »	38 »	35 »	32 »	22 »	14 »	11 »

(1) Les navires destinés à Nantes et à Bordeaux suivront les mèmes croisements jusque par 40°N. Au-delà de ce parallèle, ils arrondiront en se dirigeant vers l'E., pour atteindre la latitude du point d'attérage : sur Belle-Ile ou sur Cordouan.

ROUTE EN JANVIER.

En janvier, on perdra l'alizé de S.E. par 2°N. et 27°O. et l'on aura de 18 à 20 p. 0/0 de chances de calmes jusqu'à 5°N. On trouvera les brises de la partie du N.E. par 4°30′N. environ; et à partir de ce moment, on commencera la bordée tribord amures, pour suivre, autant que possible, les croisements indiqués. Au-delà de 20°N., les vents seront très-variables, mais dépendant de l'Est, avec 7 p. 0/0 de calmes. A partir de 25°N., on aura des vents de N.N.E., E.N.E., E.S.E., S.S.O., et accidentellement d'O.N.O. et d'O.S.O., avec 7 p. 0/0 de calmes. Après avoir coupé 30°N., les vents seront très-généralement favorables.

ROUTE EN FÉVRIER.

En février, et en suivant les points de croisement que nous avons indiqués, on perdra l'alizé de S.E. par 1°30′N. et 27°O.; et l'on aura de 18 à 20 p. 0/0 de chances de calmes, jusqu'à 5°N. On commencera à trouver les vents de la partie de l'Est bien établis vers 3°N. et 27°O., moment à partir duquel on prendra la grande bordée tribord amures. Entre 25° et 30°N., le vent deviendra variable, tout en restant dominant de l'E.N.E., à l'E.S.E. et au S.S.E.; il soufflera quelquefois du S.S.O. au N.N.O.; et l'on pourra s'attendre à 7. p. 0/0 de calmes. Au delà de 30°N., les vents seront variables, mais dépendront généralement de l'O.S.O. au S.S.E.

ROUTE EN MARS.

En mars, et en suivant les croisements indiqués dans le tableau, on perdra généralement l'alizé de S.E. par 0°30′N. et 27°O., et l'on aura de 16 à 18 p. 0/0 de chances de calmes jusqu'à 5°N. On pourra s'attendre à trouver l'alizé de N.E. vers 2° ou 2°30′N. que l'on coupera par 27°30′O., s'il est possible. Au delà de 5°N., on aura des vents bien établis, soufflant de l'E. et du N.E., avec lesquels on taillera de la route sans difficulté. Entre 15° et 20°N., les vents d'E. et de N.E. pourront être interrompus accidentellement par du S.E., qui permettra quelquefois de redresser la route. Entre 20° et 25°N., vents d'E.N.E. à S.E.; puis, entre 25° et 30°N., vents variables dominant de l'E.N.E. à l'E.S.E. et au S.E., accidentels du S.S.O. au N.N.O., avec 7 p. 0/0 de chances de calmes. Au delà de 30°N., les vents seront presque toujours favorables.

ROUTE EN AVRIL.

En avril, on perdra l'alizé de S.E. à peu près par 1°20′N. et 27°O., et l'on aura 20 p. 0/0 de chances de calmes jusqu'à 5°N. On pourra s'attendre à trouver l'alizé de N.E. à partir de 2°30′ ou 3°N. coupé par 27°30′O. environ. Au-delà de 5°N., on aura des vents d'E. et de N.E. avec 12 ou 14 p. 0/0 de chances de calmes jnsquà 10°N. Au-delà de ce parallèle, et en suivant les points de croisements indiqués, les vents seront bien établis de l'Est et du N.E., sans aucune chance de calmes, jusque par 20°N. Entre 20° et 25°N., on aura 10 p. % de calmes et des vents dominants d'E.N.E., variables du N.N.E. à l'E.S.E. et au S.S.O. Entre 25° et 30°N. on touvera 13 p. 0/0 de calmes et des vents dominants de N.N.E., E.N.E., et E.S.E., interrompus quelquefois par du S.S.O., de l'O.S.O. et de l'O.N.O. Au-delà de 30°N., les vents seront favorables et les vents assez rares.

ROUTE EN MAI.

En mai, on perdra l'alizé de S.E. par 2°30′N. et 28°O., et l'on aura 19 p. 0/0 de chances de calmes jusqu'à 5°N. Entre 5° et 10°N., on aura les vents d'E. et de N.E., avec 8 ou 9 p. 0/0 seulement de calmes. On aura ensuite les chances de calmes indiquées, pour le mois d'Avril.

ROUTE EN JUIN.

En juin, on coupera l'équateur par 25°O., si l'on vient du cap de Bonne-Espérance ou du cap Horn ; mais plus à l'Ouest si l'on vient de la côte d'Amérique. Dans tous les cas, on ira couper 5°N. par 28°O. point à partir duquel on cessera d'avoir l'alizé de S.E., et on trouvera de 10 à 14 p. 0/0 de calmes et des brises dominant de l'Est, de l'E.N.E. et accidentelles du Sud et du Nord. On gouvernera au Nord, tant que l'on aura de folles brises, et on prendra tribord amures lorsqu'on trouvera l'alizé de N.E. bien établi. On coupera généralement 10°N. entre 29° et 32°Ouest.

Au-delà de ce parallèle de 10°N., on fera bonne route au N.O, avec les bonnettes d'hune quand ce sera possible, et en tàchant de suivre les croisements indiqués dans le tableau page 89. Pendant cette traversée, on aura, entre les parallèles 20° et 25°N., environ 6 p. 0/0 de calmes et des vents de l'E.N.E., variable à l'E.S.E. On trouvera ensuite, entre 25° et 30°N., environ 13 p. 0/0 de calmes et des vents dominants de N.N.E., E.N.E. et E.S.E., variant assez souvent au S.S.O., à l'O.S.O. et à l'O.N.O. Au-delà de 30°N., on n'aura que 6 p. 0/0 de calmes jusqu'à 35°N., et les vents seront jusqu'à la Manche presque toujours favorables. On fera donc très-rapidement son chemin en longitude. Lorsqu'on sera dans les parages de 40°N. coupé par 42°35'O. environ, on veillera les glaces flottantes qui atteignent quelquefois cette limite extrème; on cessera de s'en préoccuper quand on aura dépassé dans l'Est le méridien de 40°O.

ROUTE EN JUILLET.

En Juillet, on coupera l'Équateur dans les environs de 23°O., si l'on vient du cap Horn ou du cap de Bonne-Espérance; mais plus à l'Ouest si l'on vient du Brésil. Puis, avec les vents de S. et S.E , on ira couper le parallèle de 5°N. par 25°O. Au-delà de 5°N., on n'aura que 8 p. 0/0 de calmes et des vents de Sud et de S.O., avec lesquels on ira facilement couper 10°N. entre 26° et 27°O. On gouvernera ensuite, autant que possible, au N. du monde, avec des vents variables et 11 p. 0/0 de chances de calmes, jusqu'à ce qu'on trouve les vents de N.N.E. et l'alizé de N.E., en général, par 12° ou 13°N., avec lesquels on prendra tribord amures, et l'on ira couper 15°N. entre 28° et 31°O. Dans le N. du parallèle de 15°, les alizés seront bien établis du N.N.E., variables à l'E.N.E., à l'E. et à l'E.S.E. jusqu'à 20°N. que l'on coupera par 34°30'O. environ; les alizés seront alors du N.N.E. et de l'E.N.E. jusqu'à 25°N., que l'on coupera par 37°O. Au-delà de 25°N. et juqu'à 35°N., on aura environ 8 p. 0/0 de calmes et des vents d'E.N.E. et E.S.E., variables au N.N.E. et au S.S.O. Enfin, au-delà de 35°N., les vents seront favorables et on suivra, autant que possible, les points de croisements que nous avons indiqués dans le tableau. Il conviendra d'éviter de s'engager trop avant dans la zone comprise entre 40° et 45°N., et entre les méridiens 27° et 32°O., où l'on serait exposé à 9 p. 0/0 de chances de calmes.

ROUTE EN AOUT.

En août, et si l'on vient de l'un ou l'autre cap, on coupera l'Équateur entre 22° et 23°O.; mais si l'on vient de Rio, on le coupera un peu plus à l'Ouest. On perdra l'alizé de S.E. par 2°30′N. et environ 24°30′O., puis on aura 8 p. 0/0 de chances de calmes, et le vent hâlera le Sud et le S.O. jusqu'au parallèle de 10°N. que l'on coupera entre 25° et 28°Ouest. Au-delà de 10°N., on aura encore de 10 à 11 p. 0/0 de calmes, jusqu'à ce qu'on trouve l'alizé d'Est et de N.E. par 12°30′N., et entre le méridien de 27° et celui de 30°O.

On suivra alors, à peu près, les points de croisement que nous avons indiqués dans le tableau page 89. Quand on aura dépassé 25°N., et qu'on sera entre ce parallèle et celui de 30°N., on trouvera environ 8 p. 0/0 de chances de calmes, et des vents de N.N.E., E.N.E., E.S.E., et S.S.O., avec quelques chances accidentelles d'O.N.O. Entre 30° et 35°N., on aura 7 p. 0/0 de calmes et des vents dominants d'E.N.E., d'E.S.E. et de S.S.E., avec quelques brises exceptionnelles de N.N.E. et d'O.S.O. Au-delà de 35°N. et jusqu'à la Manche, les vents seront presque toujours portants, et l'on ne pourra guère être retardé par des calmes qu'entre 42°30′N. et 45°N. où l'on en aura 9 p. 0/0.

ROUTE EN SEPTEMBRE.

En septembre, on coupera l'Équateur par 24°O. si l'on vient du cap de Bonne Espérance ou du cap Horn; mais un peu plus à l'Ouest si l'on vient du Brésil. En tous cas, on ira couper 5°N. entre 24° et 25°Ouest. L'alizé de S.E. aura généralement déjà hâlé le Sud, quand on arrivera au parallèle de 5° Nord; mais au-delà de ce parallèle, le vent de Sud se transformera en mousson de S.O., et l'on n'aura pas à craindre plus de 8 p. 0/0 de chances de calmes, jusqu'à 10°N. que l'on ira couper aisément par 25°O. environ. Au-delà du parallèle de 10°N., les chances de calmes seront de 11 p. 0/0; et lorsqu'on sera par 11°N. environ, il faudra s'attendre à voir la mousson de S.O. remplacée par des vents de N.N.O. et de N.N.E., avec lesquels on prendra tribord amures, en tâchant de faire le plus de Nord possible. Quand on aura dépassé dans l'Ouest le méridien de 27°O., on aura 12 p. 0/0 de calmes et les vents dominants d'Est et de

N.E.. avec lesquels on fera le plus de Nord possible pour couper au plus tôt le parallèle de 15°N., généralement par 29°Ouest. Au-delà de 15°N., on n'aura plus de calmes et l'on trouvera l'alizé de N.N.E. bien établi qui adonnera généralement à l'E.N.E. à mesure que l'on avancera. On suivra alors à peu près les points de croisements indiqués dans le tableau page 89. Entre 25° et 30°N., l'alizé de l'E.N.E. variable au N.N.E. sera interrompu accidentellement par 9 p. 0/0 de calmes. De 30° à 35°N. on n'aura guère que 5 p. 0/0 de chances de calmes; et les vents dominants seront du N.N.E., de l'E.S.E. et du S.S.E., avec quelques brises accidentelles du S.S.O.

Au-delà de 35°N., on aura d'abord le plus ordinairement des vents soufflant entre le S.S.E. et l'O.S.O. Puis, les vents seront variables et presque toujours favorables. Il faudra s'attendre à 8 ou 9 p. 0/0 de chances de calmes, lorsque l'on traversera les zones limitées entre 40° et 45°N., et d'une part entre les méridiens 27" et 32°O., d'autre part entre les méridiens 17° et 22°O. D'ailleurs, la route que nous avons donnée ne fait passer que dans les angles de ces deux carrés.

ROUTE EN OCTOBRE.

En octobre, on coupera l'Équateur entre 24° et 26°O. On y trouvera environ 14 p. 0/0 de calmes, et les vents de S.E. variables au S., avec lesquels on gouvernera pour aller couper 5°N. entre 27° et 28°O. A partir de ce point, on perdra entièrement l'alizé de S.E., et l'on devra compter sur une moyenne de 21 p. 0/0 de calmes et sur des brises extrèmement variables, mais soufflant surtout de la partie de l'Est. On ira couper généralement 10°N. par 28°O., où l'on trouvera l'alizé dominant de l'E. et du N.E., et seulement 6 p. 0/0 de calmes. On prendra tribord amures bon plein, sans chicaner le vent, et l'on suivra à peu près les points de croisement indiqués dans le tableau page 89.

Cette route sera facile à suivre, avec les alizés généralement bien établis. Ils souffleront de l'E. à l'E.N.E., jusqu'à 20°N.; puis, de 20° à 25°N., ils seront dominants du N.E. quoique variables à l'E.S.E. et au N.N.E.; enfin, de 25° à 30°N., ils varieront du N.N.E., de l'E.N.E., de l'E.S.E. et on pourra quelquefois avoir du S.S.O. et de l'O.N.O. Tous ces vents seront favorables.

Au-delà de 30°N., on aura 7 p. 0/0 de chances de calmes et des vents dominants du S.S.E. au S.S.O. avec lesquels on ira aisément couper

35°N. par 38°O. Les vents seront ensuite dominants de l'E.S.E., du S.S.E. et du S.S.O., sans calmes, jusqu'à 40°N. que l'on coupera par 34°30'O. On trouvera alors environ 6 p. 0/0 de calmes et des vents de Sud, de S.O. et O.N.O., avec lesquels on ira couper 42°30'N. par 32°O.; puis 8 p. 0/0 de chances de calmes et des vents dominants d'O., de N. et de S., qui permettront généralement de couper 45°N. par 30°O. A partir de ce point, on aura des vents constamment favorables et peu ou point de calmes jusqu'à la Manche.

ROUTE EN NOVEMBRE.

En novembre, on coupera l'Équateur entre 24° et 25°O., si l'on vient du Cap; et un peu plus à l'O., si l'on vient de Bahia ou de Rio. Les chances de calmes et de vents seront celles qui ont été données pour le mois précédent; la route à suivre étant sensiblement la même quoi qu'un peu plus occidentale. On perdra l'alizé de S.E. variable au Sud par 3°30'N. environ, et entre 27° et 28°O. On aura d'abord 13 p. 0/0 de calmes jusqu'à 5°N., qu'on coupera entre 27° et 28°O.; puis 17 p. 0/0 de calmes au-delà de 5°N., et jusqu'au parallèle de 6° ou 7°N., où les les brises de S. et S.E. feront place à des vents d'E.S.E., d'E. et de N.E., avec lesquels on ira couper 10°N. par 28°30'O. environ. On fera route tribord amures bon plein dans les alizés, et l'on suivra à peu près les points de croisement indiqués dans le tableau page 89.

Ainsi que nous l'avons dit pour le mois d'octobre, cette route sera facile à suivre avec des vents ordinairement bien établis, qui souffleront de l'E. à l'E.N.E. jusqu'à 15°N.; puis de l'E.N.E. à l'E.S.E. jusqu'à 20°N.; ensuite du N.N.E. à l'E.N.E. et à l'E.S.E., avec 7 p. 0/0 de chances de calmes jusqu'à 25°N.; enfin, on trouvera, entre 25° et 30°N., des vents bien établis de N.N.E., E.N.E., E.S.E., et quelquefois de l'O.N.O. et du S.S.O.

Au-delà de 30°N., les chances de vents seront celles indiquées pour le mois d'octobre.

ROUTE EN DÉCEMBRE.

En décembre, on coupera l'Équateur entre les méridiens de 25° et 27°O., par une longitude variable suivant le point d'où l'on vient; mais en tous cas, on profitera des brises de S.E. variables au S. pour couper 3°N. par 27° environ, où l'on aura de 12 p. 0/0 à 20 p. 0/0 de chances de calmes, jusqu'à 5° ou 6°30′N., que l'on coupera dans les environs de 28°O. A partir de ce point, on aura les alizés d'E. variables du S.E. au N.E., et quelques brises de S. jusqu'à 10°N., que l'on coupera par 29°O. environ. On prendra alors tribord amures, et en portant bon plein, on suivra à peu près les points de croisement indiqués dans le tableau page 89.

En faisant cette route, et après avoir dépassé 17°30′N. par 37°O., les vents seront dominants de l'E., variables quelquefois au N.E , avec 8 p. 0/0 de chances de calmes. Au-delà de 20°N., on aura encore 8 p. 0/0 de calmes et des vents dominants d'E.N.E., variables à l'E.S.E. et au N.N.E. Au-delà de 25°N. et jusqu'à 30°N., on n'aura plus que 5 p. 0/0 de calmes et des vents de N.N.E. à E.S.E., avec quelques brises accidentelles d'O.N.O. et de S.S.O.

Au-delà de 30°N., on aura des vents dominants d'E.S.E. et de S.E., avec lesquels on coupera 32°30′N. par 42°O.; puis, avec du S.S.E. et du S.S.O., interrompus quelquefois par 7 p 0/0 de calmes et par des brises d'E.N.E. et d'O.S.O., on ira couper 35°N. par 41°O. environ. Au-delà de 35°N. on aura des vents bien établis, soufflant généralement du S.S.E. et du S.S.O., et quelquefois de l'E.S.E. et de l'O.N.O., avec lesquels on gouvernera pour couper 40°N. par 38°O. On trouvera alors 6 p. 0/0 de calmes et des vents dominants de S., de S.O. et d'O.N.O., avec lesquels on fera route pour couper 45°N. par 32°O. A partir de ce point et jusqu'à la Manche, les vents seront dominants de la partie de l'O., et par conséquent favorables.

FIN DE LA TRAVERSÉE.

Pour compléter ces indications, nous allons donner quelques instructions applicables à tous les navires destinés aux ports de la Manche, et particulièrement à ceux qui doivent rentrer au *Havre* ou à *Cherbourg*.

Quand on approchera du parallèle de 49°N., il sera prudent de ne négliger aucune occasion d'observer pour déterminer sa position. On fera bien également de prendre des relèvements au compas du soleil pour déterminer, avec les tables d'azimuts, la correction de la route, surtout en mettant, pendant quelques instants, le cap du navire à l'E. du monde, c'est-à-dire à l'aire de vent qu'il faudra suivre plus tard pour entrer dans la Manche. Il est facile de se rendre compte de l'importance de cette recommandation si l'on remarque que le brassiage et la nature du fond ne varient pas d'une manière uniforme à l'attérage ; et que la position ne peut être rigoureusement assurée, par les sondes, que si l'on sonde, dès l'accore, au moins une fois tous les 10 ou 12 milles (ce qui n'est pas toujours facilement praticable sur un navire de commerce).

Il est bien recommandé de se placer, autant que possible, entre 49°15′ et 49°25′N. (soit par 49°20′N. environ), pour entrer dans la Manche. En venant de l'O., par cette latitude, on profite de deux moyens de fixer sa position. D'une part, on passe sur la Grande-Sole, dont les fonds de sable, entourés de fonds vaseux à leur partie Nord, déterminent *la longitude* du navire. D'autre part, on peut chercher, entre les méridiens de 12° et de 10°O., la limite des fonds de vase qui s'étendent au large et dans le Sud de la côte d'Irlande ; et cette limite, se trouvant par 49°17′N. environ, indique *le parallèle de latitude* sur lequel on peut entrer en Manche. Ainsi, en venant de l'O. et du S., lorsqu'on aura dépassé le méridien de 12°O., si le plomb de sonde donne du sable, on fera bonne route au N., en sondant, jusqu'à ce que l'on trouve de la vase. A ce moment, *si l'on est entre 12′ et 10°Ouest*, on n'aura plus qu'à faire route vers l'Est du monde pour donner dans la Manche. Nous nous empresssons d'ajouter que, si l'on a de forts vents soufflant entre le S. et l'O., et si l'on se trouve au moment des Syzygies, les courants porteront au N. avec une plus grande force, et qu'il conviendra, en pareil cas, de donner la route un demi-quart plus S. que dans les circonstances ordinaires, c'est-à-dire au S.E. ¹/₄ E. du compas, au lieu de l'E.S.E. ¹/₂ S.

Quand on a dépassé la longitude des Sorlingues, le fond devient d'une couleur pâle, blanchâtre, ressemblant à de la marne demi-durcie, avec une surface farineuse. On trouve en plus des coquilles brisées, si l'on se rapproche du cap Lézard : cette nature de fond se continue, dans l'E., jusqu'au méridien de l'île de Bas ; et dans le S., jusque sur le parallèle d'Ouessant. En règle générale, après avoir doublé dans l'E. le méridien d'Ouessant, ou celui du cap Lézard, la meilleure route, quand le temps s'y prêtera, consistera à suivre la côte d'Angleterre, en se tenant à une distance variable de 12 à 24 milles, attendu que cette côte est saine et que les fonds y sont plus réguliers que sur la côte de France.

Avec des vents entre l'O. et le N.E., les navires destinés au Havre chercheront à reconnaître un des points saillants de la côte anglaise, entre le cap Lézard et Portland. Quant à ceux destinés à Cherbourg, ils reconnaîtront la même côte, entre le cap Lézard et Start-Point.

Avec des vents entre le S.E. et le S.O., il conviendra de reconnaître d'abord l'île d'Ouessant, puis les hautes terres comprises entre Ouessant et l'île de Bas, mais en se maintenant à 6 milles au moins de la côte. Enfin, on cherchera à prendre connaissance successivement de Guernesey, d'Aurigny et des terres qui dominent le cap La Hague. Après avoir dépassé le méridien de Start-Point dans l'E., il faudra veiller encore plus aux variations du brassiage. Si le fond passe brusquement de 70 mètres à 90, 100 ou 110 mètres ou davantage, on se trouvera sur le parallèle des Casquets et soit dans Melville-Pit, soit dans la Fosse centrale, de sorte qu'il faudra se hâter de faire du Nord.

§ 64. — Retour de l'Équateur au détroit de Gibraltar.

Cette traversée peut se résumer en quelques lignes : couper l'Equateur entre 23° et 28°O., suivant l'époque de l'année et le point d'où l'on vient, porter tribord amures dès qu'on a atteint les alizés de N.E.; et prolonger cette bordée jusqu'à ce que l'on trouve les vents de la partie de l'O., dans les environs de 35°N.; et, à partir de ce moment, gouverner sur le détroit de Gibraltar, en passant presque toujours dans le Sud des Açores.

En effectuant cette route, on devra s'attendre à *des pluies*, pendant que l'on sera dans la zone de transition, entre les alizés. Ainsi, *en janvier, février et mars*, les pluies tomberont à raison de 4 h. sur 24, entre 0° et 5°N. *En avril, mai et juin*, les mêmes chances de pluies se rencontreront entre 2° et 7°N. *En juillet, août et septembre*, la zone des pluies commencera par 5°30′N. et s'étendra jusque par 10°30′N.; la pluie tombera surtout entre 6°30′ et 9°30′N. à raison de 7 h. par 24. *En octobre, novembre et décembre*, les pluies seront à craindre depuis le parallèle de 2°N. jusqu'à celui de 10°N., et elles tomberont notamment de 5°N. à 8°30′N., à raison de 6 h. par 24 heures.

On peut également remarquer que le navire traversera souvent des bancs de varech, à partir du parallèle de 18° ou 20°N. jusqu'à celui de 38° ou 40°N.

Nous allons donner ci-après, pour chaque mois, le tableau des points de croisement que l'on pourra se proposer de suivre, autant que les circonstances le permettront. Le point de croisement de l'Équateur est sensiblement le même, pour les navires qui viennent du cap Horn et du cap de Bonne-Espérance. Quant aux navires venant du Brésil, surtout de juin en novembre, ils coupent la Ligne un peu plus à l'Ouest; mais, quelle que soit leur provenance, ils atteignent dans tous les cas la zone de l'alizé de N.E. par la même longitude.

A la suite de ce tableau, on trouvera des renseignements sur la route indiquée, pour chaque mois de l'année. On pourra également consulter les indications relatives à l'attérage et à la navigation du détroit de Gibraltar, en se reportant à la fin du présent paragraphe (page 106).

TABLEAU DES CROISEMENTS DE L'ÉQUATEUR AU DÉTROIT DE GIBRALTAR.

ÉPOQUE du CROISEMENT de L'ÉQUATEUR.	LONGITUDES SUIVANT LESQUELLES IL CONVIENT DE COUPER LES PARALLÈLES DE :									
	0°	10°N.	15°N.	20°N.	25°N.	30°N.	32°30' N.	35°N.	35°30' N.	36°N.
	Long.O.	Long.O.	Long.O.	Long.O.	Long.O.	Long.O.	Long.O.	Long.O.	Long.O.	Long.O
Janvier....	27° »'	31° »'	35° »'	38° »'	39°30'	39°30'	33° »'	24° »'	22° »'	»° »'
Février....	26 »	31 »	38 30	43 »	44 »	42 »	37 »	24 »	22 »	» »
Mars......	27 »	37 »	42 »	43 »	44 »	42 »	37 »	24 »	22 »	» »
Avril......	26 »	35 »	40 »	42 »	44 »	44 »	43 »	42 »	37 »	32 »
Mai........	26 »	33 »	41 »	43 »	43 30	44 »	43 »	42 »	37 »	32 »
Juin.......	25 »	30 30	33 »	37 »	40 »	43 »	41 »	39 »	36 »	32 »
Juillet.....	23 »	27 »	29 30	34 30	37 »	39 »	38 30	38 »	34 »	30 »
Août..... .	23 »	25 30	28 30	33 »	36 »	36 »	35 »	33 30	33 »	31 »
Septembre.	24 »	25 »	29 »	31 »	34 30	35 »	35 »	34 30	33 »	31 »
Octobre....	25 »	28 »	31 »	34 »	38 »	38 30	37 »	35 »	34 »	32 »
Novembre .	24 30	28 30	33 »	36 30	38 »	39 »	37 »	35 »	34 »	32 »
Décembre..	25 »	29 »	35 »	40 »	42 30	42 »	38 30	33 »	32 »	31 30

ROUTE EN JANVIER.

En janvier, on perdra l'alizé de S.E. par 2°N. et 27°O., et l'on aura de 18 à 20 p. 0/0 de chances de calmes jusqu'à 5°N. On trouvera les brises de la partie du N.E. par 4°30'N. environ, et, à partir de ce moment, on commencera la bordée tribord amures, pour suivre, autant que possible, les croisements indiqués. Au delà de 20°N. les vents seront très-variables, mais dépendant de l'E. avec 7. p. 0/0 de calmes. A partir de 25°N., on aura des vents de N.N.E., E.N.E.,

E.S.E., S.S.O., et accidentellement d'O.N.O. et d'O.S.O., avec 7 p. 0/0 de calmes. Après avoir coupé 30°N. dans les environs de 39°30'O., on fera route avec des vents soufflant généralement du S.S.O. à l'E.S.E. pour couper 32°30'N. par 33°O. Puis, avec des vents variables et le plus souvent favorables, on gouvernera pour couper 34°N. par 27°O. ; 35°N. par 24°O. ; 35°30'N. par 22°O. ; et de là on se dirigera vers le point d'attérage.

ROUTE EN FÉVRIER.

En février, et en suivant les points de croisement indiqués, on perdra l'alizé de S.E. par 1°30'N. et 27°O., et l'on aura de 18 à 20 p. 0/0 de chances de calmes jusqu'à 5°N. On commencera à trouver les vents de la partie de l'Est bien établis vers 3°N. et 27°O., moment à partir duquel on commencera la bordée tribord amures. Entre 25° et 30°N., le vent commencera à devenir variable, bien que dominant de l'E.N.E. à l'E.S.E. et au S.S.E.; il soufflera quelquefois du S.S.O. au N.N.O. ; et l'on pourra s'attendre à 7. p. 0/0 de calmes. Au-delà de 30°N., les vents seront généralement favorables ; ils permettront de couper 35°30'N. par 22°O., et l'on se dirigera de ce croisement sur le point d'attérage.

ROUTE EN MARS.

En mars, et en suivant les croisements indiqués, on perdra généralement l'alizé de S.E. par 0°30'N. et 27°O, et l'on aura de 16 à 18 p. 0/0 de chances de calmes jusqu'à 5°N. On pourra s'attendre à trouver l'alizé de N.E. vers 2° ou 2°30'N. que l'on coupera par 27°30'O., s'il est possible. Au-delà de 5°N., on aura des vents bien établis, soufflant de l'Est et du N.E., avec lesquels on taillera de la route sans difficulté. Entre 15° et 20°N., les vents d'E. et de N.E. pourront être interrompus accidentellement par du S.E. qui permettra quelquefois de redresser la route. Entre 20° et 25°N., les vents seront d'E.N.E. à E.S.E.; puis, entre 25° et 30°N., ils seront variables, dominants de l'E.N.E. à l'E.S.E. et au S.E., accidentels du S.S.O. au N.N.O., avec 7 p. 0/0 de chances de calmes. Au-delà de 30°N., les vents seront presque toujours favorables ; ils permettront de couper 35°30'N. par 22°O., et l'on se dirigera de ce croisement sur le point d'attérage.

ROUTE EN AVRIL.

En avril, on perdra l'alizé de S.E. à peu près par 1°20'N. et
27°O., et l'on aura 20 p. 0/0 de chances de calmes jusqu'à 5°N. On
pourra s'attendre à trouver l'alizé de N.E. à partir de 2°30' ou 3°N.
coupé par 27°30'O. environ. Au-delà de 5°N., on aura des vents d'E.
et de N.E. avec 12 ou 14 p. 0/0 de chances de calmes jusqu'à 10°N.
Au-delà de ce parallèle, et en suivant les croisements indiqués, les
vents seront bien établis de l'E. et du N.E., sans aucune chance
de calmes jusque par 20°N. Entre 20° et 25°N., on aura 10 p. 0/0
de calmes et des vents dominants d'E.N.E. variables du N.N.E.
à l'E.S.E. et au S.S.O. Entre 25° et 30°N., on trouvera 13 p.
0/0 de calmes et des vents dominants de N.N.E., E.N.E., et
E.S.E., interrompus quelquefois par du S.S.O. de l'O.S.O. et
de l'O.N.O. Au-delà de 30°N., coupé par 44°O., les vents seront
favorables : on aura environ 8 p. 0/0 de calmes dans le S. des Açores.
Après avoir coupé 36°N. par 32°O., les vents continueront à être portants jusqu'à l'attérage.

ROUTE EN MAI.

En mai, on perdra l'alizé de S.E. par 2°30'N. et 28°O., et l'on
aura 19 p. 0/0 de chances de calmes jusqu'à 5°N. Entre 5° et 10°N.,
on aura les vents d'E. et de N.E., avec 8 ou 9 p. 0/0 seulement de
calmes. On aura ensuite les chances de vents indiquées pour le mois
d'avril.

ROUTE EN JUIN.

En juin, on coupera l'équateur par 25°O. si l'on vient du cap de
Bonne-Espérance ou du cap Horn, mais plus à l'O. si l'on vient
de la côte d'Amérique. Dans tous les cas, on coupera 5°N. par 28°O,
point à partir duquel on cessera d'avoir l'alizé de S.E., et on trouvera de 10 à 14 p. 0/0 de chances de calmes et des brises dominant de
l'E., de l'E.N.E., et accidentelles du S. et du N. On gouvernera au
N. tant que l'on aura de folles brises, et on prendra tribord amures,
lorsqu'on trouvera l'alizé de N.E. bien établi. On coupera généralement 10°N. entre 29° et 32°O.; puis on prolongera la bordée en tâchant de suivre les croisements indiqués. Entre 20° et 25°N., on

s'attendra à trouver 6 p. 0/0 de chances de calmes, des vents dominants d'E.N.E. quelquefois interrompus par de l'E.S.E. Entre 25° et 30°N., on aura 13 p. 0/0 de calmes et des vents dominants d'E.N.E., de S.S.E. et de S.S.O. Entre 30° et 35°N., on aura seulement 6 p. 0/0 de calmes et des vents d'autant plus favorables qu'on avancera davantage vers le N. Après avoir remonté jusque vers 36°N., coupé par 32°O., on se dirigera sur le point d'attérage avec des vents presque toujours portants. Il faudra cependant compter sur 8 p. 0/0 de chances de calmes, quand on passera dans le S. des Açores.

ROUTE EN JUILLET.

En juillet, on coupera l'équateur dans les environs de 23°O., si l'on vient du cap Horn ou du cap de Bonne-Espérance ; mais plus à l'O. si l'on vient du Brésil. Puis, avec les vents de S. et S.E., on ira couper 5°N. par 25°O. Au-delà de 5°N., on n'aura que 8 p. 0/0 de calmes et des vents de S. et de S.O., avec lesquels on ira facilement couper 10°N. entre 26° et 27°O. On gouvernera ensuite, autant que possible, au N. du monde, avec des vents variables et 11 p. 0/0 de chances de calmes, jusqu'à ce qu'on trouve les vents de N.N.E. et l'alizé de N.E., en général par 12° ou 13°N., avec lesquels on prendra tribord amures., et l'on ira couper 15°N. entre 28° et 31°O. Dans le N. du parallèle de 15°N., les alizés seront bien établis du N.N.E., variables à l'E.N.E., à l'E. et à l'E.S.E. jusqu'à 20°N. Entre 20° et 25°N., les alizés seront du N.N.E. et de l'E.N.E. Entre 25° et 35°N., on aura 8 p. 0/0 de calmes et des vents d'E.N.E. et d'E.S.E. variables au N.N.E, et au S.S.O. Après avoir coupé 35°N. par 38°O., on pourra généralement venir sur tribord et l'on fera route avec des vents dominants de la partie du S.O., de manière à couper 36°N. par 30°O., 36°30′N. par 27°O. et 37°30′N. par 22°O. De là, on gouvernera avec des vents qui dominent d'abord du N.E., jusque par 17°O.; et ensuite du N., depuis 17°O. jusqu'à l'attérage. On aura 8 p. 0/0 de calmes, dans le S. des Açores; et 9 p. 0/0, environ à l'ouvert du détroit.

En entrant dans la Méditerranée, les vents souffleront environ 26 fois sur cent de l'O. ; 52 fois p. 0/0 de l'E. ; et l'on aura environ 21 p. 0/0 de chances de calmes.

ROUTE EN AOUT.

En août, et si l'on vient de l'un ou de l'autre cap, on coupera
l'équateur entre 22° et 23°O. ; mais , si l'on vient du Brésil, on le
coupera un peu plus à l'O. On perdra l'alizé de S.E. par 2°30'N. et
environ 24°30'O.; puis on aura 8 p. 0/0 de chances de calmes et le
vent hâlera le S. et le S.O. jusqu'à 10°N. Au-delà de 10°N., on
aura encore de 10 à 11 p. 0/0 de calmes, jusqu'à ce qu'on trouve
l'alizé d'E. et de N.E. par 12°30'N. et entre les méridiens 27° et
30°O. On essaiera de suivre les croisements indiqués dans le tableau
précédent; et quand on aura atteint le parallèle de 27°30'N, l'alizé
commencera à devenir variable, avec 8 p. 0/0 de chances de calmes ;
toutefois, les vents seront dominants du N.N.E. à l'E.N.E., et permettront aisément de couper 30°N. par 36°O. On n'aura plus alors que
5 p. 0/0 de chances de calmes, et les vents de N.N.E. tourneront
le plus souvent à l'E.S.E., au S.S.E. et même au S.S.O.; dans ces
conditions, on fera route pour couper 35°N. par 34° ou 33°O.; puis
36°N. entre 30° et 32°O. A ce moment, l'on se trouvera dans le S.
des Açores, où l'on aura 8 p. 0/0 de calmes et les vents favorables
du S.S.O. à l'O.S.O., avec lesquels on pourra couper 36°30'N. par
27°O.; au-delà de ce point, on n'aura plus à craindre de calmes et les
vents dominants de N.N.O. et de S.S.O. permettront d'aller atteindre
37°30'N., ou même 38°N. par 22°O. On sera ainsi placé avantageusement pour gouverner sur le point d'attérage. En effet, les vents dominants entre 22° et 17°O., sont ceux de N.E. et exceptionnellement
d'E., de N.O., et de S.O., avec lesquels la route ne vaudra guère
que l'E.S.E. Entre 17° et 12°O., les vents sont dominants du N., de
l'E.N.E., et accidentels du N.O.: la route pourra donc valoir généralement l'E. du monde. Enfin, après avoir dépassé le méridien de 12°O.,
on aura 9 p. 0/0 de chances de calmes, et les vents dominants du
N.N.E. et soufflant accidentellement du S.E., du N.O., de l'E. et
de l'O. En entrant dans la Méditerranée, les vents souffleront 26 fois
p. 0/0 de l'O.; 52 fois p. 0/0 de l'E. et on aura 21 p. 0/0 de chances
de calmes.

ROUTE EN SEPTEMBRE.

En septembre, on coupera l'équateur par 24°O., si l'on vient du cap
de Bonne-Espérance ou du cap Horn; mais un peu plus à l'O. si l'on

vient du Brésil. En tous cas, on ira couper 5°N. entre 24° et 25°O.
L'alizé de S.E. aura généralement déjà hâlé le S., quand on arrivera
au parallèle de 5°N.; mais, au-delà de ce parallèle, le vent de S.
se transformera en mousson de S.O., et l'on n'aura pas à craindre
plus de 8. 0/0 de chances de calmes jusqu'à 10°N. que l'on ira couper
aisément par 25°O. environ. Au-delà du parallèle de 10°N., les chances
de calmes seront de 11 p. 0/0 ; et lorsqu'on sera par 11°N. environ,
il faudra s'attendre à voir la mousson de S.O., remplacée par des
vents de N.N.O. et de N.N.E., avec lesquels on prendra tribord
amures, en tâchant de faire le plus de N. possible. Quand on aura
dépassé dans l'O. le méridien de 27°O., on aura 12 p. 0/0 de calmes
et les vents dominants d'E. et de N.E., avec lesquels on fera le plus
de N. possible pour couper au plus tôt le parallèle de 15°N., généralement par 29°O. Au-delà de 15°N., on n'aura plus de calmes, et l'on
trouvera l'alizé de N.N.E bien établi, qui adonnera généralement à
l'E.N.E., à mesure que l'on avancera.

On suivra alors, autant que possible, les croisements indiqués dans
le tableau (page 99).

Entre 25° et 30°N., l'alizé de l'E.N.E. variable au N.N.E. sera interrompu accidentellement par 9 p. 0/0 de calmes. De 30° à 35°N., on
n'aura guère que 5 p. 0/0 de chances de calmes ; et les vents dominants
seront du N.N.E., de l'E.S.E. et du S.S.E., avec quelques brises
accidentelles du S.S.O.

Après avoir coupé 35°N. par 34°30'O., environ, on continuera la
route sur le détroit de Gibraltar, en tenant compte des conseils que
nous avons donnés pour le mois précédent.

ROUTE EN OCTOBRE.

En octobre, on coupera l'équateur entre 24° et 26°O. On y trouvera
environ 14 p. 0/0 de calmes, et les vents de S.E. variables au S., avec
lesquels on gouvernera pour aller couper 5°N. entre 27° et 28°O A
partir de ce point, on perdra entièrement l'alizé de S.E., et l'on devra
compter sur une moyenne de 21 p. 0/0 de calmes et sur des brises
extrêmement variables, mais soufflant surtout de la partie de l'E. On
ira couper généralement 10°N. par 28°O., où l'on trouvera l'alizé dominant de l'E. et du N.E., et seulement 6 p. 0/0 de calmes. On prendra
tribord amures bon plein, sans chicaner le vent, et l'on suivra, autant
que possible, les croisements indiqués dans le tableau (page 99).

Cette route sera facile à suivre, avec les vents alizés généralement bien établis. Ils souffleront de l'E. à l'E.N.E., jusqu'à 20°N.; puis, de 20° à 25°N., ils seront dominants du N.E. quoique variables à l'E.S.E. et au N.N.E.; enfin, de 25° à 30°N., ils varieront du N.N.E., à l'E.N.E. et à l'E.S.E., et l'on pourra quelquefois avoir du S.S.O. et de l'O.N.O. Tous ces vents seront favorables.

Au-delà de 30°N., on gouvernera avec des vents dominants du S. et des brises accidentelles d'E.N.E., E.S.E., O.N.O. et O.S.O., de manière à couper 35°N. par 35°O. A partir de ce point, on aura presque toujours les vents portants et peu ou point de calmes jusqu'au détroit, si toutefois on prend la précaution de couper 36°N. par 32°O., et de faire tout son chemin à l'E. sans s'écarter beaucoup du parallèle de 36°. On préférera prendre plutôt tribord amures que bâbord amures en cas de vent contraire, de manière à ne pas se rapprocher trop du parallèle de 35°N., au-dessous duquel on trouverait des calmes et des vents moins favorab'es.

ROUTE EN NOVEMBRE.

En novembre, on coupera l'Equateur entre 24° et 25°O., si l'on vient du Cap; et un peu plus à l'O., si l'on vient de Bahia ou de Rio. Les chances de calmes et de vents seront celles qui ont été données pour le mois précédent; la route à suivre étant sensiblement la même quoi qu'un peu plus occidentale. On perdra l'alizé de S.E. variable au S. par 3°30′N. environ, et entre 27° et 28°O. On aura d'abord 13 p. 0/0 de calmes jusqu'à 5°N., qu'on coupera entre 27° et 28°O.; puis 17 p. 0/0 de calmes au-delà de 5°N., et jusqu'au parallèle de 6° ou 7°N., où les brises de S. et S.E. feront place à des vents d'E.S.E., d'E. et de N.E., avec lesquels on ira couper 10°N. par 28°30′O. environ. On fera route tribord amures bon plein dans les alizés, et l'on suivra, autant que possible, les croisements indiqués dans le tableau (page 99).

Ainsi que nous l'avons dit pour le mois d'octobre, cette route sera facile à suivre avec des vents ordinairement bien établis, qui souffleront de l'E. à l'E.N.E. jusqu'à 15°N.; puis de l'E.N.E. à l'E.S.E. jusqu'à 20°N.; ensuite du N.N.E. à l'E.N.E. et à l'E.S.E., avec 7 p. 0/0 de chances de calmes jusqu'à 25°N.; enfin, on trouvera, entre 25° et 30°N., des vents bien établis de N.N.E., E.N.E., E.S.E., et quelquefois de l'O.N.O. et du S.S.O.

Au-delà de 30°N., les chances de vents seront celles indiquées pour le mois d'octobre.

ROUTE EN DÉCEMBRE.

En décembre, on coupera l'Equateur entre les méridiens de 25° et 27°O., suivant le point d'où l'on vient; mais en tous cas on profitera des brises de S.E. variables au S. pour couper 3°N. par 27° environ, où l'on aura de 12 p. 0/0 à 20 p. 0/0 de chances de calmes, jusqu'à 5° ou 6°30′N., que l'on coupera dans les environs de 28°O. A partir de ce point, on aura les alizés d'E. variables du S.E. au N.E., et quelques brises de S. jusqu'à 10°N., que l'on coupera par 29°O. environ. On prendra alors tribord amures, et, en portant bon plein, on suivra autant que possible les croisements indiqués au tableau (page 99).

En faisant cette route, et après avoir dépassé 17°30′N. par 37°O., les vents seront dominants de l'E., variables quelquefois au N.E., avec 8 p. 0/0 de chances de calmes. Au-delà de 20°N., on aura encore 8 p. 0/0 de calmes et des vents dominants d'E.N.E., variables à l'E.S.E. et au N.N.E. Au-delà de 25°N. et jusqu'à 30°N., on n'aura plus que 5 p. 0/0 de calmes et des vents de N.N.E. à E.S.E., avec quelques brises accidentelles d'O.N.O. et de S.S.O.

Au-delà de 30°N., on trouve 7 p. 0/0 de chances de calmes et des vents dominants d'E.N.E., de S.E. et de S.S.O., avec lesquels on ira couper 33°30′N. par 37°O.; puis, avec des vents dominants du S. et accidentels de la partie de l'E et de celle de l'O., on fera route pour couper 35°N. par 33°O., et 36°N. par 31°30′ ou 32°O. On gouvernera ensuite sur le détroit avec des vents portants, comme il a été dit pour le mois d'octobre.

FIN DE LA TRAVERSÉE.

Nous compléterons ces indications, en donnant quelques instructions applicables aux navires qui doivent entrer dans la Méditerranée.

Avec des vents de N.O. ou N.E., et même avec des vents d'E., on attérira sur le *cap Trafalgar*. Avec des vents d'E. forts, et en venant du N., on ralliera la côte d'Espagne. Mais, si l'on n'a pu reconnaître aucun point de cette côte, il sera prudent de courir au large; car la sonde peut donner des fonds de plus de 50 mètres à côté des dangers qui avoisinent la côte près du cap Trafalgar. Sur l'extrémité de ce cap, se trouve un feu tournant de 30ˢ en 30ˢ dont la portée par temps clair est de 19 milles.

Avec des vents du S.E. au S.O., on viendra reconnaître le *cap Spartel*, en se tenant en garde contre cette erreur funeste à plusieurs capitaines et consistant à prendre, pour le Détroit, les terres basses situées au S. des hautes montagnes qui forment le cap Spartel. Il est donc prudent de mettre à la cape ou de courir des bordées, lorsqu'on n'est pas certain de sa position, pendant la nuit, par des temps brumeux ou avec de forts vents entre le S. et l'O. A l'extrémité du cap Spartel, est un feu fixe dont la portée par temps clair est de 20 milles.

Un 3ᵐᵉ feu, construit sur l'extrémité S. de l'île Tarifa, est fixe, rouge, et a une portée de 20 milles. On sera toujours certain de ne pas prendre le feu de Spartel pour celui de Tarifa (ce qui mettrait le navire en perdition), si l'on ne néglige pas de reconnaître le feu à éclipses de Trafalgar, dont la lumière embrasse presque toute l'entrée O. du détroit et qui se voit par un temps clair, lorsque l'on est à 4 ou 5 milles au N. du cap Spartel.

Avec des vents d'Ouest, on fait route généralement au milieu du Détroit, en mettant à profit le courant qui porte vers l'E. d'une manière permanente. Toutefois, pendant le jusant, comme le courant de marée porte également vers l'E. le long de la terre, on peut prendre la route la plus directe, en suivant l'une des côtes, à quelque distance.

Avec des vents d'Est maniables, les navires à voiles louvoient en se tenant au milieu du Détroit, où le courant est favorable. Il faudra avoir soin de ne pas prolonger les bordées près de terre, pendant le flot, parce que l'on y trouverait alors le courant contraire portant à l'O. Si les vents d'E. sont trop frais, au milieu du Détroit, on se rapproche de la côte d'Afrique ou de celle d'Espagne, selon que le vent dépend du S. ou du N. Alors, comme les vents d'E. sont presque toujours moins forts auprès de terre, on pourra peut-être louvoyer encore pendant le jusant. Mais, dès que le flot se fera, ou lorsque le vent debout sera trop fort, on gagnera un mouillage abrité. Sur la côte d'Espagne, on pourra mouiller au cap Plata, devant la plage des Lances, et dans les anses de Bolonia ou du Val de Vaqueros; mais l'on y sera mal, si les vents dépendent du S. Sur la côte d'Afrique, on pourra gagner la baie de Tanger, ou les mouillages à l'O. de la Pointe-Ciris et dans l'anse de R'mel à Cala-Grande; mais, si les vents dépendent du N., on sera en mauvaise position à ces mouillages. Enfin, les navires à voiles vont généralement s'abriter, dans l'O. du cap Spartel, devant la plage de Jérémias, quand les vents d'E. sont trop forts pour empêcher de louvoyer.

Les navires à vapeur font route au milieu du Détroit, quand les vents sont d'Ouest. Ils font également route au milieu du Détroit, lorsque les vents sont de l'E. modérés. Mais, avec de forts vents debout, ils ont avantage à se rapprocher de la côte pendant le jusant. Enfin, avec des vents d'E. violents, il vaut mieux tâcher de s'élever au vent, en restant près de terre, même pendant le flot (alors que le courant est contraire), parce que les vents sont ordinairement moins forts auprès de terre.

CHAPITRE III.

Routes pour descendre du Nord vers le Sud, sur les côtes d'Europe et d'Afrique.

§ 65 — De la Manche, de Nantes ou de Bordeaux, aux ports d'Espagne et de Portugal, et au détroit de Gibraltar.

Nous conseillerons d'abord de consulter les indications générales qui se trouvent au commencement du § 61, page 73, et qui s'appliqueront également bien à la première partie des traversées dont nous allons nous occuper.

En partant de la Manche, il convient, autant que les vents le permettent, de gouverner d'abord vers l'O.S.O., afin de se mettre en bonne position pour doubler Ouessant. Si l'on tombe sur une série de gros temps, à l'ouvert de la Manche, on pourra aller chercher un abri à Falmouth, ou dans tout autre port de la côte d'Angleterre que l'on aura à sa portée. Quand on aura atteint à peu près le parallèle d'Ouessant, la meilleure route sera celle qui se rapprochera le plus du S.O. ou du S.S.O., selon les vents régnants, pour aller doubler le cap Finistère.

Les navires destinés aux ports de la côte N. d'Espagne, tels que

St-Sébastien, Bilbao, Santander, etc., feront une route moins Ouest. Cependant, ils devront toujours attérir bien à l'O. du port de destination, à cause des vents dominant de la partie de l'O. et des courants qui portent à l'Est.

Quant aux navires destinés aux ports du *Portugal,* ou à *Cadix,* ou à la *Méditerranée,* ils devront, dans leur navigation entre la Manche et le cap Finistère, se défier très-grandement des courants dont la force et la direction sont fort variables. D'une manière générale, on pourra compter que les courants font le tour du golfe de Gascogne : portant vers l'E., au large du cap Ortegal et le long de la côte N. d'Espagne ; puis se dirigeant vers le N.O., au large des côtes de Bretagne et dans le S. d'Ouessant. Mais il n'en sera pas toujours ainsi, et il ne faudra négliger aucune occasion de faire des observations d'astres pour déterminer sa position.

Dans le cas où, par suite de coups de vent ou d'avaries, on se trouvera rejeté dans le golfe de Gascogne, et si l'on se voit dans l'impossibilité de doubler le cap Ortegal ou le cap Finistère, il ne faudra pas tarder à se réfugier, suivant les circonstances, au Ferrol, ou à la Corogne, ou dans l'une des baies de Barquero ou de Vivero (à l'E. du cap Ortegal), ou dans l'une des rades de France situées au Nord de Bordeaux. Une prompte détermination sera d'autant plus nécessaire que, si l'on se laissait souventer sur la côte N. d'Espagne avec de grands mauvais temps, le navire pourrait s'y trouver en perdition.

Après avoir doublé le cap Finistère, on descendra la côte de Portugal, *sans difficulté pendant l'été,* avec les vents dépendant de la partie du N. *Mais, en hiver,* il conviendra de prendre des précautions, et de se tenir à bonne distance de terre, en raison des forts coups de vent de la partie de l'O., auxquels on est exposé, et qui déterminent des courants portant sur la côte. En toute saison, les navires à voiles passent bien au large des îles Berlingas.

Les navires destinés à Cadix et à Gibraltar vont reconnaître d'abord le cap St-Vincent ; ensuite, et dans le cas où les vents sont de la partie du N. ou du N.E., les navires se rendant à la Méditerranée vont prendre connaissance successivement des caps Santa-Maria et Trafalgar; puis ils terminent leur traversée, comme il est dit au § 64, page 106.

§ 66. — De la Manche, de Nantes, de Bordeaux ou de Gibraltar, à Madère, aux Canaries & au Sénégal.

En partant de la Manche, de Nantes ou de Bordeaux, il faudra d'abord se reporter aux indications données au § 61, page 73, et qui s'appliquent également à la première partie de la présente traversée. Les points de croisement à suivre seront les mêmes que ceux indiqués page 75, jusqu'au parallèle de 35° ou même de 30°N. A partir du moment où l'on aura dépassé le parallèle du cap St-Vincent (37°N. environ), le courant portera *dans l'Est*, avec une vitesse variable, qui sera en moyenne de 10 milles environ par 24 heures ; il sera donc important de tenir compte de ce courant, en donnant la route. Si l'on doit relâcher *à Madère*, on passera entre cette île et les Désertas ; autrement, on gouvernera pour passer dans l'O. de Madère, et généralement aussi dans l'O. des Canaries. *En hiver*, on passera à 25 ou 30 milles dans l'O. de Madère ; et, dans cette même saison, il sera plus avantageux qu'à toute autre époque de doubler aussi toutes les Canaries par l'O. On pourra rectifier sa position, soit sur Madère, soit sur l'île de Palme ou sur l'île de Fer. Dans le cas où l'on désirerait traverser l'archipel des Canaries, on prendrait de préférence le canal formé par Palma et Hierro dans l'O., et Gomera dans l'Est.

En partant de la Méditerranée, on se conformera aux instructions détaillées qui ont été données au § 62, page 84, et d'après lesquelles on passera généralement dans l'O. des îles Canaries. Toutefois, les navires venant de Gibraltar pourront rectifier leur point, en reconnaissant Ténériffe, et ils pourront traverser l'Archipel, en prenant de préférence le canal à l'O. de Gomera.

En quittant les Canaries, pour aller à la côte du Sénégal, la route devra être donnée à peu près au S.S.O. du monde, et plus ou moins S. naturellement, selon que l'on aura doublé l'Archipel dans l'O., ou que l'on aura passé dans l'un des canaux plus ou moins occidental. On cherchera seulement à couper 21°N. par 21°30′O. environ, soit à 100 milles au moins dans l'O. de la côte du Sénégal ; et 20°N. par 21°30′ Ouest également, c'est-à-dire à plus de 90 milles dans l'O. du banc d'Arguin. Ainsi, par exemple, en quittant Ténériffe , on pourra gouverner au S.S.O.¹/₂ S. du monde jusque par 21°N.; puis on fera route au S. du monde jusque par 20°N.; et, de là, entre le S.E. et le S.E.¹/₄ S., de manière à atteindre la côte vers le marigot des maringouins. Dans tous les cas, nous croyons inutile de reconnaître la côte d'Afrique, dans le N. du banc d'Arguin, quand on se rend à St-Louis ou à Gorée. Il suffit d'attérir à une cinquantaine de milles au N. de la barre du Sénégal, lorsque l'on va à St-Louis. (1)

Les navires destinés à Saint-Louis commencent à trouver des fonds de 115 à 110 mètres, à 30 milles de la côte, sable blanc, au N. du Sénégal ; ils diminuent graduellement, et ne sont plus que de 14 à 13 mètres, à 1 mille de terre. *De nuit*, il faut mouiller dès qu'on trouve les fonds de 24 mètres ; et l'on attend le jour, pour faire route en longeant la côte, afin de ne pas manquer la barre du fleuve.

Les navires destinés à Gorée (Dakar), après avoir coupé 20°N. par 21°30' ou 21°O. environ, c'est-à-dire à 90 milles au moins dans l'O. du banc d'Arguin, comme nous l'avons dit, feront route pour reconnaître le cap Vert , sur lequel se trouve un phare (feu fixe, blanc, visible à 27 milles environ).

Quant aux navires partant de Saint-Louis pour aller à Gorée (Dakar), ils n'auront qu'à faire environ 95 milles à peu près au S.O. du monde, pour contourner le cap Vert ; et ils se trouveront ensuite devant l'île de Gorée. Il sera bon de fixer l'heure du départ de la barre du fleuve du Sénégal, de manière à arriver en vue du cap Vert pendant le jour, quand cela sera possible.

Remarque. — Sur la côte d'Afrique , il faut se tenir bien en garde contre les erreurs de vision, causées par des réfractions considérables, et qui empêchent d'estimer *avec certitude*, même approximativement , la distance à laquelle on se trouve de terre. Il faut donc *ne se fier qu'à la sonde*, à partir du moment où la terre est en vue.

§ 67. — De la Manche, de Nantes, de Bordeaux ou de Gibraltar à la Gambie, aux Bissagos, à Rio-Nunez, à Rio-Pongo, à Sierra-Leone & à Sherboro.

Le commencement de la traversée sera identiquement le même que pour aller au Sénégal, c'est-à-dire qu'il faudra se conformer aux indications du paragraphe précédent, jusqu'à ce qu'on ait atteint les Canaries.

---

(1) Dans le cas où l'on voudrait, contrairement à ce que nous conseillons , reconnaître la côte d'Afrique, un peu dans le N. du cap Blanc (20°46'N.), on pourrait le faire sans danger, à la condition de sonder fréquemment. Après avoir pris connaissance ainsi de la terre, on gouvernerait au S.O. environ , pour s'éloigner du banc d'Arguin ; et l'on redresserait ensuite graduellement la route vers le S. et enfin vers le S.E. On aurait encore à attérir à une trentaine de milles au moins dans le N. de la barre du Sénégal.

1° ROUTE POUR LA GAMBIE, LA CAZAMANCE ET LES BISSAGOS.

Les navires destinés à la Gambie, à la Cazamance et aux Bissagos gouverneront, après avoir dépassé les Canaries, de manière à aller directement couper 21°N. par 21°30′O. environ ; et ensuite 20°N., par la même longitude de 21°30′O. De là, ils feront route, *d'octobre en mai*, avec des vents favorables de N.E. à N.O., de façon à aller reconnaître le cap Vert, au-delà duquel ils se dirigeront vers le S. sans difficulté. Mais, *du commencement de juin à la fin de septembre*, il sera préférable de couper le parallèle du cap Vert par 21°30′O. environ, surtout quand on se rendra à la Cazamance et aux Bissagos, parce qu'on pourra s'attendre, dans cette saison, à des vents de N.O. à S.O. et à quelques calmes, et qu'en coupant le parallèle du cap Vert à quelque distance dans l'O., on sera en bonne position pour continuer sa route, en mettant les amures à tribord, si les vents s'établissent du S.O.

Les navires destinés à la Gambie pourront attérir, en se tenant sur le parallèle de 13°36′N. Ils trouveront les fonds de 180 mètres, sable fin, noir, à 50 milles dans l'O. de l'Ile-aux-Oiseaux ; et, quand les fonds seront de 18 mètres, on ne sera plus qu'à une distance de 17 milles.

2° ROUTE POUR LE RIO-NUNEZ, RIO-PONGO, SIERRA-LEONE ET SHERBORO.

Les navires destinés au Rio-Nunez, au Rio-Pongo, à Sierra-Leone et à Sherboro gouverneront, après avoir dépassé les Canaries, *d'octobre à la fin de mars*, de manière à aller directement couper 21°N. par 21°30′O. environ ; et ensuite 20°N., par la même longitude de 21°30′O. Puis, ils continueront à faire route avec des vents favorables de N.E. à N.O., de façon à aller reconnaître le cap Vert, au-delà duquel ils se dirigeront vers le Sud sans difficulté. Ils pourront compter sur un demi-nœud de courant portant vers le S., entre le cap Vert et 10°N. ; puis sur un nœud et même 1ⁿ1/2 de courant vers le S.S.E. et le S.E., depuis le parallèle de 10°N. jusqu'à Sierra-Leone. Nous donnons, plus loin, des indications sur la *fin de la traversée*.

Du commencement d'avril à la fin de septembre, il faudra suivre une route occidentale, afin de se placer en bonne position pour atteindre le port de destination tribord amures, quand on trouvera la mousson de S.O. Le courant sera encore de un demi-nœud portant vers le S.

entre le cap Vert et 10°N.; mais, dans le S. de ce parallèle de 10°N.,
le courant vers le S.S.E. et le S.E. ne sera plus aussi régulier que
dans la saison précédente.

Ainsi, *en avril, mai et juin*, après avoir dépassé les Canaries, on
gouvernera, avec des vents de la partie du N.E., de manière à couper
20°N. par 22°30'O.; et 10°30'N. entre 20° et 22°O.: c'est-à-dire que
les navires destinés *au Rio-Nunez et au Rio-Pongo* couperont 10°30'N.
par 20°O. environ; et que ceux destinés *à Sierra-Leone et à Sherboro*
couperont 10°30'N. et 10°N. par 22°O. environ. Au delà des parallèles
de 10°30' et de 10°N., il faudra s'attendre de plus en plus à des vents de
S.E. à S.O., et à des chances de calmes, au fur et à mesure qu'on ira
davantage dans le S. et qu'on se rapprochera de la côte. Dans le S. du
parallèle de 9°N., on aura environ 4 heures de pluie par 24 heures.

En juillet, août et septembre, on pourra suivre les mêmes points de
croisement que nous venons de donner pour avril, mai et juin. Les
vents seront de N.E. jusqu'à 15°N.; puis ils domineront du N.E. au
N.O., interrompus par d'autres brises variables et par des calmes
entre 15° et 10°N. On aura ensuite des vents de S. à S.O., avec peu
de calmes. Pendant ces trois mois, on pourra compter sur 7 heures de
pluie environ par 24 heures, lorsque l'on aura dépassé dans le S. le
parallèle de 12°Nord.

FIN DE LA TRAVERSÉE.

Les navires destinés au Rio-Nunez feront route pour venir couper le
méridien de 18°O. entre 10° et 10°11'N. Ils se dirigeront ensuite vers
l'E., en se maintenant entre ces parallèles, pour aller prendre connaissance du cap Verga, ce qu'ils feront en naviguant avec beaucoup de
précaution et en veillant soigneusement.

Pour les navires destinés au Rio-Pongo, le mont Mayondi, situé près
de l'entrée de la rivière et élevé de 400 mètres environ, constitue un
bon point de reconnaissance.

Les navires destinés au Sherboro attaquent la terre par 8°20'N. environ, parallèle sur lequel on trouve 126^m d'eau, à 60 milles de la
terre. On va reconnaître les pics de Link et de Tagrin, qui permettent
de rectifier la position. L'on donne ensuite la route pour passer :
d'abord, à 6 milles de l'extrémité O. de l'île Banane ; puis, à 4 milles
environ dans l'O. des bancs des îles Plantain.

8

Quand le navire sera destiné à Sierra-Leone, il sera bon de se placer entre les parallèles de 9°20' et de 9°10'N., en gouvernant vers l'E., pour chercher les sondes. Quand on aura trouvé des fonds d'environ 90^m, on pourra gouverner à peu près au S.E.$^1/_4$ E., pour aller atteindre le parallèle voisin de celui du cap Sierra-Leone, sur lequel on devra attérir. Pendant la *belle saison*, avec les vents de la partie du N., on attaquera l'entrée du fleuve *par le N.* Mais, pendant l'*hivernage*, avec les vents d'O.S.O. et de S.O., et avec les courants qui portent parfois vers la partie du N., il conviendra de venir se placer sur le parallèle de 8°30'N., pour attérir *un peu au Sud* du cap Sierra-Leone, qui se voit à 15 ou 20 milles, avec le temps embrumé que l'on a ordinairement. Par un temps clair, on pourrait le voir à une distance double.

§ 68. — De la Manche, de Nantes, de Bordeaux ou de Gibraltar à la côte de Guinée, à Grand-Bassam, à Assinie, à El-Mina, à Petit-Popo, à Whydah, à Lagos, aux Calebar, à Fernando-Po et au Gabon.

En partant de la Manche, de Nantes ou de Bordeaux, il faudra d'abord se reporter aux indications données au § 61 , p. 73, et qui s'appliquent également à la première partie de la présente traversée. On trouvera, d'ailleurs, plus loin, dans le courant du présent paragraphe, l'indication des points de croisement que l'on pourra se proposer de suivre. A partir du moment où l'on aura dépassé le parallèle du cap St-Vincent (37°N. environ), le courant portera *dans l'Est,* avec une vitesse variable qui sera en moyenne de 10 milles environ par 24 heures; il sera donc important de tenir compte de ce courant, en donnant la route. Si l'on doit relâcher *à Madère,* on passera entre cette île et les Desertas. Autrement, on gouvernera pour passer dans l'O. de Madère et généralement aussi dans l'O. des Canaries. *En hiver,* on passera à 25 ou 30 milles dans l'O. de Madère, et dans cette même saison il sera plus avantageux qu'à toute autre époque de doubler aussi toutes les Canaries par l'O. On pourra rectifier sa position, soit sur Madère, soit sur l'île de Palme ou sur l'île de Fer. Dans le cas où l'on désirerait traverser l'archipel des Canaries, on prendrait de préférence le canal formé par Palma et Hierro dans l'O. et Gomera dans l'Est.

En partant de la Méditerranée, on suivra les instructions détaillées qui ont été données au § 62 , page 84, et d'après lesquelles on passera généralement dans l'O. des îles Canaries. Toutefois, les navires venant de Gibraltar pourront rectifier leur point en reconnaissant Ténériffe, et ils pourront traverser l'archipel en prenant de préférence le canal à l'O. de Gomera.

Après avoir dépassé les Canaries, les vents seront favorables et permettront de suivre aisément, jusqu'au parallèle du cap Vert, les croisements indiqués dans le tableau que nous donnerons plus loin, dans le cours du présent paragraphe. Au-delà du parallèle du cap Vert, commencera la partie délicate de la traversée, et l'on pourra craindre d'être retardé ou contrarié pour doubler le cap des Palmes, surtout d'avril en octobre, si l'on ne tient pas compte des conseils que nous indiquerons, pour chaque saison. Enfin, quand on aura doublé le méridien du cap des Palmes, il sera très-facile de continuer sa route vers l'E., avec des vents de la partie du S., en se maintenant entre la côte de Guinée et le parallèle de 2° ou 3°Nord.

Le courant, entre le parallèle du cap Vert et 10°N., portera vers le Sud, avec une vitesse d'un demi-nœud. De 10°N. au cap des Palmes, le courant portera vers le S.E. et l'E.S.E., avec une vitesse moyenne de 1 à 2 nœuds. Ensuite, en faisant route vers l'E., entre la côte et 3°N., on aura le courant favorable de la côte N. de Guinée, dont la vitesse vers l'E. pourra atteindre 2 nœuds à $2^n,5$ entre les méridiens 12° et 7°O.; puis 1 nœud à $1^n,5$ quand on aura dépassé le méridien de 7°O.

Nous allons donner maintenant le tableau des points de croisement que l'on pourra se proposer de suivre, dans chaque saison, autant que les circonstances le permettront. A la suite du tableau, nous donnerons des instructions détaillées, pour chaque trimestre, sur la route indiquée, au-delà des Canaries. Enfin, en terminant le présent paragraphe, nous indiquerons les conseils qui pourront être utilisés, pour la fin des traversées qui nous occupent, suivant que l'on sera destiné aux ports de la côte N. de Guinée, ou à ceux des golfes de Bénin et de Biafra, ou au Gabon.

TABLEAU DES CROISEMENTS DE LA MANCHE OU DE GIBRALTAR AU GABON,

Convenant également (jusqu'au cap des Palmes) aux navires qui se rendent à Grand-Bassam, Assinie, El-Mina, Petit-Popo, Whydah, Lagos, les Calebar, Fernando-Po, etc.

ÉPOQUES de L'ANNÉE.	POINTS de DÉPART.	45°N.	LONGITUDES SUIVANT LESQUELLES IL CONVIENT DE COUPER LES PARALLÈLES DE :										
			40°N.	35°N.	30°N.	25°N.	20°N.	15°N.	10°N.	5°N.	3°30'N.	3°N.	ÉQUATEUR
			Long.O.	Long.O.	Long.O.	Long.O.	Long.O.	Long.O.	Long.O.	Long.O.	Long.O.	Long.O.	Long.E.
En Janvier, Février et Mars.	De la Manche. 15° »		17° »	20° »	22° »	23° »	23° 30'	23° 30'	22° 30'	17° 30'	10° »	2° »	3° »
	De Gibraltar........	......		11 »	20 »	23 »	23 30	23 30	22 30	17 30	10 »	2 »	3 »
En Avril, Mai et Juin.	De la Manche. 14° »		18 »	19 »	22 »	23 »	23 30	23 30	23 30	19 30	10 »	2 »	3 »
	De Gibraltar........	......		11 »	20 »	23 »	23 30	23 30	23 30	19 30	10 »	2 »	3 »
En Juillet, Août et Septembre.	De la Manche. 13° »		17 »	19 »	21 »	23 »	23 30	23 30	24 »	17 »	12 »	2 »	3 »
	De Gibraltar........	......		11 »	20 »	23 »	23 30	23 30	24 »	17 »	12 »	2 »	3 »
En Octobre, Novemb. et Décemb.	De la Manche. 14° »		18 »	20 »	21 »	24 »	24 »	24 »	23 »	17 »	12 »	2 »	3 »
	De Gibraltar........	......		11 »	20 »	24 »	24 »	24 »	23 »	17 »	12 »	2 »	3 »

En janvier, février et mars, on coupe 20°N. par 23°30′O.; 15°N. par la même longitude ; et 10°N. par 22°30′O. On entre alors dans une zone à 18 p. 0/0 de calmes, où règnent des brises de N.E. à N.O., avec lesquelles on gouverne, pour tâcher de couper 5°N. par 17°30′O. En continuant à faire route vers le S.E., on commence à n'avoir plus que 9 p. 0/0 de calmes seulement, et des brises qui s'établissent du S.O. et qui permettent de doubler aisément le cap des Palmes, tribord amures. On atteint généralement 3°30′N. par 10°O. environ, et l'on poursuit sa route avec des vents favorables de S.E. à S.O. et sans chances de calmes plus fréquents que 4 à 6 p. 0/0.

En avril, mai et juin, et après avoir successivement coupé 20° et 15°N. par 23°30′O., un navire à voiles ira couper 10°N. par la même longitude, avec les vents constamment favorables de la partie de N.E. A partir de ce parallèle de 10°N., on entre dans une zone où l'on trouve de 17 à 18 p. 0/0 de chances de calmes, avec des brises, d'abord très-variables et qui ne dominent généralement du S.O. que lorsqu'on a dépassé dans l'E. le méridien de 12°O. On met donc, autant que possible, le cap au S.E., de manière à tâcher de couper 6°N. entre 21° et 22°O.; et 5°N. entre 19° et 20°O. Au-delà de ce croisement, on continue à gouverner, s'il y a moyen, à l'E.S.E. ou à l'E.¹/₄ S.E., avec les vents qui sont dominants de la partie du S. et par suite favorables, et avec 8 p. 0/0 seulement de chances de calmes. On double donc assez facilement le cap des Palmes, en atteignant 3°30′N. par 10°O.; puis 3°N. par 2°O. On gouverne ensuite vers l'E. avec les vents de la partie du S., en se maintenant dans le N. du parallèle de 3° ou du moins de 2°N. Les chances de calmes seront de 11 p. 0/0, entre les méridiens 7° et 2°O.; puis, on n'aura pas de calmes entre 2°O. et 3°E.; enfin, les chances de calmes seront de 14 p. 0/0 dans l'E. du méridien de 3°Est.

Pendant cette saison, il faudra s'attendre à avoir environ 7 h. de pluies par 24 h., depuis le parallèle de 5°30′N. jusqu'à ce que l'on ait doublé dans l'E. le méridien de 10°O.

Un navire mixte ne fera pas un détour aussi grand que celui que nous avons indiqué. Il pourra suivre la côte à 60 lieues environ, entre le cap Vert et le cap Palmas : seulement il trouvera les vents beaucoup plus pointus par rapport à sa route, et il aura de 16 à 18 p. 0/0 de chances de calmes, au-delà du parallèle de 15°N., s'il coupe ce parallèle dans l'E. de 22°O.

En juillet, août et septembre, on coupera 20°N. par 22° ou 23°O.; on longera les iles du cap Vert dans l'E., et l'on ira couper 13°30'N. par 26°O. A partir de ce parallèle, les chances de calmes seront de 10 p. 0/0, et les vents, quoique variables, seront dominants du N.E. et permettront facilement de couper 10°N. par 24°O. environ. Au-delà de 10°N., il n'y aura plus que 8 p. 0/0 de chances de calmes, et la mousson sera bien établie du S. et du S.O. On parviendra généralement à couper 7°30'N. par 22°O., ce qui sera une très-bonne position pour doubler le cap Palmas. On tâchera d'abord, avec des vents de S., ordinairement bien établis, de couper 5^N. par 17°O., et d'atteindre 3°30'N. par 12°O.

En dépassant ce dernier méridien dans l'E., on trouvera des vents du S.S.E. au S.S.O., dominant de la partie du S.S.O., et qui se fixeront de plus en plus de cette direction, à mesure que l'on avancera davantage dans l'Est. Avec ces vents, et sans avoir aucune chance de calmes, il sera facile de faire route vers l'Est.

Pendant cette saison, il faudra s'attendre à avoir des pluies fréquentes, depuis le parallèle de 13°N. jusqu'à celui de 5°N. On y sera particulièrement exposé, entre les parallèles de 11° et de 7°N., où les pluies tomberont à raison de 7 heures par 24 heures en moyenne.

En octobre, novembre et décembre, et après avoir coupé successivement 20° et 15°N. par 24°O, on commencera à trouver 8 p. 0/0 de chances de calmes, et des vents du N.N.E. à l'E.N.E., hâlant quelquefois le S.E. et le S.O., avec lesquels on coupera 10°N. par 23°O. Au-delà de ce parallèle de 10°N., les chances de calmes seront de 28 p. 0/0, et les brises domineront du S.S.O., en passant parfois au N.N.E. et à l'E.S.E. Avec ces brises, on gouvernera de manière à tâcher de couper 5°N. par 17°O.; attendu que si l'on dépassait ce méridien de 17°O. avant d'avoir coupé 5^N., on s'exposerait à 35 p. 0/0 de chances de calmes. Etant donc parvenu à 5°N. coupé par 17°O., on fait route pour doubler le cap Palmas, en se dirigeant vers l'E.S.E., tribord amures, avec des vents qui soufflent généralement du S., et en comptant sur 8 ou 9 p. 0/0 seulement de chances de calmes. Après avoir coupé 3°30'N. par 12° ou 10°O., on continue sa route en gouvernant vers l'E., avec une moyenne de 10 p. 0/0 de chances de calmes, et avec des vents qui dominent du S.S.E. au S.S.O., et même à l'O.S.O., à mesure qu'on va plus avant dans le golfe.

OBSERVATIONS SUR LA FIN DE LA TRAVERSÉE.

1° NAVIRES DESTINÉS A JACK-JACK, GRAND-BASSAM, ASSINIE, EL-MINA, PETIT-POPO, WHYDAH, LAGOS, BONNY, LES CALEBAR, ETC.

Après avoir doublé le cap des Palmes, il convient de prolonger la côte de Guinée, à une distance de 10 ou 15 milles environ, en tenant compte , comme nous l'avons déjà dit , du courant favorable portant vers l'E., dont la vitesse pourra atteindre 2 nœuds à 2 nœuds $^1/_2$, entre les méridiens de 12° et 7°Ouest ; et 1ⁿ ou 1ⁿ,5 quand on aura dépassé le méridien de 7°O. Toutefois, nous devons ajouter qu'en se rapprochant de la côte, le courant vers l'E. sera ordinairement beaucoup plus faible, et portera même parfois exceptionnellement en sens inverse , surtout dans les environs des nouvelle et pleine lunes. Il convient donc de ne négliger aucune occasion de vérifier sa position, en sondant et en faisant des observations (1). Quand on estimera qu'on ne se trouve plus qu'à 50 ou 40 milles dans l'O. du port de destination, il sera prudent de rallier la côte de très-près, à 2 ou 3 milles, par exemple, parce que la terre est généralement basse et difficile à reconnaître, et qu'il faut, avant tout, *ne pas se laisser drosser dans l'E. de sa destination.*

2° NAVIRES DESTINÉS AU GABON , A SAINT-THOMÉ , A L'ILE-DU-PRINCE ET A FERNANDO-PO.

Après avoir doublé le cap des Palmes, le conseil à donner, d'une manière générale, est de se maintenir au N. du parallèle de 3°N., le plus longtemps possible. Ainsi, les navires destinés à Saint-Thomé et au Gabon couperont 3°N. par 2°O.; puis, avec des vents de la partie du S.O., ils gouverneront vers le S.E., pour atteindre l'équateur dans les environs de 3°Est. Ils seront ainsi au vent de Saint-Thomé et du Gabon, qu'il conviendra d'attaquer par le S., en tenant compte du

---

(1) Dans cette circonstance, il pourra être utile d'employer la méthode graphique si simple et si pratique de SUMNER. Cette méthode permet de tracer, sur la carte , la ligne de position du navire, dès l'instant qu'on a pu observer une seule hauteur du soleil ou d'un astre quelconque. On en trouve une explication dans nos *Tables nautiques* (2ᵉ *édition*).

courant qui portera d'abord vers le N.O., puis vers le N. et le N.E., quand on approchera de Saint-Thomé et du Gabon.

A partir du parallèle de 3°N. et en suivant la route que nous indiquons, on aura : *en janvier, février et mars*, des vents de S. et de S.O., avec peu ou point de calmes ; *en avril, mai et juin*, vents de S. et de S.O., avec quelques calmes dans l'E. du méridien de 3°E. ; *en juillet, août et septembre*, vents de S.S.O., pas de calmes ; *en octobre, novembre et décembre*, vents de S.S.O. à O.S.O. avec quelques calmes.

Les navires destinés à l'Ile-du-Prince, à Fernando-Po et au Rio-Camaraos suivront une route analogue ; mais, naturellement, ils resteront plus longtemps dans le N. du parallèle de 3°N., et ils iront beaucoup moins loin dans le S. Ainsi, ceux pour l'Ile-du-Prince couperont généralement 2°N. par 2°E. environ ; quant à ceux pour Fernando-Po ainsi que pour Banoko et le Rio-Camaraos, il suffira qu'ils coupent le méridien de 5°E. par 2° ou par 2°15′N. environ.

§ 69. — Navigation d'un point à un autre situé plus à l'Est, sur la côte d'Afrique, entre le Sénégal, la Gambie, la côte de Sierra-Leone, la côte de Guinée, les golfes de Benin et de Biaffra, l'île de Saint-Thomé et le Gabon.

Entre le Sénégal et le cap des Palmes, la navigation ne présente pas de grandes difficultés. Il convient d'abord, en partant de la Gambie ou de la Cazamance, de bien s'élever au large, pour n'avoir pas à craindre l'approche des îles Bissagos ; et si l'on part du Rio-Nunez, du Rio-Pongo ou de Sierra-Leone, on doit également commencer par faire assez d'O., pour n'avoir pas à craindre les bancs Ste-Anne.

Pendant la belle saison, d'octobre en mai, on aura généralement d'assez beaux temps, avec des vents de la partie du N., (voir § 11, page 17). Les nuits seront claires, et l'on pourra aisément descendre la côte à bonne distance, jusqu'au cap Palmas. Après avoir doublé les bancs Sainte-Anne, on veillera à ne point se laisser drosser sur la terre par le courant portant à peu près au S.E., et quelquefois plus à l'E., avec une vitesse d'environ 1 nœud. En prolongeant la côte et en doublant le cap des Palmes, il sera prudent de sonder souvent, pendant la nuit, ou quand il y aura de la brume.

Pendant la mauvaise saison, de mai en octobre, il faudra s'attendre à des brises dominant du S.O. à l'O., avec des pluies, des grains et des brouillards (voir § 11, page 17). Il sera donc prudent, quand on aura à faire une traversée de quelque durée, de commencer par pousser à très-bonne distance la bordée du large, afin de n'avoir rien à craindre du voisinage de la côte et particulièrement des bancs Sainte-Anne. De cette manière, on se trouvera dégagé de toute préoccupation, si l'on est pris par les calmes, qui sont malheureusement trop fréquents dans cette saison, et si l'on se trouve ainsi livré à l'action des courants portant à terre.

Entre le cap des Palmes et les golfes de Benin, de Biaffra, Fernando-Po et le Gabon, la navigation vers l'E. se fera, suivant les conseils donnés page 119, pour la fin de la traversée exposée au paragraphe précédent. Nous ajouterons seulement les réflexions suivantes.

En partant du golfe de Benin pour Saint-Thomas et le Gabon, la traversée ne pourra pas toujours se faire en une seule bordée. Ainsi, les navires venant de Petit-Popo, de Whydah, et, à la rigueur, de Lagos, pourront encore avoir l'espoir de doubler l'île Saint-Thomé, dans l'O., en prolongeant la bordée tribord amures ; après quoi, ils pourront attaquer, comme nous l'avons dit, Saint-Thomé et le Gabon par le S. Mais il arrivera souvent que la bordée conduira à peine à l'Ile-du-Prince ; et, en tous cas, c'est là qu'iront aboutir les navires partis de la Rivière-Benin. Il faudra donc, après avoir dépassé le parallèle de 2°30′N. ou de 2°N., profiter de la première variation du vent vers le S.S.O. ou le S., pour courir un bord à l'O., afin de se mettre en bonne position, et de pouvoir ensuite reprendre les amures à tribord et atteindre sa destination.

§ 70. — D'Europe à Loanda & à Benguela.

Pour se rendre d'Europe à *Loanda* ou à *Benguela*, on peut suivre *deux routes* absolument différentes : l'une dite *route du Sud* ; et l'autre *route du Nord.* Nous les examinerons successivement, en faisant remarquer qu'il importe de décider, avant d'avoir atteint le parallèle de 20°N., laquelle des deux l'on suivra.

1° ROUTE DU SUD.

La route du Sud peut être suivie en toutes saisons ; et elle est la seule à conseiller dans les environs de novembre et décembre, aux navires qui ne sont pas bons voiliers. Pendant ces deux mois, la *route du Nord* est longue à parcourir, et ne peut être prise, avec un avantage certain, que par les fins voiliers.

D'après les instructions de *Brito Capello*, la *route du Sud* consiste, d'une manière générale, à passer dans l'O. des îles du cap Vert ; à traverser la zone des calmes bien dans l'O. ; à couper l'équateur entre 29° et 32°O. ; puis à prendre la bordée bâbord amures, jusque vers 25° ou 30°S. On se dirige vers l'E., sur ces parallèles, en courant tribord amures avec les alizés de S.E. et avec les vents de S. et de S.S.O., que l'on trouve en approchant de la côte d'Afrique. On attérit enfin dans le S. du port de destination.

2° ROUTE DU NORD.

Pour suivre la *route du Nord*, les instructions de *Brito Capello* conseillent, en règle générale, de passer dans l'Est des îles du cap Vert. On laisse courir ensuite vers le S.E., en passant plus ou moins près de la côte d'Afrique, selon la saison, pour ne pas entrer dans les alizés du S.E., et pour rester dans la zone des vents de S.O., avec lesquels on traverse le golfe de Guinée, en conservant toujours les amures à tribord jusqu'à la côte. On se rend ensuite du cap Lopez à Loanda et à Benguela, en louvoyant sous la terre. On trouve, il est vrai, les vents plus faibles près de la côte, mais ils y sont plus largues, et l'on peut mettre à profit les brises de terre et du large.

En juillet, août et septembre, époque de la mousson de S.O., on est dans la saison favorable. Les vents sont frais du S.O., depuis 12° ou 10°N., et ils soufflent dans tout le golfe, en ne mollissant qu'au S. du cap Lopez. A cette époque, on devra couper 14°N. par 25°O., ou encore plus à l'O., afin d'être certain de doubler le cap des Palmes de la bordée. On n'oubliera pas que le vent refuse ordinairement du S.O. vers le S., à mesure que la latitude diminue ; on pourra aussi s'attendre à être drossé de 2° à 3° vers la côte, par les courants, pendant 8 ou 10 jours que l'on emploiera pour aller au cap des Palmes.

En juillet, on perd l'alizé de N.E. entre 13° et 12°N., sur le méridien de 25°O. ; puis l'on rencontre les calmes, les pluies et les brises variables, venant surtout du N.O. Arrivé par 11°N., on peut trouver les brises faibles de la mousson de S.O., et l'on gouverne plus ou moins largue pour doubler le cap des Palmes, en se tenant en garde contre les courants.

En août, il semble préférable de passer *dans l'Ouest* des iles du cap Vert, et de couper 13°N. dans les environs de 27°O. On a ainsi la bordée plus largue pour doubler le cap des Palmes.

En septembre, on perd l'alizé entre 15° et 14°N.; on entre alors dans les calmes et dans les brises variables du N.O. et du S.O.; et l'on commence à trouver, par 13°N. et 26°O., la mousson de S.O. qui est encore faible.

En août et septembre, on ne devra se résoudre à louvoyer, pour doubler le cap des Palmes, qu'à la dernière extrémité, parce que le vent adonne ordinairement auprès de la terre. Etant parvenu dans l'E. du cap des Palmes, le vent parait refuser un peu, et les courants portent avec force vers l'E.N.E. ou le N.E.; de sorte qu'on n'atteint l'équateur que dans l'E. de 2°30′ ou de 2°O. Dans l'E. de ces méridiens, le vent adonne progressivement, et la bordée tribord amures prolongée jusqu'à la côte, fait attérir ordinairement par 4° ou 5°S., et, quelquefois encore, plus Sud. On s'élève ensuite jusqu'au port en vue de terre, en combinant les bordées de manière à profiter des brises de terre et du large.

De novembre en avril, on ne trouve plus la mousson de S.O., et les routes sont à peu près les mêmes durant cette période de six mois.

En novembre, l'alizé du N.E. semble limité par une ligne qui joindrait : d'une part, le point d'intersection de 12°N. et de la côte d'Afrique ; et, d'autre part, le point de croisement de 7°30′N. par 26°O. Au S. de cette ligne, règne une zone de calmes effrayante. *En décembre*, la situation est moins mauvaise; les alizés règnent plus loin dans le S., et les calmes sont moins persistants. Toutefois, la route du S. paraît préférable à celle du N., pendant ces deux mois.

En novembre et décembre, les navires bons voiliers qui se seront décidés à prendre la route du N., couperont 14°N. par 23° ou 24°O.; et se dirigeront ensuite vers le S.E. ou le S.E. ¹/₂ S., s'il est possible ; de manière qu'avec le courant et en veillant le haut-fond de Santa-Anna, on puisse passer près du cap des Palmes. Jusque par 7° ou 6°N., surtout en décembre, les brises variables et le courant sont favorables; ensuite, on trouve jusques auprès du cap des Palmes, des brises variables qui dominent du S.E. et du S.O.; et enfin, près de terre, des brises de S.O. En entrant dans le golfe de Guinée, on a encore à lutter contre les brises variables et faibles du S., du S.S.O. et surtout du S.S.E , avec des calmes. Dans le cas où l'on trouvera, sur le méridien du cap des Palmes, les brises refusant au S.S E. et au S.E., on pourra courir, pendant quelques heures, bâbord amures, avec l'aide du courant qui appuiera le navire par l'O., et fera dériver dans le S. Mais il ne faudra pas aller plus au S. que le parallèle de 2°30′N., pour ne point tomber dans le courant équatorial. qui drosserait le navire vers l'O. Il est d'ailleurs entendu que si les vents ne permettent pas de gouverner bâbord amures au S.O.¹/₂ O. ou même au S.O., et si le courant favorable est faible, on fera mieux de continuer à courir tribord amures, jusqu'à ce que le vent adonne ; ce qui arrivera au fur et à mesure que l'on s'avancera vers l'E., au-delà de 2°30′ et de 2°O. La bordée fera attérir ordinairement au S. du cap de Santa-Catharina. De là, on s'élèvera dans le S., en louvoyant près de la côte.

En janvier, février, mars et avril, la limite des alizés de N.E. et la région des calmes restent à peu près les mêmes ; aussi les routes, pendant ces quatre mois, ont entre elles de grandes analogies.

En janvier et février, la route est la même que celle de novembre et de décembre, de 14°N. au cap des Palmes ; et il n'y a pas à chercher à faire cette route plus occidentale. Elle est d'ailleurs bien plus facile à suivre, parce que l'on conserve plus longtemps les vents alizés de N.E. On a également plus de facilités pour se rendre du cap des Palmes à la côte de Loanda, parce que l'on trouve les brises de plus en plus fraîches dans le golfe, à mesure que la saison est plus avancée.

En mars et avril, les alizés de N.E., près de la côte d'Afrique, tournent à l'O. et au S.O., à mesure que l'on avance vers le S., de sorte qu'auprès du cap des Palmes, on peut les considérer comme un commencement de mousson. Ainsi, entre 14°N. coupé par 23°O., et le parallèle de 4° coupé par 13°O., les vents sont ordinairement favorables, quoique faibles dans le S. du parallèle de 8° ou 7°N.; si l'on suit une route plus à l'O., les calmes sont fréquents. Au-delà de 4°N., la traversée est plus facile que pendant les mois précédents, parce que le vent est plus régulier dans le golfe, surtout depuis 0° ou 2°E. jusqu'à la côte.

En mai, on coupera 14°N. dans les environs de 23°O.; et l'on se dirigera, en partant de ce point de croisement, de manière à atteindre le parallèle de 9°Nord, entre 20° et 22°Ouest, où les vents de la partie du N.E. et surtout du N.O. cesseront généralement et seront remplacés par de folles brises et des calmes. On fera route, autant que possible, vers le S.E., pour traverser cette zone ; et l'on trouvera, par 6°N., les brises faibles et variables de la partie du S.O., qui fraîchiront à mesure qu'on approchera du cap des Palmes. Il importe de bien veiller à ne pas tomber dans le courant équatorial, ce qui pourrait arriver, si l'on allait au S. du parallèle de 2°30′N., ou même de 3°N., avant d'avoir atteint le méridien de 6°O. ou plutôt celui de 4°O.

En juin, on suivra une route analogue à celle de mai, quoiqu'un peu plus occidentale. Après avoir coupé 14°N. par 24°O. environ, l'on s'avancera vers le S.S.E.; et l'on traversera, en faisant cette même route, la zone des calmes où régneront généralement de faibles brises de N.E. et de N.O. On atteindra 8°N. entre 20° et 22°O., où les brises variables souffleront déjà du S au S.O.; on sera donc au plus près, depuis ce point jusqu'au cap des Palmes. On terminera la traversée facilement, comme en mai, en évitant soigneusement le courant équatorial.

A la fin de juin, l'alizé de N.E. cessera plus tôt. Il faudra donc, à cette époque, se tenir un peu plus à l'O. et courir vers le S., entre les méridiens de 24° et de 25°O., après avoir dépassé le parallèle de 14°N. On atteindra ainsi les brises variables de S. et de S.O., en bonne position pour doubler le cap des Palmes. Au-delà de ce cap jusqu'à la côte d'Angola, tant à la fin de juin qu'en juillet, le vent est régulièrement frais, et ne semble pas s'éloigner du S. au S.S.O.

En octobre, la mousson se retire vers le S., en laissant, sur sa limite Nord, une zone de calmes que l'alizé du N.E. envahit progressivement. Bien que ce mouvement soit, en octobre, inverse de celui du mois de juin, le régime des vents est à peu près le même pendant ces ces deux mois, et les routes à conseiller diffèrent peu. Ainsi, *au commencement d'octobre*, alors que la mousson remonte davantage vers le N., on pourra suivre la route conseillée précédemment pour la fin de juin. *Au milieu d'octobre*, on suivra celle donnée pour le courant du mois de juin. Enfin, si l'on coupe 14°N. *à la fin d'octobre*, il conviendra de laisser courir plus près de la terre, en se rapprochant de la route indiquée pour le mois de novembre. Après avoir atteint la mousson, on gouvernera avec elle pour doubler le cap des **Palmes**, ce qui ne présente pas de difficultés. Au-delà de ce cap, on fera route aisément vers l'E., attendu que dans le golfe, à la fin d'octobre ou au commencement de novembre, les vents ne sont pas plus faibles qu'en mai et juin, et qu'ils sont beaucoup plus largues. De plus, on aura moins à craindre le courant équatorial qui se répand moins dans le N. et qui est moins fort à cette époque.

CHAPITRE IV.

Routes pour remonter du Sud vers le Nord, sur les côtes d'Europe et d'Afrique.

§ 71. — Du détroit de Gibraltar aux ports d'Espagne et de Portugal, à Bordeaux, à Nantes et aux ports de la Manche.

Les navires venant de Marseille et, en général, d'un port quelconque de la Méditerranée, trouveront au § 62, page 84, des instructions pour entrer dans l'Océan. Nous ajouterons seulement que, dans le cas où les vents seront debout, c'est-à-dire de la partie de l'O., et *lorsqu'on aura été obligé de rallier la côte d'Afrique* à l'O. de la pointe Ciris, comme nous l'avons indiqué, il conviendra, après avoir doublé le cap Spartel à 5 ou 6 milles, de prendre bâbord amures, si les vents sont S.O. ou O.; et tribord amures, s'ils sont au N.O. Ainsi, excepté avec les vents de N.O., on traversera une seconde fois le détroit, quand on devra se se rendre dans le N. Puis, on louvoiera, en se tenant à moins de 15 ou 16 milles de la côte d'Espagne, pendant le flot qui porte au N.O.; et au-delà de cette limite, pendant le jusant.

Quand les vents le permettront et lorsque les apparences de temps seront favorables, il conviendra d'aller reconnaître le cap St-Vincent. Mais, en allant chercher ce cap et après l'avoir doublé, il faudra se tenir en garde contre les courants qui porteront vers l'E., c'est-à-dire sur la terre, lorsque les vents auront soufflé o = souffleront de la partie du S.O. ou du N.O. Les caps Spichel et Roca offrent de bons points de reconnaissance pour les navires destinés à Lisbonne ; quant à ceux qui doivent se rendre à Porto, il leur est recommandé de ne pas accoster la terre, si le temps est sombre ou brumeux.

Les navires destinés à Bordeaux, à Nantes et aux ports de la Manche, pourront s'attendre, à partir des parages du cap Saint-Vincent, à des vents dominants de N.N.E. à N.O., *de mai en novembre*, et surtout en juillet, août et septembre. Ces vents seront fréquemment persistants, entre la côte de Portugal et le méridien de 16° ou de 17°O. Il convient donc très-généralement, durant la belle saison, de courir une grande bordée au large, tribord amures, jusqu'à ce que les vents adonnent à l'Ouest, ou du moins jusqu'à ce qu'on soit en assez bonne position pour pouvoir virer de bord avec les vents de N.O., et pour prolonger la bordée bâbord amures vers le N.E. Pendant le reste de l'année, *de novembre en mai*, et surtout en janvier, février et mars, les vents seront dominants de la partie de l'O., du N.O., de l'O.N.O., de l'O.S.O., du S.O. et du S.E. Ils seront donc favorables et permettront le plus ordinairement de remonter vers le N. sans difficulté ; mais il faudra toujours se tenir à bonne distance de terre, c'est-à-dire *au moins* à 50 ou 60 lieues, parce que les courants et la houle porteront à l'E., et que l'on sera exposé à de forts coups de vent successifs de la partie de l'O.

Les navires à vapeur et les caboteurs suivent ordinairement la côte, en la tenant en vue par beau temps, et en ne s'éloignant que dans le cas de mauvais temps. En été, les petits caboteurs peuvent utiliser les variations de la brise, en virant de bord sur la terre, à l'approche de la nuit ; ils prennent alors la bordée du large, qu'ils prolongent jusque vers 11 heures du matin ; puis ils virent de bord et reviennent sur la terre, et ainsi de suite.

Les navires destinés à Bordeaux et à Nantes, et, à plus forte raison, ceux qui se rendent dans la Manche, doivent doubler le cap Finistère, à grande distance, *en hiver*, ou quand le temps est mauvais du S.O. ou du N.O., ou seulement même quand les apparences de temps sont mauvaises. Il importe en effet de ne point s'exposer à se laisser acculer dans le golfe et sur la côte N. d'Espagne, avec de forts vents de la partie du Nord.

Les navires pour Nantes et Bordeaux iront attérir respectivement dans les environs des parallèles de Cordouan et de Belle-Ile ; ceux pour la Manche se placeront, en venant du S.O., sur le parallèle de 49°20′N., et termineront leur traversée, comme il est indiqué à la fin du § 63, page 96.

§ 72. — Retour du Sénégal au détroit de Gibraltar.

D'une manière générale, les navires à voiles, partant du Sénégal, feront route au plus près tribord amures, avec les vents de la partie du N. et du N.E., jusqu'à ce qu'ils trouvent les vents variables. Avec ces vents, ils gouverneront ordinairement vers le N., ou, tout ou plus, vers le N.N.E., et ils ne commenceront à se diriger franchement vers l'E. qu'après avoir atteint un parallèle assez N., pour pouvoir être certains de ne plus être sérieusement contrariés. La route fera passer dans le S. et dans l'E. des Açores, d'octobre en juin ; mais dans l'O. et dans le N. de cet archipel, pendant les mois de juillet, août et septembre.

Nous allons donner ci-après, pour chaque trimestre, le tableau des points de croisement que les *navires à voiles* auront avantage à suivre, autant que les circonstances le permettront. A la suite de ce tableau, nous donnerons des indications sur le détail des traversées, pour chaque saison. Enfin, on trouvera, dans la dernière partie du § 64, page 106, des instructions pour l'attérage du détroit et pour l'entrée dans la Méditerranée.

TABLEAU DES CROISEMENTS DU SÉNÉGAL AU DÉTROIT DE GIBRALTAR.

SAISONS.	POINTS de DÉPART.	LONGITUDES SUIVANT LESQUELLES IL CONVIENT DE COUPER LES PARALLÈLES DE								
		17°30' N.	20°N.	25°N.	30°N.	35°N.	36°N.	39°N.	40°N.	37°30' N.
		Long.O.	Long.O.	Long.O.	Long.O.	Long.O.	Long.O.	Long.O.	Long.O.	Long.O.
En Janvier, Février et Mars……….	De Saint-Louis.	22°30'	27° »'	31° »'	30° »'	22° »'	»° »'	»° »'	»° »'	»° »'
	De Dakar……	26 »	29 »	33 30	30 »	22 »	» »	» »	» »	» »
En Avril, Mai et Juin………….	De Saint-Louis.	22 30	26 »	30 »	33 30	29 »	27 »	» »	» »	» »
	De Dakar……	26 »	29 »	34 »	37 30	34 »	30 »	» »	» »	» »
En Juillet, Août et Septembre…….	De Saint-Louis.	22 30	26 »	33 30	36 »	37 »	36 »	32 30	27 30	15 »
	De Dakar……	26 »	29 30	35 »	37 30	37 »	36 »	32 30	27 30	15 »
En Octobre, Novembre et Décembre..	De Saint-Louis.	22 30	26 »	32 30	33 30	33 30	30 »	» »	» »	» »
	De Dakar……	26 »	29 30	34 »	35 »	33 30	30 »	» »	» »	» »

9

En janvier, février et mars, on aura d'abord des vents de N.N.O. à N.N.E., jusqu'au méridien de 22° ou 23°O.; puis, ils domineront du N.N.E. jusqu'à 27"30'O.; au-delà de cette longitude, ils auront une tendance à adonner à l'E.N.E. Après avoir suivi à peu près nos points de croisement, et après avoir dépassé 25°N., on commencera à trouver des vents variables soufflant presque aussi souvent de la partie de l'O. que de la partie opposée. On fera alors bonne route vers le N., sans faire plus d'E. que ne l'indiquent nos points de croisement. Après avoir coupé 35°N. par 22°O., on se dirigera vers l'E., en se maintenant entre 35"30' et 36°N., jusqu'au détroit de Gibraltar (voir la fin du § 64, page 106).

A la même époque, un navire à voiles dont la route ne sera pas bien conduite, ou *qui n'aura pas une bonne marche au plus près*, pourra se voir souventé jusqu'à passer dans l'O. des Açores. Dans ce cas, il faudra couper 35°N. dans l'O. de 33°O.; et 40°N. dans l'O. de 32°O., afin d'éviter les calmes les plus persistants de ces parages voisins des Açores. On continuera ensuite vers l'E., en se maintenant au N. de 40°N., tant qu'on n'aura point dépassé, dans l'E., le méridien de 22°O. Après avoir coupé 40°N. par 22° ou 21°O., on gouvernera sur le détroit.

Ces dernières observations pourraient s'appliquer aux *petits navires à vapeur*, mauvais voiliers, et dont la force de machine est faible. Les petits avisos conserveront du charbon pour les calmes des Açores, et renouvelleront, au besoin, leur combustible à Fayal ou à Punta-Delgada.

Un bon *navire mixte*, bien voilé et marchant convenablement à la vapeur, trouvera avantage à allumer les feux, lorsqu'il sera parvenu, *à la voile,* au parallèle de 30°N. coupé par 27° ou 28°O. De là, il fera route pour Madère, s'il veut y relâcher, en s'aidant des voiles quand le vent sera favorable; et il éteindra les feux, dans tous les cas, dès qu'il sera au Nord de 35°N., coupé par 27° ou 28°O. Il fera alors route à l'E., à la voile, par 35°30' ou 36°N., pour aller chercher le détroit.

En avril, mai et juin, la traversée est plus difficile que pendant la saison précédente, parce que les alizés remontent plus au N. Les vents commenceront à adonner, quand on aura dépassé 30°N., et l'on en profitera pour suivre autant que possible nos points de croisement. On pourra s'attendre à 15 p. 0/0 environ de chances de calmes, entre le parallèle de 30°N. et les Açores, et depuis 32°O. jusqu'à 27°O.

Un *navire mixte*, à moins de dépenser beaucoup de charbon , ne pourra pas abréger très-sensiblement cette traversée.

Les *mauvais voiliers* et les *petits avisos à vapeur* de flottille seront généralement souventés. Les premiers passeront dans l'O. et dans le N. des Açores, comme il a été dit dans la saison précédente. Quant aux petits vapeurs, ils iront renouveler leur combustible à Fayal ou à Punta-Delgada. La route sera continuée ensuite sans grandes difficultés.

En juillet, août et septembre, on est obligé de remonter beaucoup au N. pour sortir des alizés. Les *voiliers* passeront dans l'O. des Açores, comme le tableau des points de croisement l'indique ; ils couperont 39°N. par 32°30'O. ; puis ils gouverneront avec des vents généralement favorables, de manière à atteindre 40°N. dans les environs de 27°30'O. Ils feront ensuite bonne route vers l'Est, couperont 39°15'N. par 22°O.; 37°30' par 15°O.; et de là, ils se dirigeront sur le détroit.

Un bon navire mixte, sans dépenser beaucoup de charbon, abrégera cette traversée, en serrant le vent le plus possible. On pourra ainsi avoir l'espoir de couper 30°N. par 30°O.; 35°N., par 30°30'O. tout au plus ; puis, en s'aidant au besoin de la machine, on trouvera les vents favorables par 35°30' ou 36°N., et 27° ou 26°O. De là, il sera facile de gagner le détroit.

Un petit aviso à vapeur de flottille tâchera de suivre la route que nous indiquons pour les navires à voiles. Il dérivera davantage ; mais lorsqu'il aura dépassé 35°N., il trouvera des vents généralement favorables, qui lui permettront d'aller renouveler son charbon aux Açores. De là, il atteindra le détroit sans difficulté.

En octobre, novembre et décembre, les alizés remontent moins loin dans le N., ce qui est favorable. Mais les navires à voiles pourront être contrariés par les calmes, particulièrement entre les parallèles de 25° et de 35°Nord.

Avec un voilier, on aura, croyons-nous , avantage à se conformer à la route indiquée dans le tableau des croisements. Cette route pourra généralement être suivie sans chicaner le vent, et même en portant les bonnettes de hune. Après avoir coupé 25°N., soit par 32°30'O., soit par 34°O., (selon le point d'où l'on sera parti), les vents seront plus favorables , et permettront de faire de la route au N., jusque par 35°N. Au-delà de ce parallèle, on commencera à mettre beaucoup d'E. dans la route, de manière à atteindre 36°N. par 30°O.; et l'on ira ensuite au détroit avec les vents généralement favorables.

Un bon navire mixte prenant le plus près tribord amures, soutenu par sa machine, pourra, en partant du Sénégal, arriver à couper 20°N. par 22°30′O.; 25°N. par 27°30′O.; 30°N. par la même longitude ; et 35°N. par 26°O. environ. De ce point, il se dirigera facilement à l'E. avec des vents généralement favorables, en se maintenant entre les parallèles de 36° et 36°30′Nord.

§ 73. — Retour du Sénégal à la Manche (au Havre, à Cherbourg), ainsi qu'à Nantes et à Bordeaux.

Cette traversée ne présentera pas de grandes difficultés. Il conviendra, en partant du Sénégal, de prendre le plus près *bon plein* tribord amures, avec les vents de la partie du N. et du N.E., jusqu'à ce qu'on ait fait assez de N. pour trouver les vents variables. Avec ces vents, on gouvernera vers le N.; et l'on ne mettra de l'E. dans la route que graduellement, et seulement quand on se sera suffisamment élevé dans le Nord. On passera toujours dans l'O. des Açores.

Nous allons donner ci-après, pour chaque trimestre, le tableau des points de croisement que les *navires à voiles*, *destinés à la Manche*, auront avantage à suivre, autant que les circonstances le permettront. Nous leur recommanderons surtout, à partir du moment où ils dépasseront les parallèles de 30° et 35°N., de ne point mettre plus d'E. dans leur route que nous ne l'indiquons, à moins d'y être forcés par un coup de vent accidentel.

Les voiliers destinés à Nantes et à Bordeaux suivront les points de croisement indiqués dans le même tableau ci-après, jusque par 40°N. Au-delà de ce parallèle, ils arrondiront leur route, en se dirigeant vers l'E., pour atteindre la latitude du point d'attérage : sur Belle-île ou sur Cordouan.

A la suite du tableau, nous ajouterons quelques conseils sur les modifications que l'on pourrait apporter à cette route, pour chaque saison, si l'on était à bord d'un navire à vapeur. Enfin, on se reportera aux détails donnés au paragraphe précédent, pour le commencement de la traversée (page 130); et l'on trouvera, dans la dernière partie du § 63, page 96, des instructions pour donner dans la Manche et pour se rendre au Havre et à Cherbourg.

TABLEAU DES CROISEMENTS DU SÉNÉGAL A LA MANCHE.

SAISONS.	POINTS de DÉPART.	LONGITUDES SUIVANT LESQUELLES IL CONVIENT DE COUPER LES PARALLÈLES DE									
		17°30' N.	20°N.	25°N.	30°N.	35°N.	40°N.	45°N.	47°30' N.	49°N.	49°20' N.
		Long.O.	Long.O.	Long.O.	Long.O.	Long.O.	Long.O.	Long.O.	Long.O.	Long.O.	Long.O.
En Janvier Février et Mars.......	De St-Louis.	22°30'	27° »	31° »	33° »	34° »	33° »	27°30'	22°30'	14° »	11° »
	De Dakar...	26 »	29 »	33 30	34 »	34 »	31 »	27 30	22 30	14 »	11 »
En Avril, Mai et Juin............	De St-Louis.	22 30	27 »	32 30	36 »	36 »	35 30	27 30	22 30	14 »	11 »
	De Dakar...	26 »	29 »	34 30	37 »	37 »	35 30	27 30	22 30	14 »	11 »
En Juillet, Août et Septembre.....	De St-Louis.	22 30	26 »	33 30	36 »	37 30	36 30	31 »	22 30	14 »	11 »
	De Dakar...	26 »	29 30	35 »	37 30	37 30	36 30	31 »	22 30	14 »	11 »
En Octobre, Novembre et Décembre.	De St-Louis.	22 30	26 »	32 30	33 30	33 30	30 30	22 30	17 30	14 »	11 »
	De Dakar...	26 »	29 30	34 »	35 »	33 30	30 30	22 30	17 30	14 »	11 »

En janvier, février et mars, un *bon navire mixte,* bien voilé, pourra atteindre, à la voile, 30°N. par 27° ou 28°O. A ce moment, il trouvera avantage à allumer les feux , si cela est nécessaire, pour couper 35°N. par 27°O.; de ce point, il ira à la voile couper 40°N. par 23°O.; 45°N. par 17°O.; et 49°20′N. par 11°Ouest.

A la même époque, un *petit navire mixte*, faible à la vapeur et mé-- diocre à la voile, suivra à peu près les croisements donnés dans le tableau ci-dessus, et relâchera généralement aux Açores. Après avoir renouvelé son combustible à Fayal , ou à Punta-Delgada, il fera route assez facilement pour couper 43°N. par 23°O. environ ; 45°N. par 21°O.; 47°30′N. par 18°O.; et 49°20′N. par 11°Ouest.

En avril, mai et juin, un *navire mixte*, en prenant les amures à tribord et en se soutenant au vent s'il le faut avec la machine, coupera 30°N. entre 30° et 32°O. tout au plus; 35°N. par 33°O.; 40°N. également par 33°O.; 45°N. par 27°30′O.; et de là, continuera comme l'indique le tableau.

Un *petit vapeur* de flotille, après avoir atteint, avec les amures à tribord, 35°N. entre 36° et 37°O., se dirigera sur les Açores et renouvellera son charbon à Fayal ou à Punta-Delgada.

En juillet, août et septembre, un *bon navire mixte* aura avantage à serrer le vent le plus possible dans les alizés, et il pourra généralement couper 30°N. par 30°O. environ; et 35°N. par 30°30′O. Il doublera ainsi les Açores dans l'E., en s'aidant, au besoin, de la machine, et coupera 40°N. par 25°30′O. Au-delà de ce croisement, les vents seront favorables et permettront de couper 45°N. par 18°30′O.; 47°30′ par 15°O.; et 49°20′N. par 11°Ouest.

Un petit aviso à vapeur de flotille pourra sortir des alizés par 30°N. environ coupé entre 35° et 37°O. De là, il fera route au N. jusque par 35° ou 36°N., et gouvernera ensuite avec des vents favorables pour relâcher, soit à Fayal, soit à Punta-Delgada. En partant des Açores, la route sera facile.

En octobre, novembre et decembre, les voiliers auront, plus qu'à toute autre époque, avantage à porter bon plein dans les alizés, sans chercher à raccourcir la route dont nous indiquons les points de croisement. Ce que l'on perdra en augmentation de chemin parcouru, nous pensons qu'on le gagnera en vitesse.

Cette route des voiliers sera également bonne pour les *petits avisos à vapeur* mal voilés, qui pourront, en la suivant. relâcher aux Açores, pour y renouveler leur charbon.

Un navire mixte, ayant une bonne marche à la voile, pourra, moyennant une faible dépense de charbon, faire une belle traversée, en coupant 20°N. par 22°30′O.; 25° et 30°N par 27°30′O.; puis, en se servant de la machine au besoin, il coupera 35°N. par 26°O. A partir de ce moment, les vents seront favorables et permettront aisément de couper 40°N. par 23°O.; 45°N. par 18°O.; 49°N. par 13°O. et 49°20′N. par 11°Ouest.

§ 74. — Retour de la Gambie, de la Cazamance, du Rio-Nunez, du Rio-Pongo, de Sierra-Leone et de Sherboro au détroit de Gibraltar.

Pendant la plus grande partie de l'année, *d'octobre en juin*, cette route consiste à prendre, en partant de la côte d'Afrique, la bordée tribord amures, qui fait passer dans le S. et dans l'O. des îles du cap Vert. On la prolonge, sans serrer le vent, comme en partant du Sénégal, jusqu'à ce qu'on trouve les vents variables qui permettent de faire d'abord du N., puis de l'E., en passant dans le S. des Açores et en se dirigeant vers le détroit. Mais, *de juin en octobre*, la mousson de S.O. qui règne sur la côte d'Afrique permet de remonter tout d'abord vers le N., avec d'autant plus de facilité que le courant portant au S., le long de la côte d'Afrique, se trouve généralement annulé à cette époque, et que le mouvement des eaux se porte même parfois vers le N. On passe dans l'E. des îles du cap Vert, puis on prend la grande bordée tribord amures, doublant dans le N. cet archipel, puis passant dans l'O. et dans le N. des Açores.

Nous donnons ci-après, pour chaque trimestre, le tableau des croisements que les voiliers auront avantage à suivre, autant que les circonstances le permettront. A la suite de ce tableau, nous examinerons en détail la traversée correspondant à chaque saison Enfin, on trouvera, dans la dernière partie du § 64, page 106, des instructions pour l'attérage du détroit et pour l'entrée dans la Méditerranée.

TABLEAU DES CROISEMENTS DE LA ROUTE DE RETOUR AU DÉTROIT DE GIBRALTAR,

En partant de la Gambie, de la Cazamance, du Rio-Nunez, du Rio-Pongo, de Sierra-Leone et de Sherboro.

SAISONS.	POINTS DE DÉPART.	LONGITUDES SUIVANT LESQUELLES IL CONVIENT DE COUPER LES PARALLÈLES DE											
		10°N.	12°30' N.	13°30' N.	15°N.	20°N.	25°N.	30°N.	35°N.	36°N.	39°N.	40°N.	37°30' N.
		Long.O.	Long.O.	Long.O.	Long.O.	Long.O.	Long.O.	Long.O.	Long.O.	Long.O.	Long.O.	Long.O.	Long.O.
En Janvier, Février et Mars.	De la Gambie et de la Cazamance.	»° »'	»° »'	25° »'	29° 30'	34° 30'	36° »'	31° »'	22° »'	»° »'	»° »'	»° »'	»° »'
	Du Rio-Nunez et du Rio-Pongo..	» »	27 »	29 »	31 30	35 30	36 30	33 »	25 »	» »	» »	» »	» »
	De Sierra-Leone et de Sherboro .	25 »	29 »	30 »	32 »	35 30	36 30	33 »	25 »	» »	» »	» »	» »
Du 1er Avril à la Mi-Juin.	De la Gambie et de la Cazamance.	» »	» »	25 »	30 »	35 »	38 30	38 »	33 30	31 »	» »	» »	» »
	Du Rio-Nunez et du Rio-Pongo..	» »	27 30	28 30	31 »	35 30	38 30	38 »	33 30	31 »	» »	» »	» »
	De Sierra-Leone et de Sherboro..	22 30	30 »	31 30	33 30	37 30	40 »	39 »	33 30	31 »	» »	» »	» »
De la Mi-Juin à la fin de Septembre.	De la Gambie et de la Cazamance.	» »	» »	» »	21 »	29 30	35 »	37 30	37 »	36 »	32 30	27 30	15 »
	Du Rio-Nunez et du Rio-Pongo..	» »	20 »	20 30	21 30	29 30	35 »	37 30	37 »	36 »	32 30	27 30	15 »
	De Sierra-Leone et de Sherboro..	19 30	20 »	20 »	21 »	29 30	35 »	37 30	37 »	36 »	32 30	27 30	15 »
En Octobre, Novembre et Décembre.	De la Gambie et de la Cazamance.	» »	» »	25 »	29 30	34 30	37 30	37 30	33 30	30 »	» »	» »	» »
	Du Rio-Nunez et du Rio-Pongo..	» »	24 »	26 »	30 »	34 30	37 30	37 30	33 30	30 »	» »	» »	» »
	De Sierra-Leone et de Sherboro..	19 »	25 »	26 30	30 »	34 30	37 30	37 30	33 30	30 »	» »	» »	» »

En janvier, février et mars, les navires partant des différents points compris *entre la Gambie et les îles de Los* prendront, dès le début, la bordée tribord amures, pour suivre les croisements que nous indiquons. Les vents seront d'abord de N.E. à N.O., avec quelques chances de calmes jusqu'au méridien de 22°O.; puis les vents varieront du N.N.E. à l'E.N.E. Entre 20° et 25°N., l'on aura du N.E. variable au S.E., et quelquefois même au S.O. Au-delà de 25°N., l'on aura des vents variables, qui permettront presque toujours de suivre facilement la route donnée. Toutefois, en cas de vent debout, nous recommanderons de ne pas manquer de prendre la bordée du N., afin de se tenir plutôt dans le N. que dans le S. de la route. On se dirigera vers le détroit, en courant entre 35° et 36°Nord.

A la même époque, les navires partant de Sierra-Leone, de Sherboro, etc., devront malheureusement s'attendre à des chances fréquentes de calmes, tant qu'ils n'auront point dépassé le parallèle de 10°N., et surtout tant qu'ils n'auront point doublé le méridien de 22°O. Les brises domineront d'abord du N.O., variables du N.E. au S.O., jusque par 17°O.; puis elles domineront du N.E. variables au N.O. jusqu'à 22°O. On aura ensuite des vents dominants du N.E., qui varieront d'abord à l'E.N.E. et à l'E. jusqu'à 15°N.; et qui hâleront l'E. et le S.E., de 15° à 25°N. Au-delà de 25°N., nous ferons la même observation que pour les navires partis de la Gambie ou de la Cazamance, etc.

En avril, mai et au commencement de juin, les navires partant des différents points compris *entre la Gambie et les îles de Los* prendront, dès le début, la bordée tribord amures, pour suivre les croisements que nous indiquons. Les vents seront d'abord de N.O. et d'O.N.O., variables au N.E., avec quelques chances de calmes, jusqu'au méridien de 22°O. De 22°O. à 27°O., le vent sera dominant de N.N.E. variable quelquefois à l'E.N.E. Au-delà de 27°O. et jusqu'au parallèle de 25°N., on suivra aisément notre route, avec des vents dominants de N.E., qui adonneront généralement à l'E. et à l'E.S.E. Au-delà de 25°N., les vents sont variables et soufflent surtout du N.E., du S.E. et du S.O., entremêlés de quelques calmes jusqu'à 30°N. Les vents dominent ensuite du S.E. au S.O., jusque sur le parallèle de 36°N. En gouvernant vers l'E., dans les environs de ce parallèle, on a encore des vents dominants de S.E. à S.O. jusqu'à 25°O. Entre ce méridien et le détroit, les vents soufflent surtout du N.E. au N.O. et à l'Ouest.

A la même époque, les navires partant de Sierra-Leone, de Sherboro, etc., seront exposés à des calmes assez fréquents tant qu'ils n'auront point dépassé le parallèle de 11°N. Ils devront également s'attendre à 4ʰ *de pluie* environ par 24ʰ, tant qu'ils seront dans le S. du parallèle de 9°N. Au début de la traversée et jusqu'au méridien de 17°30′O., les vents domineront du S.S.O., variables à l'O.S.O. et à l'O.N.O. Au-delà de 17°30′O. et jusqu'au méridien de 22°30′O. coupé à peu près par 10°N., les vents domineront encore du S.S.O.; mais ils varieront au S.E., au N.E. et au N.O. Au-delà du parallèle de 10°N., les vents souffleront de la partie du N.E., et ils adonneront généralement ensuite de plus en plus à l'E. et à l'E.S.E., jusqu'à 25°N. Quant à la fin de la traversée, nous ferons la même observation que pour les navires partis de la Gambie ou de la Cazamance, etc.

Du milieu de juin à la fin de septembre, les navires partant des différents points compris *entre la Gambie et les îles de Los* pourront s'attendre, au début de leur traversée, à des vents de N.O. variant à l'O.S.O. et au S.O., avec peu ou point de calmes, jusque vers le parallèle de 15°N. coupé par 21°O. environ.

Tant que l'on sera dans le Sud de 10°N., on sera exposé à 7 heures *de pluie* par 24 heures ; et de 10° à 12°N., on en aura encore, à peu près, 4 heures par 24ʰ. Après avoir doublé 15°N., en passant dans l'E. des îles du cap Vert, on aura des vents dominants de la partie du N.E., qui adonneront généralement ensuite de plus en plus à l'E. et à l'E.S.E., jusque vers 25° ou 30°N. On aura ensuite des vents variables, qui deviendront de plus en plus favorables, à mesure que l'on s'élèvera vers le N., en suivant les points de croisement indiqués.

A la même époque, les navires partant de Sierra-Leone, de Sherboro, etc., auront d'abord des vents dominants de S.O., variables au S.E. et à l'E., avec peu ou point de chances de calmes, jusqu'au parallèle de 10°N., que l'on coupera entre 19°30′ et 20°O. Pendant cette première partie de la traversée, on aura, en moyenne, 7ʰ de pluie par 24ʰ; puis, on en aura environ 4ʰ par 24, de 10°N. à 12°N. La route à faire au N. de 10°N., sera, autant que possible, le N. du monde, avec des vents de N.O., variables à l'O.S.O. et au S.O., sans chances de calmes jusqu'à 15°N. Au-delà de 15°N. coupé dans l'E. des îles du cap Vert, la route et les chances de vents sont les mêmes que celles que nous venons d'indiquer pour les navires partis de la Gambie ou de la Cazamance, etc.

En octobre, novembre et décembre, les navires partant des différents
points compris *entre la Gambie et les îles de Los,* mettront, dès le début,
les amures à tribord, pour suivre les croisements que nous indiquons.
Les vents domineront d'abord du N.N.E., variables à l'E.N.E., avec
quelques calmes, jusqu'au méridien de 22°O.

Ensuite, on aura des vents dominants de N.N.E. à E.N E., qui varieront au S.E. et au S.O., avec quelques calmes, jusqu'à 27°O.
Au-delà de ce méridien, on aura surtout des vents de N.E., qui adonneront généralement de plus en plus à l'E. et à l'E.S.E., à mesure que
l'on se rapprochera de 25°N. Au-delà de ce parallèle que l'on coupera
par 37°30'O., les vents seront très-favorables du N.E. au S.E. et au
S.O. Il conviendra de suivre nos points de croisement, et l'on ne cherchera point à couper 35°N. à l'E. de 33°30'O L'on atteindra 36°N. par
30° ou 31°O ; et, dès ce moment, l'on fera route vers l'Est avec des
vents dominants de la partie du S. ou de celle de l'O., et en tous cas
favorables. Il sera bon de se tenir plutôt au N. qu'au S. du parallèle
de 36°N., tant que l'on n'aura pas atteint le méridien de 15°O. Au-delà,
on gouvernera sans peine sur le détroit.

*A la même époque, les navires partant de Sierra-Leone et de Sherboro,
etc.,* auront d'abord des brises variables du N.O. au N.E., au S.E.
et au S.O., avec *beaucoup* de chances de calmes, tant qu'ils seront dans
le S. du parallèle de 10°N. Ils tâcheront de couper ce parallèle le plus
tôt possible, et, généralement, par 19°O. environ. Ensuite, les vents
domineront de la partie du N.E., mieux établis, halant quelquefois le
S.E. et le S.O., et permettant ordinairement d'atteindre 27°O. par
13°30'N. environ. Au-delà de 27°O., la route et les chances de vent
sont les mêmes que celles que nous venons d'indiquer pour les navires
partis de la Gambie ou de la Cazamance, etc.

§ 75. — Retour de la Gambie, de la Cazamance, du Rio-Nunez, du Rio-Pongo, de Sierra-Leone & de Sherboro, à la Manche, à Nantes & à Bordeaux.

Pendant la plus grande partie de l'année, *d'octobre en juin,* cette
route consiste à prendre, en partant de la côte d'Afrique, la bordée
tribord amures, qui fait passer dans le S. et dans l'O. des îles du cap
Vert. On la prolonge, sans serrer le vent, comme en partant du

Sénégal, jusqu'à ce qu'on trouve les vents variables, qui permettent de faire d'abord du N., puis de l'E. Il importera surtout de ne mettre de l'E. dans la route que graduellement, et seulement quand on se sera suffisamment élevé dans le N. On passera toujours dans l'O. des Açores.

Mais, *de juin en octobre*, la mousson du S.O. qui règne sur la côte d'Afrique permet tout d'abord de remonter vers le N., avec d'autant plus de facilité, que le courant portant au S., le long de la côte d'Afrique, se trouve généralement annulé à cette époque, et que le mouvement des eaux se porte même parfois vers le N. On passe dans l'E. des îles du cap Vert ; puis l'on prend la grande bordée tribord amures, doublant dans le N. cet archipel, puis passant dans l'O. et dans le N. des Açores.

Nous allons donner ci-après, pour chaque trimestre, le tableau des croisements que les *voiliers destinés à la Manche* auront avantage à suivre, autant que les circonstances le permettront. Nous leur recommanderons surtout, à partir du moment où ils dépasseront les parallèles de 30° et de 35°N., de ne point mettre plus d'E. dans leur route que nous ne l'indiquons, à moins d'y être forcés par un coup de vent. En cas de vent debout, ils prendront de préférence la bordée tribord amures, afin de se tenir plutôt dans le N. que dans le S. de notre route.

Les voiliers destinés à Nantes et à Bordeaux suivront aussi les croisements indiqués dans le même tableau ci-après, jusque par 40°N. Audelà de ce parallèle, ils arrondiront leur route, en se dirigeant vers l'E., pour atteindre la latitude du point d'attérage : sur Belle-Ile ou sur Cordouan.

En se reportant au paragraphe précédent, on trouvera des indications sur le commencement de la traversée, dans chaque saison. Audelà de 30° et de 35°N., la route sera facile. Enfin, l'on trouvera, dans la dernière partie du § 63, page 96, des instructions pour donner dans la Manche et pour se rendre au Hâvre et à Cherbourg.

TABLEAU DES CROISEMENTS DE LA ROUTE DE RETOUR A LA MANCHE,

En partant de la Gambie, de la Cazamance, du Rio-Nunez, du Rio-Pongo, de Sierra-Leone et de Sherboro.

SAISONS	POINTS DE DÉPART.	LONGITUDES SUIVANT LESQUELLES IL CONVIENT DE COUPER LES PARALLÈLES DE												
		10°N.	12°30' N.	13°30' N.	15°N.	20°N.	25°N.	30°N.	35°N.	40°N.	45°N.	47°30' N.	49°N.	49°20' N.
		Long.O.	Long.O.	Long.O.	Long.O.	Long.O.	Long.O.	Long.O.	Long.O.	Long.O.	Long.O.	Long.O.	Long.O.	Long.O.
En Janvier, Février et Mars.	De la Gambie et de la Cazamance	»° »'	»° »'	25° »'	29° 30'	34° 30'	36° »'	36° »'	35° 30'	33° »'	27° 30'	22° 30'	14° »'	11° »'
	Du Rio-Nunez et du Rio-Pongo	» »	27 »	29 »	31 30	35 30	36 30	36 »	35 30	33 »	27 30	22 30	14 »	11 »
	De Sierra-Leone et de Sherboro	25 »	29 »	30 »	32 »	35 30	36 30	36 »	35 30	33 »	27 30	22 30	14 »	11 »
En Avril, Mai et Juin.	De la Gambie et de la Cazamance	» »	» »	25 »	30 »	35 »	38 30	38 »	37 30	36 »	27 30	22 30	14 »	11 »
	Du Rio-Nunez et du Rio-Pongo	» »	27 30	28 30	31 »	35 30	38 30	38 »	37 30	36 »	27 30	22 30	14 »	11 »
	De Sierra-Leone et de Sherboro	22 30	30 »	31 30	33 30	37 30	40 30	40 »	38 »	36 »	27 30	22 30	14 »	11 »
En Juillet, Août et Septemb.	De la Gambie et de la Cazamance	» »	» »	» »	21 »	29 30	35 »	37 30	37 30	36 30	31 »	22 30	14 »	11 »
	Du Rio-Nunez et du Rio-Pongo	» »	20 »	20 30	21 30	29 30	35 »	37 30	37 30	36 30	31 »	22 30	14 »	11 »
	De Sierra-Leone et de Sherboro	19 30	20 »	20 »	21 »	29 30	35 »	37 30	37 30	36 30	31 »	22 30	14 »	11 »
En Octobre, Novemb. et Décemb.	De la Gambie et de la Cazamance	» »	» »	25 »	29 30	34 30	37 30	37 30	36 »	32 30	26 »	20 »	14 »	11 »
	Du Rio-Nunez et du Rio-Pongo	» »	24 »	26 »	30 »	34 30	37 30	37 30	36 »	32 30	26 »	20 »	14 »	11 »
	De Sierra-Leone et de Sherboro	19 »	25 »	26 30	30 »	34 30	37 30	37 30	36 »	32 30	26 »	20 »	14 »	11 »

§ 76. — Retour de Grand-Bassam, d'Assinie, d'El-Mina, de Petit-Popo, de Whydah, de Lagos, de Bonny, des Calebar, de Fernando-Po, de l'Ile-du-Prince, du Gabon etc, au détroit de Gibraltar.

En règle générale, et quel que soit le point du golfe de Guinée que l'on quitte, il convient de prendre les amures qui font faire le plus de S., avec les vents ordinaires du S.E. au S.O. Le but principal que l'on doit avoir en vue est de sortir, au plus vite, du courant de Guinée qui drosserait le navire dans l'Est ; et de se placer dans le S. du parallèle de 2°N., afin de pouvoir profiter du courant équatorial qui portera vers l'Ouest.

Les navires partant de la rivière de Calebar pourront essayer de passer dans le N. de Fernando-Po. Mais, si le vent ne le permet pas, ils passeront dans l'E. de cette ile, entre elle et la côte, où ils trouveront probablement le courant portant vers le S., qui semble venir de la rivière del Rey.

Après quoi, ils gouverneront de manière à tâcher de doubler, dans l'E., l'Ile-du-Prince. S'ils sont trop contrariés pour en passer dans l'E., ils la doubleront par le N.; alors, en partant de l'Ile-du-Prince, ils feront route, selon la saison, pour atteindre au plus tôt le parallèle sur lequel ils devront gouverner vers l'Ouest. (1)

Les navires partant de San-Thomé et du Gabon, et souvent même ceux qui partiront de l'Ile-du-Prince, pourront, *de juin en octobre,* prendre, dès le début, la bordée bâbord amures, qu'ils prolongeront en faisant route vers l'O., *au N. de l'équateur.* Ils n'auront donc pas besoin, à cette époque, de courir un ou deux bords, comme on est presque toujours obligé de le faire, pendant le restant de l'année, pour aller se placer sur l'équateur ou sur un parallèle de latitude Sud.

En donnant plus loin le tableau des croisements de la route à suivre, nous indiquons les parallèles de latitude sur lesquels il conviendra de se maintenir, dans chaque saison, pour gouverner vers l'O. On remontera

______

(1) Quand on est dans le Sud de l'Ile-du-Prince, et si la bordée ne vaut pas au moins l'O.N.O., bâbord amures, il faudra virer de bord, pour chercher à atteindre la Ligne et à se mettre en dehors du courant qui porte au N.E. dans ces parages, se dirigeant vers les golfes de Benin et de Biafra (Instructions *de J. Finlaison*).

plus ou moins tôt dans le N., suivantl'époque de l'année. *Du commencement d'octobre jusqu'en juin*, la route passera dans l'O. des îles du cap Vert, et dans le S. des Açores ; mais, *de juin en octobre*, elle passera dans l'E. des îles du cap Vert ; puis dans l'O. et dans le N. des Açores.

A la suite du tableau des croisements, nous donnerons des indications détaillées sur la route que nous conseillons pour chaque saison. Enfin, on trouvera, dans la dernière partie du § 64, page 106, des instructions pour l'attérage du détroit de Gibraltar et pour l'entrée dans la Méditerranée.

TABLEAU DES CROISEMENTS DE LA ROUTE DE RETOUR AU DÉTROIT DE GIBRALTAR,

En partant de Grand-Bassam, d'Assinie. d'El-Mina, de Petit-Popo, de Whydah, de Lagos, de Bonny, des Calebar, de Fernando-Po, de l'Ile-du-Prince, du Gabon, etc.

SAISONS.	PARALLÈLES entre lesquels on gouvernera vers l'Ouest.	LONGITUDES SUIVANT LESQUELLES IL CONVIENT DE COUPER LES PARALLÈLES DE										
		ÉQUATEUR	10°N.	15°N.	20°N.	25°N.	30°N.	35°N.	36°N.	39°N.	40°N.	37°30' N.
		Long.O.	Long.O.	Long O.	Long.O.	Long.O.	Long.O.	Long.O	Long.O.	Long.O.	Long.O	Long.O.
En Janvier, Février et Mars.	Entre 1°S. et 1°30'S.	23° 30'	27° 30'	32° »'	35° 30'	36° 30'	33° »'	25° »'	»° »'	»° »'	»° »'	»° »'
Du 1er Avril à la Mi-Juin.	Entre 0° et 0°30'S.	12 30	22 »	33 30	37 30	40 »	39 »	33 30	31 »	» »	» »	» »
De la Mi-Juin à la fin de Septembre.	Entre 2°N. et 0°30'N.	» »	19 »	21 30	29 30	35 »	37 30	37 »	36 »	32 30	27 30	15 »
En Octobre, Novemb. et Décembre.	Entre 0°30'S. et 1°30'S.	25 »	29 30	31 »	35 »	39 30	40 30	34 »	31 »	» »	» »	» »

En janvier, février et mars, on fera route à l'O., par 1°30'S., avec des vents de S.S.E. à S.S.O., sans calmes, jusqu'au méridien de 12°O. Au-delà de ce méridien, et en restant toujours par 1°30'S., on aura des vents de S.E. On ne viendra point dans le N. du parallèle de 1°S. avant d'avoir atteint 23°O.; et l'on coupera l'équateur par 23°30'O., ou un peu plus à l'O. Il conviendra, dès ce moment, de faire, autant que possible, le N. du monde, de manière à sortir au plus vite de la zone commençant à l'équateur et se terminant au parallèle de 5°N. Dans cette zone, on aura : 21 p. 0/0 de chances de calmes ; 4 heures de pluie par 24 h., entre 1°N. et 4°N.; et des brises variables, dominant surtout du S.E. et du N.E. Un navire mixte aura naturellement tout avantage à traverser cette région à la vapeur. Quoi qu'il en soit, quand on sera arrivé dans les environs de 5°N. coupé à peu près par 23°30'O., on trouvera généralement les alizés de N.E., qui varieront à l'E., jusque vers 15°N. Entre 15° et 25°N., les vents seront dominants de N.E., variables au N.N.E., à l'E. et au S.E. Au-delà de 25°N., l'on aura des vents variables, qui permettront presque toujours de suivre facilement la route donnée. Toutefois, en cas de vent debout, nous recommanderons de prendre, de préférence, la bordée du N., afin de se tenir plutôt dans le N. que dans le S. de la route. On se dirigera vers le détroit, en se tenant entre 35° et 36°Nord.

En avril, mai, et au commencement de juin, on fera route vers l'O., avec des vents de S.E. à S.O., un peu au S. de l'équateur ; et l'on commencera à mettre un peu de N. dans la route quand on aura atteint 12°O. On coupera la Ligne par 12°30'O.; et l'on gouvernera, avec des vents favorables et 8 p. 0/0 de chances de calmes, de manière à aller couper 5°N. par 17°30'O. De là, avec des brises également favorables mais avec 18 p. 0/0 de chances de calmes, on ira couper 10°N. par 22°O. Entre l'Équateur et 9°N., on aura beaucoup de pluies; et surtout entre 2°N. et 6°N., où elles tomberont à raison de 7 heures par 24 heures. A partir du parallèle de 10°N., on entrera dans les alizés de N.E., qu'on trouvera généralement très-pointus par rapport à la route; mais ils adonneront de plus en plus à l'E. et à l'E.S.E., à mesure qu'on s'approchera de 25°N. Au-delà de 25°N. les vents seront variables, et souffleront principalement du N.E., du S.E. et du S.O. entre-mêlés de quelques calmes jusqu'à 30°N. Les vents domineront ensuite du S.E. au S.O. jusque sur le parallèle de 36°N.

En gouvernant vers l'E., dans les environs de ce parallèle, on aura encore des vents dominants de S.E. à S.O. jusqu'au méridien de 25°O. Entre ce méridien et le détroit, les vents souffleront surtout du N.E. au N.O. et à l'O.

Du milieu de juin au commencement d'octobre, on fera route à l'O., avec les vents de S.S.E. et de S.S.O., dans les environs de 1°N. et l'on ne commencera à mettre du N. dans la route que par 12 ou 11°O. En partant du point de croisement de 1°N. coupé par 12°O., on gouvernera directement et sans difficulté, avec des vents de S. bien établis et sans chances de calmes, de manière à couper 5°N par 17°30'O.; et 10°N. par 19°O. Au-delà de ce parallèle, on trouvera les vents variables du S.S.O. au N.O., avec lesquels on tâchera d'aller couper 15°N. par 21°30'O. Il faudra s'attendre à beaucoup de pluies, depuis 5°N. jusqu'à 12°N., et surtout entre 6°30'N. et 10°30'N., où elles tomberont généralement à raison de 7 heures par 24 heures. Si l'on ne suivait pas notre route entre 10° et 15°N., et si l'on se trouvait obligé de se reporter dans l'O. du méridien de 22°O., avant d'avoir dépassé le parallèle de 15°N., on devrait s'attendre à 11 p. 0/0 de chances de calmes. Au contraire, si l'on coupe, comme nous l'avons dit, 15°N. par 21°30'O., on peut s'attendre à rencontrer, dès ce moment, des vents de la partie du N.E. 1/4 N., coupés par quelques brises d'E., avec lesquels on commencera, dans de bonnes conditions, la bordée tribord amures. D'ailleurs, les alizés adonneront de plus en plus vers l'E.N.E., à mesure qu'on s'approchera de 30°N. Entre 30°N. et 39°N., les vents seront variables et domineront surtout du S.E. au S.O. Au-delà de 39°N. coupé par 32°30'O., on gouvernera, autant que possible, vers l'E. du monde, avec des vents variables. Quand on aura dépassé le méridien de 22°30'O., les vents seront dominants de N.E., de N. et de N.O., jusqu'au détroit : il sera donc bon de ne point se hâter de faire du S., et l'on pourra se maintenir un peu dans le N. du détroit, jusque par 12° ou 11°O.

En octobre, novembre et décembre, on fera route à l'O. du monde, dans les environs de 1°S. On trouvera des vents variables du Sud au S.S.O. et au S.O., jusqu'au méridien de 7°O.; puis des vents de S., entre 7° et 12°O.; et enfin l'alizé de S.E. au-delà de 12°O. On commencera à mettre un peu de N. dans la route, à partir de 22°O., de manière à aller couper l'équateur par 25°O. environ. Depuis la

Ligne jusqu'à 2°30′N., que l'on coupera entre 27° et 27°30′O., on aura
du S., du S.E., et 14 p. 0/0 de calmes. On continuera de faire route
autant que possible vers le N.N.O., jusqu'à ce qu'on trouve l'alizé de
N.E. En ayant soin de se tenir dans l'O. du méridien de 27°30′O., on
ne sera pas beaucoup contrarié : les vents seront d'abord de S.E., variables au S. et à l'E., avec 10 p. 0/0 de calmes, jusqu'à 5°N., qu'on
tâchera de couper par 29° ou 30°O. On fera route alors au N., avec des
vents d'E., variables du S., au S.E. et au N.E., interrompus par
17 p. 0/0 de calmes. On trouvera l'alizé de N.E. établi par 10°N. et
29°O. (en octobre); par 7°N. et 29°O. (en novembre); et par 5°N. et
29°O. (en décembre). Cet alizé, dit du N.E., soufflera, en réalité, de
l'E. 70 fois sur 100, jusqu'au parallèle de 15°N., que l'on pourra couper
par 31°O. Il faudra s'attendre à beaucoup de pluies, depuis 2°N. jusqu'à 10°N.; et surtout entre 4°30′N. et 8°30′N., où elles tomberont à
raison de 6 heures par 24ʰ. Entre 15°N. et 25°N., les vents varieront
du N.E. à l'E.S.E. Au-delà de 25°N. coupé par 39°30′O., les vents seront très-favorables du N.E. au S.E. et au S.O. On coupera 36°N. par
31°O.; et, dès ce moment, l'on fera route vers l'E., avec des vents dominants de la partie du S. ou de celle de l'O., et en tous cas favorables.
Il sera bon de se tenir plutôt au N. qu'au S. du parallèle de 36°N.,
tant que l'on n'aura pas atteint le méridien de 15°O. Au-delà de ce
méridien, on gouvernera sans peine sur le détroit.

**§ 77. — Retour de Grand-Bassam, d'Assinie, d'El-Mina, de Petit-Popo, de
Whydah, de Lagos, de Bonny, des Calebar, de Fernando-Po, de l'Ile-du-
Prince, du Gabon, etc., à la Manche (au Havre & à Cherbourg), ainsi
qu'à Nantes & à Bordeaux.**

Les instructions, pour le commencement de cette traversée, sont
absolument les mêmes que celles données au commencement du § 76,
page 142, pour les navires revenant dans la Méditerranée. Nous prions
le lecteur de s'y reporter.

En donnant plus loin le tableau des croisements de la route à suivre,
nous indiquons les parallèles de latitude, entre lesquels il conviendra
de se maintenir, dans chaque saison, au début de la traversée, pour
gouverner vers l'O. On remontera plus ou moins tôt dans le N., suivant l'époque de l'année. *Du commencement d'octobre jusque vers le*

milieu de juin, la route passera à grande distance dans l'O. des îles du cap Vert. *Du milieu de juin à la fin de septembre,* la route passera dans l'E. des îles du cap Vert. Enfin, *pendant toute l'année,* on doublera les Açores *par l'Ouest.*

A la suite du tableau des croisements, nous donnerons des indications détaillées sur la route que nous conseillons pour chaque saison. Enfin, on trouvera dans la dernière partie du § 63, page 96, des instructions pour entrer dans la *Manche* et pour se rendre au *Havre et à Cherbourg.*

Les voiliers destinés *à Nantes et à Bordeaux* suivront les points de croisement indiqués dans le même tableau ci-après, jusque par 40°N. Au-delà de ce parallèle, ils arrondiront leur route, en se dirigeant vers l'E., pour atteindre la latitude du point d'attérage : sur Belle-Ile ou sur Cordouan.

TABLEAU DES CROISEMENTS DE LA ROUTE DE RETOUR A LA MANCHE,

En partant de Grand-Bassam, d'Assinie, d'El-Mina, de Petit-Popo, de Whydah, de Lagos, de Bonny, des Calebar, de Fernando-Po, de l'Ile-du-Prince, du Gabon, etc.

SAISONS.	PARALLÈLES entre lesquels on gouvernera vers l'Ouest.	LONGITUDES SUIVANT LESQUELLES IL CONVIENT DE COUPER LES PARALLÈLES DE :											
		ÉQUATEUR	10°N.	15°N.	20°N.	25°N.	30°N.	35°N.	40°N.	45°N.	47°30' N.	49°N.	49°20' N.
		Long.O.	Long O.	Long.O.	Long.O.	Long.O.	Long.O.	Long.O.	Long.O.	Long O.	Long.O.	Long.O.	Long.O.
En Janvier, Février et Mars.	Entre 1° S. et 1°30'S.	23° 30'	27° 30'	32° »'	35°30'	36° 30'	36° »'	35° 30'	33° »'	27° 30'	22° 30'	14° »'	11° »'
Du 1er Avril à la Mi-Juin.	Entre 0° et 1° S.	25 30	33 »	40 »	47 »	48 30	48 30	43 30	37 »	27 30	22 30	14 »	11 »
De la Mi-Juin à la fin de Septembre.	Entre 2° N. et 0°30'N.	» »	19 »	21 30	29 30	35 »	37 30	37 30	36 30	31 »	22 30	14 »	11 »
En Octobre, Novemb. et Décembre.	Entre 0°30'S. et 1°30'S.	25 »	29 30	31 »	35 »	39 30	40 30	37 30	33 »	27 30	22 30	14 »	11 »

En janvier, février et mars, la route est sensiblement la même, jusqu'au parallèle de 25°N., que celle des navires revenant dans la Méditerranée. On se reportera donc à ce que nous avons dit au paragraphe précédent, page 145, pour cette route, dans cette saison. Au-delà de 25°N., on aura d'abord des vents variables jusqu'à 30°N.; puis, de 30" à 40°N., les vents seront dominants de la partie du S.E. au S.O.; ensuite, ils seront variables et dominants de la partie de l'O., jusqu'à la Manche. En cas de vent debout, quand on aura attteint ou dépassé 40°N., il sera bon de prendre la bordée du N., afin de se tenir plutôt dans le N. que dans le S. de la route. Au-delà de 45"N., les vents contraires seront très-rares.

En avril, mai et au commencement de juin, on fera d'abord route à l'O., par 0"30'S. ou 1"S., avec des vents qui souffleront du S.E. au S.O., jusqu'à 12"O. On aura ensuite des vents de S.E. Il conviendra de couper l'équateur par 25"30'O.; 5"N. entre 27" et 27"30'O.; et 10°N. à peu près par 33°O., ou moins à l'O., s'il est possible. De l'équateur à 5"N., les vents domineront du S.E., variables au S., et l'on aura de 20 à 22 p. 0/0 de chances de calmes. De 5" à 10°N., les vents domineront du N.E. à l'E., et l'on n'aura plus que 9 à 10 p. 0/0 de chances de calmes. Les pluies tomberont à raison de 4 heures par 24 h., entre les parallèles de 3° et de 8"N. Au-delà de 10°N., les vents seront bien établis; ils souffleront du N.E. à l'E., entre 10° et 20°N.; du N.E. à l'E. et au S.E., de 20" à 25°N.; puis ils varieront surtout du N.O. au N.E., à l'E. et au S.E., entre 25° et 30°N. Entre ces parallèles, la meilleure route sera celle qui se rapprochera le plus du N. du monde, en se tenant de préférence, comme nous l'indiquons, à bonne distance dans l'O. du méridien de 47"O. Au-delà de 30°N., les vents seront presque toujours favorables jusqu'à la Manche. En cas de vent debout accidenté, il sera plus avantageux de prendre la bordée du N., plutôt que celle du Sud.

Du milieu de juin au commencement d'octobre, la route est la même, jusque vers le parallèle de 35"N., que celle des navires destinés à la Méditerranée. On se reportera donc à ce que nous avons dit au paragraphe précédent, page 146, pour cette route, dans cette saison. Au-delà de 30°N., et jusqu'à 45°N., les vents seront variables et domineront surtout du S.E. au S.O. Après avoir dépassé 45°N., on aura des vents variables et dominants de la partie de l'O., jusqu'à la Manche.

En octobre, novembre et décembre, la route est sensiblement la même, jusqu'au parallèle de 30°N., que celle des navires rentrant dans la Méditerranée. On se reportera donc à ce que nous avons dit au paragraphe précédent, page 146, pour cette route, dans cette saison. De 25° à 30°N., les vents seront variables et dépendront surtout du N.E., du S.E. et du N.O. Au-delà de 30° et jusqu'à 40°N., les vents les plus fréquents seront ceux de la partie du S.E. et de celle du N.O. On aura ensuite des vents favorables et dominants de la partie de l'O. Il conviendra, en cas de vent debout (ce qui sera très-rare), de prendre la bordée du N. de préférence à celle du Sud.

§ 78. — Navigation d'un point à un autre situé plus à l'Ouest, sur la côte d'Afrique, entre le Gabon, l'île de Saint-Thomé, les golfes de Biaffra et de Benin, la côte de Guinée, la côte de Sierra-Leone, la Gambie et le Sénégal.

OBSERVATIONS SUR LE COMMENCEMENT DE LA TRAVERSÉE.

Quel que soit le point du golfe de Guinée que l'on quitte, il sera nécessaire, pour se rendre à un point situé plus à l'O., de prendre d'abord les amures qui feront faire le plus de S., avec les vents ordinaires de S.E. à S.O. Le but principal qu'on aura en vue sera de sortir, au plus vite, du courant de Guinée qui drosserait le navire dans l'E.; et de se placer dans le S. du parallèle de 2°N., afin de pouvoir profiter du courant équatorial qui portera vers l'Ouest.

Les navires partant de la rivière Calebar pourront essayer de passer dans le N. de Fernando-Po. Mais, si le vent ne le permet pas, ils passeront dans l'E. de cette île, entre elle et la côte, où ils trouveront probablement le courant portant vers le S. qui semble venir de la rivière Del-Rey. Après quoi, ils gouverneront de manière à tâcher de doubler dans l'E. l'île du Prince. S'ils sont trop contrariés pour en passer dans l'E., ils la doubleront par le N. *En partant de l'île du Prince,* et si la bordée bâbord amures ne vaut pas au moins l'O.N.O , il faudra virer de bord pour tâcher d'atteindre les parages de l'Equateur; et pour se placer ainsi en dehors du courant qui porte au N.E. dans ces parages, se dirigeant vers les golfes de Benin et Biafra.

Les navires partant de San-Thomé et du Gabon, et souvent même ceux qui partiront *de l'île du Prince,* pourront, *de juin en octobre,* prendre, dès le début, la bordée bâbord amures, qu'ils prolongeront en faisant route vers l'O., *au Nord de l'Équateur*. Ils n'auront donc pas besoin de courir un bord, ou deux, comme on est presque toujours obligé de le faire, *pendant le restant de l'année*, pour aller se placer sur l'Equateur ou sur un parallèle de latitude Sud.

FIN DE LA TRAVERSÉE

Pour les navires destinés à Lagos, à Whydah, à El-Mina, à Assinie, à Grand-Bassam, etc.

Quand on devra se rendre à ces différentes destinations, il suffira, *de juin en octobre*, de se tenir dans les environs de 1° à 2°N., pour faire route vers l'O.; tandis qu'il sera préférable, *d'octobre en juin*, de se placer à peu près sur l'Equateur. Pendant la première saison, les vents domineront du S.O. variables au S.E.; et pendant la seconde, ils souffleront à peu près également du S.E. et du S.O. En prolongeant ainsi la bordée bâbord amures vers l'O., sur un parallèle voisin de l'Equateur, il pourra arriver, avec les vents de S.O., qu'en courant à l'O.N.O. ou même au N.O.¹⁄₄O., on atteigne trop tôt la latitude de 2°N. Dans ce cas, il faudra virer de bord, et courir pendant quelque temps vers le S., tribord amures, de façon à se placer en position de reprendre les amures à bâbord, sans risquer de dépasser trop tôt le parallèle de 2° Nord.

Dans le N. de ce parallèle, ou pour parler plus exactement, dans le N. de 2°30′N., on tombera dans le courant de Guinée, qui portera vers l'E. avec une vitesse de 1 nœud à 2° à l'heure, et quelquefois davantage. Les vents souffleront toujours du S.E. au S.O., mais ils pourront être interrompus accidentellement par des calmes, surtout de novembre en mai. Il sera donc prudent, en quittant les parages de l'Équateur pour remonter dans le N., de couper le parallèle de 2°30′N. à 60 ou 80 milles *au moins dans l'Ouest* du méridien du port de destination. De là, il conviendra de gouverner à peu près au N.N.O. du monde, pour être certain, malgré l'influence du courant, de faire le N. du monde et d'atteindre la côte à 60 ou 80 milles au moins dans l'O. du port où l'on devra se rendre. Quand on aura rallié la terre, il ne faudra rien négliger pour bien reconnaître sa position. Il sera prudent de suivre la côte de très-près, à 2 ou 3 milles par exemple en se dirigeant vers l'E., attendu que la terre est généralement basse et qu'il faut, avant tout, ne pas se laisser drosser dans l'E. de sa destination.

FIN DE LA TRAVERSÉE

Pour les navires destinés à Sierra-Leone, à Rio-Pongo, à Rio-Nunez, à la Cazamance, à la Gambie, etc.

En janvier, février et mars, la traversée sera relativement facile. On fera route vers l'O. dans les environs de 1°S. ou de 1°30'S.; et l'on coupera l'Equateur par 14°30'O.; puis successivement 5°N. par 17°30'O.; et 7°N. par 19°O. Entre l'Equateur et 5°N., on aura des brises assez bien établies du S.O., avec peu de chances de calmes. Au-delà de 5°N., les brises seront de N.E. à N.O., et les calmes assez fréquents, tant que l'on sera dans le Sud de 10°N. Si l'on doit dépasser ce parallèle, on trouvera les vents bien établis, de N.E. à N.O. Le point de croisement de 7°N. par 19°O. que nous avons indiqué, donne seulement une idée approximative de la route à suivre; car la seule règle à adopter, au-delà du parallèle de 5°N., consiste à prendre les amures qui font faire le plus possible de N., jusqu'à ce qu'on ait dépassé dans le N. le parallèle du port de destination. Quand on sera à grande distance de terre, le courant portera vers l'E. et l'E.S.E.; et lorsqu'on se rapprochera de la côte, la vitesse du courant augmentera, en même temps que sa direction se rapprochera de plus en plus du S.E. Il conviendra d'attaquer la terre dans le Nord du point où l'on voudra se rendre.

En avril, mai et au commencement de juin, la traversée sera généralement pénible. Il conviendra de faire route vers l'O., entre l'Equateur et le parallèle de 1°S. On coupera la Ligne par 12°30'O., et 5°N. dans les environs de 17°30'O. On aura, dans le S. de la Ligne, des vents bien établis de S.E. à S.O ; entre la Ligne et 5°N., les vents domineront du S. avec peu de calmes; de 5°N. à 10°N., les vents seront variables et très-dominants de S.O. à S.E., et l'on aura des calmes assez fréquemment; au-delà de 10°N., les vents domineront de N.E. à N.O., et les calmes seront assez fréquents. Il est bon d'ajouter qu'à partir de l'Equateur et jusqu'au parallèle de 9°N., les pluies tomberont à raison de 4 heures au moins par 24 heures; elles tomberont généralement à compter de 7 h. par 24, entre 2°N. et Sierra-Leone. Les indications

sur la route seront les mèmes que pendant la saison précédente :
faire le plus de N. possible, quand on a dépassé 5°N.; et attaquer le
port de destination par le Nord.

Du milieu de juin au commencement d'octobre, la traversée ne présentera généralement aucune difficulté. On fera route vers l'O., en se
maintenant entre l'Equateur et 2°N. On coupera ce parallèle de 2°N.
par 13°O.; puis 5°N. par 17° ou 17°30'O. Les vents seront frais et souffleront du S.O. variables au S.E., jusqu'à ce qu'on ait atteint les environs de 2°N. par 13°O. Entre 2° et 5°N., les vents seront bien établis
de la partie du Sud. Dans le N. de 5°N., on fera route à peu près au
N. ou au N.¹/₄N.E. du monde, avec des vents bien établis de S. à
S.O., jusqu'à ce qu'on approche de la latitude du point où l'on doit se
rendre. A ce moment, on commencera à mettre beaucoup d'E. dans
la route, et l'on pourra courir à peu près directement sur sa destination; attendu que, *dans cette saison*, le courant contraire portant vers
le S.E. sera ordinairement faible ou nul, et qu'on le trouvera même
parfois remplacé par un courant portant au N., au large de Sierra-
Leone. Il faudra s'attendre à des pluies, entre les parallèles de 5° et
de 12°N.; et particulièrement entre 6° et 10°N., où elles tomberont
généralement à raison de 7 heures en moyenne par 24 heures.

En octobre, novembre et décembre, la saison est tout à fait mauvaise pour
effectuer à la voile cette traversée, et il sera bon d'éviter de la faire quand
on pourra s'en dispenser. Nous pensons que le mieux sera de gouverner
d'abord vers l'O., entre 0°30'S. et 1°30'S.; puis de couper successivement l'Equateur par 15°O.; et 5°N. par 17°30'O. Entre l'Equateur et
5°N., les vents seront de S. assez bien établis. Entre 5° et 10°N., il
faudra chercher à faire le N. du monde, en se maintenant dans l'O.
du méridien de 17°30'O. De cette manière, on se trouvera dans une
zone où les chances de calmes seront de 28 p. 0/0; tandis que dans
l'E. du même méridien, ces chances seraient de 35 p. 0/0. On restera,
comme nous le disons, dans l'O. de 17°30'O., où les brises dominantes
seront celles de S.O. à S.E., avec quelques brises de N.E. Par suite,
si l'on ne tombe pas sur une série de calmes plats, et si la force de la
brise est suffisante pour permettre de refouler le courant (de 1ⁿ à 1ⁿ,5
à l'heure portant à l'E.S.E.), on pourra généralement faire une bonne
route avec les directions générales du vent. Il faudra, selon nous,
s'élever bien loin au N. du parallèle de destination, avant de se

risquer à venir dans l'E. de 17°30'O. Nous laissons au capitaine le soin
d'apprécier jusqu'à quelle distance il conviendra de remonter dans le
N., en nous bornant à rappeler qu'entre 17°30'O. et la côte, on aura
35 p. 0/0 de chances de calmes ; des brises de N.O. à S.O. ; un courant
portant au S.E., avec une vitesse presque toujours supérieure à 1
nœud ; et enfin, en ajoutant qu'il sera indispensable d'attérir au N.
du port de destination.

§ 79. — Retour de Loanda et de Benguela à Lisbonne [1].

En décembre, janvier, février, mars et avril, on est à l'époque où les
calmes s'étendent le plus dans le S. Par suite, il convient de couper
l'Equateur par 23° ou 24°O., afin de traverser la zone des calmes par
25° ou 26°O., en gouvernant vers le N.N.O.

En mai et juin ou *en octobre et novembre*, on coupera l'Equateur par
22°O. environ ; et, faisant route vers le N.N.O., on traversera encore
les calmes par 25° ou 26°Ouest.

En juillet, août et septembre, Brito-Capello indique d'abord qu'il
faut traverser le golfe de Guinée, avec la plus grande force du vent de
S.S.O., ainsi que la région de la mousson, au N. de l'Equateur, en
se tenant plus rapproché de la côte, au N. du cap des Palmes.

Cependant, le même auteur ajoute qu'il semblerait préférable de
couper, *à cette époque*, l'Equateur par 14° ou 16°O.; de courir ensuite
au N.O. $^{1}/_{4}$O. en traversant la mousson de S.O. grand largue ; puis
d'entrer, par 28° ou 29°O., dans la zone des calmes qui règne entre les
parallèles de 11° et 15°N. A partir de ce dernier parallèle, on remontera
ordinairement l'alizé de N.E. d'abord faible et d'une direction qui adonnera à mesure qu'on s'élèvera dans le N. Cette dernière route est, selon
nous, meilleure que la première : elle se rapproche, d'ailleurs, beaucoup de celle que nous conseillons, pour la même saison, aux navires
revenant du Gabon en France.

---

[1] Les instructions contenues dans ce paragraphe sont le résumé de celles
données par Brito-Capello.

CHAPITRE V.

Routes, en partant d'Europe, pour aller aux ports de la côte d'Amérique et aux Antilles.

—

§ 80. — De la Manche, de Nantes ou de Bordeaux, à Terre-Neuve, à St-Pierre & Miquelon & au Canada.

INSTRUCTIONS GÉNÉRALES.

Cette traversée est l'une des plus dures que l'on puisse faire ; et le premier conseil à donner est de ne l'entreprendre qu'avec de bons navires. Nous n'ignorons point que, tous les ans, beaucoup de bateaux de pêche se rendent à Terre-Neuve, sans qu'on puisse dire que ce sont de *bons navires ;* mais cela ne prouve qu'une chose : l'énergie des marins qui les montent, et qui paient parfois, de leur vie, le courage modeste et l'abnégation dont ils font preuve.

La plupart des instructions qui ont été données sur cette traversée, et notamment celles que l'on trouve dans l'excellent « *Pilote de Terre-Neuve,* » de M. le vice-amiral Cloué, s'accordent à conseiller aux navires partant de la Manche, de tâcher de faire d'abord un peu de N., si les vents le permettent, pour se placer sur le parallèle de 50°N. ou de 51°N. environ. Après avoir fait de l'O., par cette latitude, jusque vers 30° ou 35°O., selon les circonstances, on peut commencer à venir un peu dans le S., afin d'attaquer la partie E. du grand banc, entre 46° et 45°Nord. En suivant cette route qui se rapproche de celle par l'arc de grand cercle, il est permis d'espérer que les vents de S.O. seront moins persistants, et que l'on aura plus de chances de trouver des vents de la partie du N.O. variables au N. Il convient surtout d'ajouter que, pendant la seconde moitié de la traversée, les navires qui gouverneront, comme nous l'indiquons, profiteront du courant polaire favorable, portant vers le S. et le S.O., dans l'E. de Terre-Neuve.

Le principal argument, à l'appui de cette route, par les hautes latitudes, est fourni par l'exemple des navires partis d'Écosse, et qui effectuent, en moyenne, des traversées plus rapides que ceux partis de la Manche.

Les difficultés de cette route, comme pour celle d'Europe aux États-Unis, consistent principalement dans les gros temps de la partie de l'O. et dans les brouillards épais, qui rendent les attérages dangereux et qui augmentent les dangers d'abordages, soit avec les glaces flottantes, soit avec les paquebots à grande vitesse, sillonnant cette partie de l'Atlantique. Il faut ajouter encore l'action peu régulière des courants, et de la mer croisée que l'on trouve souvent ; les changements de la variation du compas et les grands cyclones qui peuvent faire irruption dans ces parages, pendant la plus grande partie de l'année.

Nous devons mentionner une seconde route, *par le Sud*, qui a été pratiquée avec succès par M. le lieutenant de vaisseau Rallier, capitaine du transport à voiles l'*Eurydice*, il y a quelques années. Cette route consiste à se diriger d'abord vers le S.O., pour gagner le parallèle de 42°N., dans les environs duquel on fait route vers l'O. Etant parvenu dans les parages des Açores, ou après avoir dépassé cet archipel, on pourra prendre les vents de S.O., en bonne position, pour atteindre le banc de Terre-Neuve à la bordée, et dans la partie S., où les glaces sont ordinairement moins accumulées. On aura, pendant cette dernière partie de la traversée, les courants portant ordinairement vers la partie du N.E., et l'on pourra parfois gagner Terre-Neuve facilement, quoique l'on soit toujours exposé à de grands mauvais temps, dans les régions que parcourt le Gulf-Stream.

Un petit navire à vapeur, et tout navire ne se comportant pas bien à la mer, pourra trouver avantage à relâcher à la Corogne, puis à Fayal ou à Punta-Delgada (Açores), ce qui divisera la traversée totale en trois parties et permettra de faire deux fois du charbon. Il est bien entendu que la fin de la route, entre les Açores et Terre-Neuve, sera la partie difficile, à cause de la force des vents de la partie du S.O. au N.O., qui forcent fréquemment les petits navires à prendre la cape, alors que de grands navires pourraient faire bonne route. (1)

Nous donnerons maintenant, pour compléter ces instructions générales, un compte-rendu sommaire de trois traversées, effectuées par trois navires de types très-différents. On trouvera ensuite des indications spéciales, pour l'attérage de Terre-Neuve et du St-Laurent, etc.

---

(1) Nous ne parlons pas de la route par les alizés, parce qu'elle force à un trop grand détour. Il faudra, pour se déterminer à suivre une telle route, avoir un bien mauvais navire et se trouver dans des circonstances exceptionnelles.

1° TRAVERSÉE D'UNE GOÉLETTE.

Partie de Brest le 15 avril, avec petite brise de N.E. au N. et du calme. Le 20 avril, brises de S.O. et d'O.S.O. sautant au N.O.; coup de vent pendant quelques heures ; puis du calme jusqu'au 21, au soir. La brise reprend au N.O., passe au S.O., puis au S., fraîchissant jusqu'à faire filer 9 et 10 nœuds à la goëlette, grand largue. Les vents hâlent le S.S.E., puis sautent brusquement au S.O.; coups de vent jusqu'au 23 après-midi. Du 23 au 25, fait route avec grosse mer et de lourdes brises de l'O. au S.O. Le 25, le vent passe au S., mauvaise apparence ; baisse du baromètre de 746 à 719$^m/_m$. Le 26, à une heure du matin, le vent souffle en tempête, et la goëlette est très-éprouvée du 25 au 27. Le 27, le vent tourne du S. au N., par l'E. Le 23, le vent continue à tourner dans le même sens, et se fixe au S.O., grand frais et à grains. Le point du 28 était 46°33′N. et 31°35′O.; baromètre $= 748^m/_m$. Du 28 avril au 3 mai, les brises d'O. au N.O. varient du calme au grand frais. Du 3 au 8, le vent varie de l'O. au Sud. Le 8, brise d'E. au N.E., avec brumes et pluie. Du 8 au 11 mai, neige, verglas et coups de vent successifs. Du 11 au 17, navigué sur le banc ; le 17, on reconnaît St-Pierre ; mais les vents de S.E. fraîchissent et apportent une brume épaisse qui oblige à reprendre le large. La goëlette n'atteint St-Pierre que le 23 mai (38 jours de mer).

En somme, la plus grande partie de cette traversée a été effectuée entre 46° et 47°N. La goëlette a abandonné 47°N. par 33°O., et a remonté au plus jusqu'à 48°30′N. Si le navire avait été bon ou seulement passable, il aurait pu faire le plus souvent bonne route avec les vents de la partie du S., au lieu d'être dans la nécessité de prendre la cape ; et la traversée aurait été beaucoup moins longue.

2° TRAVERSÉE D'UNE CORVETTE A VOILES.

Partie de Brest le 1ᵉʳ avril, elle est assaillie par un coup de vent d'O. Afin de ne pas avarier le chargement, elle va relâcher à Falmouth, le 3, et en part le 6, au soir. Le 7 avril et les jours suivants, la brise se fait forte du N.O. et rend impossible la route par le N. Etant descendu dans le S., le navire trouve des temps maniables et de petites brises avec lesquelles il parcourt deux cents lieues vers l'O., dans les environs de 42°N.; puis la brise se fait violente du S.O., de l'O. et de l'O.N.O., et oblige à remonter jusque par 50°N., où une série de gros temps du S.O. au N.O. se succèdent sans interruption. Dans la période du 19 avril au 6 mai, la corvette a subi six jours de cape forcée, et 8 de cape courante, avec des mers quelquefois énormes et toujours très-dures. A l'approche du banc de Terre-Neuve, et sur son parcours, le navire a trouvé des brumes intenses, des glaces flottantes, du verglas, de la neige, et souvent le thermomètre au-dessous de zéro. Il a mouillé à Saint-Pierre, le 9 mai (38 jours de traversée en tout).

3° TRAVERSÉE D'UN AVISO A HÉLICE DE 2me CLASSE.

Parti de Brest le 28 avril, l'époque avancée de la saison engage son capitaine à suivre la route par le S., dans les environs de 42°N. Le calme et les petites brises d'E., qui règnent pendant la première semaine, lui permettent de prendre cette route : mais il est obligé de brûler la moitié de l'approvisionnement de charbon, pour atteindre la longitude de Fayal. Le 9 mai, vents de S.O., maniables jusqu'au 11; grosse mer; baromètre $= 738^m/_m$; les lames sont croisées et déferlent du N.O. et du S.O.; trois hommes sont enlevés de dessus le pont par un coup de mer. Le 14, la mer et la brise tombent; les observations indiquent que le navire a été porté de 420 milles dans le N.E. A partir du 14, les brises sont variables du S.O. au N.O., d'une force moyenne à 2 ris dans les huniers, et elles permettent de faire route sur Terre-Neuve. La brume surprend le navire à la hauteur du Bonnet-Flamand, et ne le quitte plus qu'aux attérages de St-Pierre, qui est attaqué à la sonde, suivant les instructions de M. l'amiral Cloué. Le 22, au matin, on aperçoit Lenglade à une distance de quelques encâblures; quelques heures après, l'aviso mouille à St-Pierre (24 jours de mer).

FIN DE LA TRAVERSÉE.

1° Navires destinés à St-Pierre et Miquelon (1). Il convient de chercher le Grand-Banc, entre 46° et 45°N. Quand on sera à 30 milles ou à 20 milles du Grand-Banc, on rencontrera de nombreuses troupes d'oiseaux (des godillons); lorsqu'ils seront remplacés par d'autres espèces

---

(1) Instructions tirées du Pilote de M. le vice-amiral CLOUÉ.

(des godes), on en conclura que l'on se trouve près de l'accore du banc, ou sur le grand banc même. L'approche du banc pourra également être annoncée par un abaissement d'une dizaine de degrés de la température de l'eau de mer. Le navire se trouvant sur le banc, il ne faudra pas perdre de vue qu'en raison des brumes fréquentes et des courants, il importe de sonder très-souvent. M. le contre-amiral *Lavaud* conseille de « courir à l'O. ou à l'O.N.O., et même quelques degrés
» plus N., selon qu'on aura coupé le méridien de 53°45'O., plus ou
» moins près de 46°N., afin de venir chercher les sondes de 63ᵐ à
» 73ᵐ, à l'extrémité N.E. du banc de St-Pierre. Chemin faisant, on
» traversera plusieurs fosses, qui, en sondant souvent, donneront les
» moyens de rectifier la longitude. Dès qu'on aura atteint les fonds de
» 63ᵐ à 73ᵐ, sur l'accore N.E. du banc de St-Pierre, on pourra courir
» au N.¹/₄N.O., en sondant fréquemment, de manière à rectifier la
» latitude, au moment où l'on perdra l'accore de ce banc. Alors, si *le
» temps est beau*, la position du navire étant bien connue, on fera
» route aussitôt. *Si le temps est mauvais*, on pourra rester sur le banc
» de St-Pierre, près de son accore, et au S.S.O. des îles, jusqu'au re-
» tour du beau temps, qui arrive quand les vents passent du S.O.
» au N.O. »

2° *Navires destinés à Saint-Jean de Terre-Neuve*. — Il est conseillé de se placer sur le parallèle de 46°N. environ, pour faire route vers l'O., jusqu'à ce qu'on trouve le fond, sur le Grand-Banc, à peu près par 51°O. de longitude. Quand on aura ainsi rectifié sa position, on pourra gouverner directement sur le cap Spear, sur lequel est un feu visible à 20 milles environ.

3° *Navires destinés au Canada* (1). — La route à faire pour chercher le Grand-Banc est la même que celle que nous venons de donner, pour les navires destinés à Saint-Pierre. On traversera le banc, en se maintenant par 45°30'N. environ. Si le temps est sombre, il faudra bien veiller la sonde, à l'approche de l'accore O. du banc à Vert, afin de fixer le moment où l'on traversera la fosse profonde (160ᵐ à 170ᵐ, fond

---

(1) Les navires à vapeur partant du Nord de l'Europe, à destination du fleuve Saint-Laurent, peuvent passer avantageusement par le détroit de Belle-Ile, s'ils croient que les glaces n'envahissent pas ce détroit. Mais, ce n'est guère qu'en juillet, août et septembre, que l'on peut espérer ne pas en trouver; sans en être jamais absolument certain. L'avantage de cette route, par le détroit de Belle Ile, est qu'on y trouve moins de brouillards, et que les dangers d'abordages avec les transatlantiques et autres navires sont beaucoup moindres.

de vase), qui existe entre le banc à Vert et le banc Saint-Pierre, et qui donne un moyen précieux de rectifier la longitude. Quand on aura atteint le méridien de 57° ou 58°O., on gouvernera pour attérir sur l'île Saint-Paul, qui est située entre le cap Raye (pointe S.O. de Terre-Neuve) et le cap Nord (île du cap Breton). L'île Saint-Paul est accore et très-élevée. En venant du S.E., surtout avec des vents de N., on se tiendra très en garde contre le courant venant souvent du N. et portant sur l'île du cap Breton. D'un autre côté, il faudra éviter (à moins de vents bien fixés au N. et d'un temps très-clair) de s'approcher de la côte S. de Terre-Neuve, où les courants sont plus irréguliers et les brumes plus épaisses.

Après avoir reconnu l'île Saint-Paul, les navires destinés au Canada cherchent à reconnaître les rochers Bird, *quand le temps est clair*. Les points de reconnaissance sont ensuite : le cap Rosier et le cap des Monts.

En terminant, nous ferons remarquer que la navigation du Saint-Laurent est dangereuse en décembre ; et qu'elle est fermée par les glaces en janvier, février et mars (V. § 21, page 28).

§ 81. — De Gibraltar à Terre-Neuve, à Saint-Pierre et Miquelon et au Canada.

En toutes saisons, nous pensons que la meilleure route consistera à passer *dans le Sud des Açores*, à une distance plus ou moins grande selon l'époque de l'année. On aura ainsi, il est vrai, une route plus longue à parcourir que si l'on doublait cet archipel par le N.; mais nous pensons que la traversée sera en moyenne plus courte. Effectivement, il sera facile d'atteindre le méridien des Açores ; où les calmes n'arrêteront généralement pas beaucoup la marche du navire, s'il suit nos points de croisement. De plus, on aura ordinairement toute facilité pour faire de l'O., avec des vents variables et dominants de la partie du S.S.O., en se maintenant à peu près par la latitude des Açores, ou plutôt encore plus dans le Sud. Quand on se sera suffisamment élevé dans l'O., on remontera sans de trop grandes difficultés vers le N., avec des vents variables et dominants surtout de la partie de l'O. et du N.O. On sera aidé par le Gulf-Stream, qui portera vers le N.E.; l'on aura peu à craindre les glaces; l'on évitera surtout les chances fréquentes de coups de vent de S.O. et de N.O., qui rendent si pénible la navigation dans l'E. de Terre-Neuve; enfin, l'on sera beaucoup moins longtemps exposé aux abordages avec les vapeurs transatlantiques et avec les nombreux voiliers qui se rendent d'Amérique en Europe. Suivant le point de destination et selon les circonstances de temps, on ira chercher les sondes, en remontant vers le N., soit sur le Grand-Banc de Terre-Neuve, ou sur le banc à Vert, sur le banc Saint-Pierre, ou sur le Banquereau.

Nous donnons ci-après le tableau des croisements de cette route; et l'on trouvera ensuite des indications sur les vents que l'on rencontrera dans chaque saison. On trouvera, de plus, à la fin du paragraphe précédent, des instructions que l'on pourra utiliser. Nous nous bornerons à rappeler que la navigation du Saint-Laurent n'est réellement praticable sans danger que du milieu de juin à la fin d'octobre (Voir § 21, page 28).

ROUTE DE GIBRALTAR A SAINT-PIERRE ET MIQUELON, AU CANADA, etc.

ÉPOQUES de L'ANNÉE.	LATITUDES SUIVANT LESQUELLES IL CONVIENT DE COUPER LES MÉRIDIENS DE							
	17°O.	22°O.	27°O.	32°O.	42°O.	52°O.	57°O.	60°O.
	N.	N.	N.	N.	N.	N.	N.	N.
En Janvier, Févr. et Mars.	34° » '	33° » '	33° » '	33° » '	33° » '	33° » '	33° » '	30° » '
En Avril, Mai et Juin…	34 »	34 30	34 30	35 »	35 30	36 30	39 »	40 »
En Juillet, Août et Sept.	34 »	33 30	33 30	33 30	35 »	38 »	40 »	45 »
En Octobre, Nov. et Déc.	36 »	36 »	35 45	35 30	35 »	36 30	39 »	40 »

En janvier, février et mars, les vents domineront du N.E. au N.O. jusqu'au méridien de 17°O. De 17° à 27°O., les vents domineront du S.E. au N.E. et au N.O. De 27° à 32°O., vents de S.O. à S.E., E.S.E. et N.E. De 32° à 52°O., vents dominants du S.O. à S.E. De 52° à 60°O., vents variables, dominant de N.N.E. à O.N.O. Si l'on atteint, comme nous le conseillons, 39°N. non loin de 60°O., la traversée pourra être facilement terminée, avec des vents variables et dominants de la partie du N.O.

En avril, mai et juin, on aura jusqu'au méridien de 12°O. des vents qui pourront souffler de directions très-diverses, et surtout de la partie de l'O. et du N. De 12° à 17°O., vents de N. et de N.O. De 17° à 22°O., vents dominants surtout du N.E. et du N. De 22° à 27°O., vents de S.E., d'E.N.E. et de N.O. De 27° à 32°O., on aura quelques calmes et des vents variables dominants du S.O. et du N.O. De 32° à 60°O., vents variables très-dominants de la partie du S.S.O. Après avoir dépassé 40°N., coupé à peu près par 60°O., l'on aura des vents dominants du S., au S.O., à l'O. et au N.O. On ne rencontrera généralement pas de glaces.

En juillet, août et septembre, on aura jusqu'au méridien de 12°O. des vents variables, dominants de S.E. à N.N.E., avec quelques chances de calmes. De 12° à 32°O., les vents domineront de N.E. à N.O. De 32° à 42°O., vents de S.O. à S.E. et N.E. On aura de plus quelques chances de calmes, entre 22° et 42°O. De 42° à 57°O., vents variables et dominants de la partie du S.S.O. Au-delà de 40°N., les vents seront variables et dominants du S. au S.O. et à l'O. Dans le N. du parallèle de 41°30′N., on aura des chances de rencontrer des glaces.

En octobre, novembre et décembre, on aura jusqu'au méridien de 12°O. des vents variables et dominants de la partie du N.O. De 12° à 17°O., vents variables, soufflant principalement du S.O. au N.O. et du N.E. au S.E. De 17° à 22°O., vents dominants du S. au S.O. et au N.O. De 22° à 27°O., vents variables, très-dominants de la partie du S. De 27° à 32°O., vents dominants du S. à S.O. De 32° à 57°O., vents variables, dominants de la partie du S.E. Au-delà de 57°O., vents variables et dominants de la partie de l'O. et du N.O. On n'aura point de chances de rencontrer des glaces.

§ 82. — De la Manche, de Nantes ou de Bordeaux aux États-Unis.

INDICATIONS GÉNÉRALES.

La traversée entre la Manche et New-York est difficile et rude, surtout en hiver. La route la plus directe, qui est favorable pour les navires partant des États-Unis se trouve naturellement très-contraire lorsqu'on veut y retourner. Il faut alors lutter contre le vent, le courant, et ces difficultés sont encore augmentées par les brumes, les glaces et les tempêtes que l'on est exposé à rencontrer lorsqu'on approche de Terre-Neuve et du continent américain. Nous ajouterons que, dans ces parages où l'horizon est souvent embrumé et le temps couvert, on devra se tenir en garde contre les changements de la variation du compas. En présence de telles données, il faudra plus que jamais, avant de se décider pour la route à suivre, faire entrer en ligne de compte l'état de navigabilité et les qualités à la mer du navire que l'on commande.

Nous examinerons séparément les deux routes, entre lesquelles le capitaine doit choisir, selon les circonstances. L'une est dite *Route par le Nord* ; et l'autre *Route par les Alizés*. Elles peuvent être suivies toutes les deux, en toutes saisons ; et elles présentent chacune des avantages et des inconvénients.

La *Route par le Nord* est celle que les navires partant de la Manche et destinés à New-York sont le plus disposés à suivre. Elle est la plus courte naturellement, comme distance à parcourir ; et la différence est marquée surtout en hiver, parce que c'est durant cette saison que la route du S. est le plus longue, les alizés remontant alors moins haut dans le N. Mais, en hiver, de novembre en avril, la route du Nord ne doit être prise que par des navires de bonne marche, solides et se comportant bien par mauvais temps. Il a été observé que la route du Nord est suivie avantageusement pendant les 40 ou 50 jours qui suivent les deux équinoxes, périodes durant lesquelles on a fréquemment des vents de N.E.

La *Route par les Alizés* est prise plus souvent par les navires partant de Nantes, et surtout de Bordeaux, que par ceux partant de la Manche. Elle est plus longue que celle du Nord, et cependant elle est fréquemment parcourue dans moins de temps, même quand on se rend à New-York. Elle a le grand avantage, surtout en hiver, de faire éviter les coups de vent et la grosse mer de la route du Nord. Elle peut être préférée particulièrement quand on est destiné à des ports plus méridionaux que New-York.

1° ROUTE PAR LE NORD.

La meilleure route conseillée par *Maury* se trouve indiquée, pour chaque mois, dans le tableau reproduit ci-après :

ROUTE DES VOILIERS, DE LA MANCHE A NEW-YORK.

MOIS.	LATITUDES SUIVANT LESQUELLES IL CONVIENT DE COUPER LES MÉRIDIENS DE												
	12° O	17° O	22° O	27° O	32° O	37° O	42° O	47° O	52° O	57° O	62° O	67° O	72° O
	N.	N.	N.	N.	N.	N.	N.	N.	N.	N.	N.	N.	N.
Janvier......	50°	50°	48°	47°	45°	45°	45°	47°	44	12	11	11	41
Février.......	49	48	48	48	48	46	46	46	45	45	43	42	41
Mars........	51	49	49	49	46	46	46	46	46	45	43	42	40
Avril........	49	49	46	45	45	45	45	45	45	43	42	42	40
Mai.........	51	51	51	51	51	49	46	45	45	45	43	42	40
Juin.........	48	45	41	40	40	40	40	40	40	40	41	41	40
Juillet.......	48	48	45	45	45	45	45	45	45	43	42	40	40
Août........	48	45	43	42	42	42	42	42	42	40	39	40	40
Septembre...	46	44	41	40	40	40	40	40	40	40	40	39	40
Octobre......	48	48	44	43	39	39	39	39	39	39	39	39	40
Novembre...	50	50	47	44	41	39	41	41	41	41	41	41	40
Décembre...	46	43	41	39	39	39	39	39	39	39	39	40	40

Nous pensons que les bons navires à voiles ou mixtes, dont les capitaines se seront décidés à prendre la route *par le Nord*, auront avantage à suivre les croisements indiqués dans ce tableau, autant que les vents et la grosse mer le leur permettront. Si des circonstances quelconques rejettent le navire en dehors de la route que l'on aura tracée à l'avance, sur la carte, il suffira de gouverner de manière à suivre une route à peu près parallèle, sans chercher naturellement à rejoindre directement la ligne des croisements indiquée : ce qui forcerait à faire des crochets fréquents et inutiles.

La route *par le Nord* est comprise par certains auteurs d'une manière plus excessive. Ainsi, suivant leurs conseils, il faudrait gouverner d'abord à l'O.N.O., en partant de la Manche, puis à l'O., entre les parallèles de 47° et de 52°, en se maintenant plus au N. à la fin de l'année (octobre, novembre et décembre), qu'à toute autre époque. Étant parvenu à la longitude de 36° ou de 38°O. environ, gouverner pour couper le méridien de 60°, entre les parallèles de 42° et de 43°. De là, faire route sur le point de destination, de manière à passer toujours au large, dans le S. de l'île de Sable, à cause des brumes et des courants portant au S.O., qui existent dans ses environs.

On sait que le Gulf-Stream traverse l'Atlantique, *en hiver*, au dessous du parallèle de 40°N. et ne remonte vers le N.E., qu'après avoir dépassé la longitude de 40°O.; par conséquent, avec la route par le N. que nous donnons ici, on évitera ce courant contraire, et l'on profitera du courant du Groënland qui porte au S.O., dans les parages de Terre-Neuve. Cette route aura de plus l'avantage de se rapprocher beaucoup de l'arc de grand cercle et de faire faire le chemin, en longitude, par une latitude plus élevée où les degrés sont plus courts. Elle pourra être suivie par les grands navires à vapeur ou navires mixtes, en octobre, novembre et décembre. A toute autre époque, elle aura l'inconvénient de faire passer le navire dans des parages encombrés par les glaces. (Voir § 60).

Nous donnerons, en terminant, les routes qui paraissent les meilleures, pour les navires à vapeur. Ces routes sont celles conseillées par M. W. de Freeden, après une étude des journaux des paquebots du Lloyd, de 1850 à 1867. Le tableau suivant a été d'ailleurs reproduit dans les instructions du dépôt de la Marine.

ROUTE DES PAQUEBOTS, DE LA MANCHE A NEW-YORK.

LONGI-TUDES.	LATITUDES DE CROISEMENT, POUR CHAQUE MOIS DE L'ANNÉE.											
	Janvier.	Février.	Mars.	Avril.	Mai.	Juin.	Juillet.	Août.	Septemb.	Octobre.	Novemb.	Décemb.
	Lat. N.	Lat. N.	Lat. N.	Lat. N.	Lat. N.	Lat. N.	Lat. N.	Lat. N.	Lat. N.	Lat. N.	Lat. N.	Lat. N.
12°O...	49° 54'	50° »	50 12	49 54	50 »	50 »	50 »	50 »	49 54	50° »	49 48	49 54
22°O...	50 06	50 17	50 30	49 40	49 48	50 21	50 20	50 18	50 03	50 17	49 48	49 48
32°O...	49 24	49 43	50 »	49 01	48 50	49 24	49 45	49 42	49 26	49 43	48 56	49 06
42°O...	47 54	48 13	48 20	47 36	46 50	46 10	48 16	47 22	47 52	48 13	47 15	47 24
52°O...	45 24	45 42	46 »	44 42	43 42	44 12	45 12	44 56	45 28	45 42	44 56	45 »
62°O...	42 42	42 30	42 20	42 30	42 30	42 18	42 54	42 20	42 54	42 54	41 56	42 48
72°O...	40 24	40 36	40 48	40 42	40 36	40 42	40 36	40 32	40 40	40 42	40 30	40 42

2ᵐ ROUTE PAR LES ALIZÉS.

Nous distinguerons, dans cette route, deux parties : la première, comprenant le commencement de la traversée jusqu'aux alizés ; et la seconde partie, comprenant la route à suivre dans les alizés et la fin de la traversée.

La première partie de la traversée se fera, pour les navires destinés aux États-Unis, absolument de même qu'il a été dit pour les navires se rendant à l'Équateur. Nous engageons, en conséquence, le lecteur à se reporter aux instructions données § 61, page 73, pour la route à suivre jusqu'aux alizés.

On trouvera, d'ailleurs, ci-après, un tableau des meilleurs points de croisement, correspondant à chaque saison, pour les navires destinés à New-York. Il sera facile d'apporter les modifications nécessaires, à la fin de la traversée, quand on devra se rendre à des ports situés dans le S. de New-York, tels que la baie Delaware, la baie Chesapeake, etc. Il sera toujours important, particulièrement lorsque l'on sera destiné à des ports situés dans le S. du cap Hattéras, de vérifier souvent la position du navire par des observations, à partir du parallèle de 26° ou de 28°N. Il faudra aussi tenir compte, avec le plus grand soin, du courant du Gulf-Stream, en donnant la route ; et il sera prudent, pour éviter tout mécompte, d'attérir à bonne distance au vent du port de destination, quand on aura des vents paraissant bien établis.

Après le tableau des croisements, nous donnerons quelques indications sur la route conseillée pour chaque saison, à partir du moment où le navire aura pénétré dans les alizés.

TABLEAU DES CROISEMENTS DE LA MANCHE A NEW-YORK

(PAR LES ALIZÉS).

SAISONS.	LONGITUDES SUIVANT LESQUELLES IL CONVIENT DE COTER LES PARALLÈLES DE											
	45°N.	40°N.	35°N.	30°N.	25°N.	23°N.	22°N.	20°N.	23°N.	25°N.	30°N.	35°N.
	Long. O.	Long. O.	Long. O.	Long. O.	Long. O.	Long. O.	Long. O.	Long. O.	Long. O.	Long. O.	Long. O.	Long. O.
En Janvier, Février et Mars.........	15° »	17° »	20' »	22° »	27 »	32° »	» »	» »	64 »	69 »	75 »	76° »'
En Avril, Mai et Juin....	14 »	18 »	19 »	22 »	27 »	32 »	33 »	40 »	61 »	65 »	70 »	74 »
En Juillet, Août et Septembre.......	13 »	17 »	19 »	23 »	29 »	33 »	37 »	» »	66 »	70 »	73 »	75 »
En Octobre, Novembre et Décembre.	14 »	18 »	20 »	21 »	27 »	32 »	35 »	» »	58 »	62 »	68 »	74 »

En janvier, février et mars, on aura les vents alizés, à partir de la latitude des Canaries. Il conviendra de faire route vers l'O. du monde, depuis le méridien de 32° jusqu'à celui de 64°O., en se maintenant dans les environs de 23° ou de 22°30′N., avec des vents de N.E. à S.E., assez bien établis. En quittant 23°N. par 64°O., jusqu'à ce qu'on ait atteint 27°N. par 72°O., les vents sont encore dominants de N.E. à S.E.; mais ils commencent à devenir variables. De 27°N. à 30°N., les vents soufflent de directions très-variables. De 30″ à 35°N., vents variables, mais dominants du S.O. à l'O. et au N.O. Au-delà de 35°N., vents variables, dominants du S.O. et surtout du N.O.

En avril, mai et juin, on aura les vents alizés du N.N.E. au N.E., à partir de la latitude de Madère. Les vents hâleront ensuite l'E.N.E., l'E., et, même quelquefois, le S.E., jusqu'au parallèle de 20°N. coupé par 40°O. Il conviendra de faire route à l'O. du monde, depuis le méridien de 40°O. jusqu'à celui de 52°O., en se maintenant dans les environs de 20°N. ou de 19°30′N., avec des vents de N.E. à l'E. bien établis, à la condition de ne pas faire route plus au N. que 20°N. En remontant ensuite vers le N., on aura : de 20°N. à 25°N., des vents de N.E. à l'E. et au S.E.; de 25″ à 30°N., vents dominants de la partie de l'E., du N.E. au S.E., et surtout du S.E., qui deviennent variables en approchant du parallèle de 30°N. De 30°N. à New-York, les vents sont variables et dominent du S.E. au S.O. et à l'O.S.O.

En juillet, août et septembre, les vents de la partie du N. commenceront ordinairement au large des côtes de Portugal, et se fondront avec les alizés. Ils hâleront la partie de l'E.N.E., lorsqu'on atteindra et dépassera le parallèle de 23°N. Il conviendra de faire route à l'Ouest du monde, depuis le méridien de 37°O. jusqu'à celui de 60°O., en se maintenant dans les environs de 22°N. ou de 21°30′N. En quittant le parallèle de 22°N. par 60″O. de longitude, on aura des vents du N.E. à l'E. et au S.E., avec lesquels on commencera à remonter vers le N., pour suivre les croisements indiqués dans le tableau. De 25°N. à 30°N., les vents d'E. à S.E. deviendront variables et tourneront au S. et au S.O. De 30° à 35°N., les vents soufflent de directions très-variables et dominent plutôt du S.O. que de toute autre partie. De 35°N. à New-York, vents variables et dominants du S.E. au S., au S.O. et à l'O.

En octobre, novembre et décembre, les brises de N.E. à S.E., accompagnées de quelques calmes, commenceront dans les parages de Madère.

A partir de 30°N., les vents seront encore variables, mais commenceront à dominer de la partie du N.E., bien établi. Il ne faudrait pas couper 25°N. dans l'O. de 27°O., à cause des chances de calmes auxquelles on s'exposerait. Dans le S. de 25°N., on trouvera les vents de N.E. à S.E. accompagnés de quelques chances de calmes qui pourront parfois donner des retards; nous ajoutons, d'ailleurs, qu'en suivant la route donnée dans le tableau, on sera moins exposé aux calmes que si l'on en suivait une autre. Il conviendra de faire route à l'O. du monde, depuis le méridien de 35°O. jusqu'à celui de 57°O., en se maintenant dans les environs de 22°N. ou de 21°30'N. En quittant le croisement de 22°N. par 57°O., on remontera vers le N., en coupant 23°N. par 58°O., et 25°N. par 62°O. De 25°N. à 30°N., les vents dépendront du N.E. au S.E., mais commenceront à être variables. De 30°N. à 35°N., ils domineront du S.O. au N.O. De 35°N. à New-York, ils seront variables, mais dominants de l'O. et du N.O.

§ 83. — De Gibraltar aux États-Unis.

La première partie de cette traversée se fera, pour les navires destinés aux États-Unis, absolument de même qu'il a été dit pour les navires se rendant à l'Équateur. Nous prions donc le lecteur de se reporter aux instructions données au § 62, page 84, pour la route à suivre jusqu'aux alizés.

On trouvera plus loin un tableau des meilleurs points de croisement, correspondant à chaque saison, pour les navires destinés à New-York. Il sera facile d'apporter les modifications nécessaires, à la fin de la traversée, quand on devra se rendre à des ports situés dans le S. de New-York, tels que la baie Delaware, la baie Chesapeake, etc. Il sera toujours important, particulièrement lorsque l'on sera destiné à des ports situés dans le S. du cap Hattéras, de vérifier souvent la position du navire par des observations, à partir du parallèle de 26° ou de 28°N. Il faudra aussi tenir compte, avec le plus grand soin, du courant du Gulf-Stream, en donnant la route; et il sera prudent, pour éviter tout mécompte, d'atterrir à bonne distance au vent du port de destination, quand on aura des vents bien établis.

TABLEAU DES CROISEMENTS DE GIBRALTAR A NEW-YORK

(PAR LES ALIZÉS).

SAISONS.	LONGITUDES SUIVANT LESQUELLES IL CONVIENT DE COUPER LES PARALLÈLES DE									
	35°N.	30°N.	25°N.	23°N.	22°N.	20°N.	23°N.	25°N.	30°N.	35°N.
	O.	O.	O.	O.	O.	O.	O.	O.	O.	O.
En Janvier, Février et Mars............	11° »	20° »	27° »	32° »	[illegible]	[illegible]	61° »	66° »	77° »	76° »
En Avril, Mai et Juin	11 »	2[.] »	21 »	30 »	32 »	[illegible]	51 »	65 »	70 »	71 »
En Juillet, Août et Septembre	11 »	20 »	29 »	32 »	67 »	[illegible]	65 »	70 »	73 »	75 »
En Octobre, Novembre et Décembre...	11 »	20 »	27 »	52 »	5[.] »	[illegible]	58 »	62 »	68 »	71 »

§ 84. — D'Europe aux Petites-Antilles, aux Grandes-Antilles, à la côte Ferme (Venezuela, Nouvelle-Grenade, Mosquitos, Honduras) et au golfe du Mexique (Campêche, Vera-Cruz, Tampico, Nouvelle-Orléans).

La première partie de la traversée se fera, pour les navires destinés à la mer des Antilles et au golfe du Mexique, absolument de même qu'il a été dit pour les navires se rendant à l'Équateur. On trouvera donc des instructions, pour la route à suivre jusqu'aux alizés, en se reportant : soit au § 61, p. 73, s'il s'agit de partir de la Manche, de Nantes ou de Bordeaux ; soit au § 62, p. 84, si l'on part de la Méditerranée.

On trouvera plus loin un tableau des meilleurs points de croisement, correspondant à chaque saison, et que l'on pourra se proposer de suivre, en partant soit de la Manche, soit de Gibraltar, pour atteindre le parallèle de 20°N. Cette route est celle qui convient à tous les navires allant dans la mer des Antilles ou dans le golfe du Mexique, quel que soit leur point de destination.

Après le tableau des croisements, nous donnerons les indications nécessaires pour permettre de terminer la traversée, à partir du moment où l'on aura coupé le parallèle de 20° Nord.

TABLEAU DES CROISEMENTS D'EUROPE A LA MER DES ANTILLES ET AU GOLFE DU MEXIQUE.

SAISONS.	POINTS de DÉPART.	LONGITUDES SUIVANT LESQUELLES ON COUPERA LES PARALLÈLES DE					
		45°N.	40°N.	35°N.	30°N.	25°N.	20°N.
		O.	O.	O.	O.	O.	O.
En Janvier, Février et Mars.	De la Manche.	15° »	17° »	20° »	22° »	27° »	38° »
	De Gibraltar.	» »	» »	11 »	20 »	27 »	38 »
En Avril, Mai et Juin.	De la Manche.	14° »	18 »	19 »	22 »	27 »	34 »
	De Gibraltar.	» »	» »	11 »	20 »	26 »	34 »
En Juillet, Août et Septembre.	De la Manche.	13° »	17 »	19 »	23 »	29 »	40 »
	De Gibraltar.	» »	» »	11 »	20 »	29 »	40 »
En Octobre, Novemb. et Décemb.	De la Manche.	14° »	18	20 »	21 »	27 »	37 »
	De Gibraltar.	» »	» »	11 »	20 »	27 »	37 »

FIN DE LA TRAVERSÉE.

Les principales routes à faire, au-delà du parallèle de 20°N., peuvent se résumer ainsi :

Les navires destinés à *Saint-Thomas*, à *Porto-Rico*, à *Samana et au cap Haïtien*, passent généralement dans le Nord des Iles-Vierges. Ils gouvernent directement, pour atteindre 19°30′N. par 60°O. environ ; et au-delà de ce point de croisement ils courent vers l'O. du monde, en se maintenant sur ce parallèle de 19°30′N. jusqu'à ce qu'ils aient dépassé le méridien d'Anegada. Quand on aura la certitude d'avoir atteint 66°45′O., on pourra seulement commencer à mettre du S. dans la route, si l'on se rend à Saint-Thomas ou à Porto-Rico. Les navires destinés au cap Haïtien iront reconnaître les caps Samana et Cabron et le Vieux-Cap français ; après quoi ils suivront la terre de cap en cap, jusqu'au cap Isabelle. Au-delà de ce cap, ils feront en sorte de contourner les hauts-fonds qui s'étendent au large ; en même temps qu'ils veilleront à ne point se laisser drosser dans l'O. du cap Haïtien. En accomplissant cette dernière partie de la traversée, pendant la saison des vents de N., de novembre en mars, il faudra naviguer avec prudence et ne pas suivre la côte de trop près.

Les navires destinés à Saint-Thomas peuvent encore choisir l'attérage par l'E. ; mais *cette route est délicate*. Après avoir dépassé le parallèle de 20°N., ils gouvernent pour atteindre 18°N. par 60°O. ; et au-delà de ce point de croisement ils courent vers l'O. du monde, en se maintenant dans les environs de ce parallèle de 18°N., pour attérir sur Saint-Barthélemy et Saint-Martin. Il convient de passer, de jour, entre Saint-Martin et Anguilla ; si l'on a un temps embrumé, il est prudent de mettre en travers et de courir des bordées, en attendant une embellie. Le passage entre Saint-Martin et Saint-Barthélemy demanderait encore de plus grandes précautions.

Les navires destinés *à Santo-Domingo, à Port-au-Prince, à la Jamaïque à Santiago de Cuba, à la Havane, à la Nouvelle-Orléans, au golfe du Mexique et au golfe du Honduras,* prennent ordinairement le passage entre Antigue et la Guadeloupe, pour entrer dans la mer des Antilles (1).

---

(1) Les navires destinés *à Matanzas ou à la Havane* feront généralement une traversée plus courte en prenant, *d'avril en octobre,* la route par le N. de Saint-Domingue et par le Vieux-Canal de Bahama. (Voir, à ce sujet, les indications contenues dans notre *Routier des Antilles,* page 97).

Après avoir dépassé le parallèle de 20°N., ils gouvernent pour atteindre 17°N. à peu près par 60°O.; et au-delà de ce point de croisement, ils courent vers l'O. du monde, en se maintenant dans les environs de ce parallèle de 17°N., pour atterir sur Antigue. Il convient de bien veiller en approchant de cette île. On tâche de la doubler, pendant le jour; et l'on traverse le canal, en se tenant plus près d'Antigue et de Montserrat que de la Guadeloupe. Après avoir pénétré dans la mer des Antilles, *les navires destinés aux ports du golfe du Mexique, ainsi qu'à la Nouvelle-Orléans et à la Havane,* gouverneront comme il est dit au § 10 de notre *Routier des Antilles* (p. 23). Ceux destinés *à la Jamaïque et au golfe du Honduras* trouveront des instructions au § 9 de notre *Routier des Antilles* (p. 21).

Les navires destinés à Santo-Domingo et à Port-au-Prince entreront généralement dans la mer des Antilles, comme nous venons de le dire, en passant entre Antigue et la Guadeloupe. Ceux pour Santo-Domingo gouverneront ensuite pour reconnaître l'île Saona et ceux pour Port-au-Prince iront reconnaître Alta Vela, puis ils couronneront à distance suffisante la Pointe-à-Gravois, pour atteindre le cap Tiburon. Etant parvenu dans les environs de ce cap, il conviendra de ne pas s'éloigner beaucoup de Saint-Domingue, et l'on restera dans l'E. de l'île Navaze, en louvoyant pour rallier le cap Dame-Marie; autrement l'on s'exposerait à tomber dans le fort du courant qui porte vers le S.O. dans le canal. Après avoir doublé le cap Dame-Marie, il faudra faire le plus d'E. possible pour gagner le canal de la Gonave.

Les navires destinés à Santo Domingo pourront encore passer par le N. des Iles Vierges, comme il a été dit pour ceux qui vont à Porto-Rico; puis ils prendront le canal de Mona. Ceux *pour Port-au-Prince* pourront également prendre la route par le N. de Porto-Rico; puis ils longeront la côte N. de Saint-Domingue, de cap en cap. En tous cas, cette route ne sera suivie que du milieu de juin au milieu d'octobre.

Les navires destinés à la Martinique gouvernent, en partant du croisement du parallèle de 20°N., de manière à se placer à grande distance sur le parallèle de l'île; puis, ils font route directement dessus. De jour, ils reconnaissent la montagne Pelée qui se voit de très-loin. De nuit, ils sont guidés par le feu du morne Caracoli fixe blanc et visible à 24 milles; ils passent dans le S. de l'île, et louvoient pour atteindre Fort-de-France.

Les navires destinés au golfe de Paria (Trinidad) gouverneront, en partant du croisement de 20°N., de manière à rallier le parallèle de 10°N. dans les environs de 60° ou de 61°O.; puis ils feront route vers l'O., en se défiant du courant qui portera vers l'O.N.O. ou le N.O. Quand la position aura été reconnue, en cherchant la sonde, sur le banc de sondes qui existe dans l'E. de l'île de la Trinidad, on gouvernera selon la saison. Pendant la saison sèche, de décembre en juin, on ira contourner la pointe de la Galera, et l'on entrera par le N. dans le golfe de Paria, en prenant les Bouches-du-Dragon; au contraire, pendant la saison des pluies, de juillet à la fin d'octobre, on ira reconnaître la pointe de la Galeota et l'on entrera, par le S., dans le golfe en prenant les Bouches-du-Serpent. (Voir, pour les détails, le § 5 de notre *Routier des Antilles*, page 13.)

Les navires destinés à la Barbade et à Tabago gouvernent, en partant du croisement de 20°N., de manière à rallier le parallèle de l'île de destination, à grande distance dans l'E., par 59° ou 60°O. environ. Il ne faudra pas attérir sur la Barbade, de nuit, sans être bien certain de sa latitude, pour ne pas s'exposer à la dépasser et à se laisser souventer. Quant à Tabago, il conviendra de l'attaquer par le S.; c'est-à-dire qu'il faudra se placer sur un parallèle voisin de celui de la pointe S. de l'île, avant de courir dessus. (Voir, pour les détails, le § 5 de notre *Routier des Antilles*, page 11).

Les navires destinés à la côte Ferme, à Cumana, à Barcelona, à la Guayra, à Puerto-Cabello, ainsi qu'à Curaçao, à Maracaybo, à Santa-Martha, à Carthagena, à Puerto-Bello, à Chagres et à Greytown, gouvernent, en partant du croisement de 20°N., de manière à rallier le parallèle de 13°10′N. environ par 59° ou 60°O.; puis ils font route vers l'O. pour reconnaître la Barbade, sur laquelle il convient de n'attérir qu'avec précaution. Après avoir reconnu la Barbade, on va prendre le passage entre Sainte-Lucie et Saint-Vincent, ou bien l'on va doubler la Grenade par le Sud. (Pour la *fin de la traversée*, voir les §§ 7 et 8 de notre *Routier des Antilles*, pages 18 et 20.)

§ 85. — D'Europe à la Guyane.

La première partie de la traversée se fera, pour les navires destinés à la Guyane, absolument de même qu'il a été dit pour les navires se rendant à l'Equateur. On trouvera donc des instructions, pour la route à suivre jusqu'aux alizés , en se reportant : soit au § 61 (page 73), s'il s'agit de partir de la Manche, de Nantes ou de Bordeaux ; soit au § 62 (page 84), si l'on part de la Méditerranée.

On trouvera plus loin un tableau des meilleurs points de croisement à suivre, dans chaque saison , en partant soit de la Manche, soit de Gibraltar. Après le tableau, nous donnons des indications sur la route qui est conseillée, pour chaque saison , à partir du parallèle de 20°N. jusqu'à la Guyane. Enfin , nous terminons le paragraphe par quelques renseignements *sur l'attérage*.

TABLEAU DES CROISEMENTS D'EUROPE A LA GUYANE.

SAISONS.	POINTS de DÉPART.	45°N.	40°N.	35°N.	30°N.	25°N.	20°N.	15°N.	10°N.	5°N.	3°40' N.
		LONGITUDES SUIVANT LESQUELLES ON COUPERA LES PARALLÈLES DE									
		Long.O.	Long.O.	Long.O.	Long.O.	Long.O.	Long.O.	Long.O	Long.O.	Long O.	Long.O.
En Janvier, Février et Mars.....	De la Manche.	15° » '	17° » '	20° » '	22° » '	27° » '	33° » '	39° 30 '	45° » '	49° » '	51° » '
	De Gibraltar..	» »	» »	11 »	20 »	27 »	33 »	39 30	45 »	49 »	51 »
En Avril, Mai et Juin..........	De la Manche.	14 »	18 »	19 »	22 »	27 »	34 »	39 »	46 »	49 »	51 »
	De Gibraltar..	» »	» »	11 »	20 »	26 »	34 »	39 »	46 »	49 »	51 »
En Juillet, Août et Septembre...	De la Manche.	13 »	17 »	19 »	23 »	29 »	40 »	47 30	48 30	49 »	51 »
	De Gibraltar..	» »	» »	11 »	20 »	29 »	40 »	47 30	48 30	49 »	51 »
En Octobre, Novembre et Décemb.	De la Manche.	14 »	18 »	20 »	21 »	27 »	35 »	42 30	44 30	47 »	51 »
	De Gibraltar..	» »	» »	11 »	20 »	27 »	30 »	42 36	44 30	47 »	51 »

En janvier, février et mars, après avoir coupé 20°N. par 33°O. environ, on gouvernera avec les alizés, de manière à couper 10°N. entre 45° et 46°O. On donnera ensuite la route à un quart, ou à un quart et demi plus S. que celle sur le cap de Cachipour, afin de compenser l'effet du courant. A partir du parallèle de 5°N. coupé par 49°O., on pourra s'attendre à 4 heures de pluie par 24 h.; et quand on atteindra 4° ou 3°40′N. dans les environs de 51°O., on aura environ 7 heures de pluie par 24 h. Les brises seront de N.E. à Est.

En avril, mai et juin, après avoir coupé 20°N. par 33° ou 34°O., on gouvernera directement sur le cap Cachipour, en tenant compte du courant qui portera d'abord vers l'O. On coupera ainsi 10°N. par 46° ou 47°O., mais pas à l'E. de 46°O. Au-delà de 10°N., on pourra mettre un quart ou un quart et demi de plus de S. dans la route, pour être sûr d'atteindre la terre dans les environs de Cachipour et du cap d'Orange. On coupera 5°N. par 49°O. environ; et de là, on ralliera 4°N. ou plutôt 3°40′N. à 150 milles de terre, puis l'on gouvernera vers l'O. en tenant compte du courant.

En juillet, août et septembre, et en suivant les croisements indiqués dans le tableau, on aura d'abord, de 20°N. à 15°N., des vents de N.E. à E.; puis, de 15°N. à 10°N., des vents de N.E. généralement bien établis; de 10° à 5°N., vents du N.E. à l'E. et au S.E., avec quelques calmes. Au-delà de 5°N., on a les vents d'E. au S.E. bien établis. Après avoir coupé 3°40′N. à 150 milles de terre, on fera route vers l'O., en tenant compte du courant.

En octobre, novembre et décembre, et en suivant les croisements indiqués, on aura de 20° à 10°N. des vents du N.E. à l'E., avec quelques chances de calmes. Nous nous empressons d'ajouter qu'à partir de 12°N. et jusqu'à 6°N., on pourra s'attendre à 4 heures de pluie par jour. De 10°N. à 5°N., les vents seront de N.E. à S.E., avec quelques calmes. Nous recommandons de ne pas couper 5°N. dans l'O. de 47° ou 50°30′O., pour ne point tomber dans des zones de calmes persistants. Au-delà de 5°N., les vents seront de N.E. à S.E. assez bien établis. Après avoir coupé 3°40′N. à 150 milles de terre environ, il conviendra de donner la route de manière à faire l'O. du monde, et l'on ne mettra du N. dans la route qu'après avoir recounu la terre.

INDICATIONS SUR L'ATTÉRAGE DE CAYENNE.

Les indications que nous donnons ci-après sont extraites, en partie, des excellentes instructions de feu M. le commandant Lartigue, ainsi que d'un article publié dans le tome 30 des Annales Hydrographiques.

Les voiliers doivent toujours attérir dans le S. de Cayenne. De mai en décembre, les calmes sont très-fréquents et les courants très-forts. De décembre en mai, les courants sont, il est vrai, moins forts ; mais on a d'épais brouillards, des pluies presque continuelles, et la côte est difficile a reconnaître de sorte qu'il n'y a guère que la sonde qui puisse guider le navire. En attérissant, dans les environs de 3°30′ à 4°N., on se rapproche de la côte jusque par des fonds de 15ᵐ environ ; puis, si le calme se fait, et si l'on craint d'être entraîné dans le N.O. par le courant, on a la ressource de mouiller.

Au lieu d'attérir un peu au-dessous de Chicapour, à 35 lieues au vent de Cayenne, *les navires à vapeur* venant d'Europe pourront préférer attérir sur le Connétable, situé à 12 milles au large, élevé d'environ 50ᵐ et visible à 25 ou 30 milles. Il faudra seulement veiller les Battures, qui brisent à 5 milles dans le N.N.O. de ce rocher, et qui en rendraient l'approche dangereuse, si l'on n'était pas sûr de sa position. On veillera aussi les courants portant au N.O. ; ils atteignent leur plus grande force, pendant la saison des vents de S.E., en mai, juin et juillet. Quand il y aura un phare *sur le Connétable, et l'on s'occupe d'en mettre un, les navires à voiles* pourront attérir dessus, comme les vapeurs ; et ils pourront raccourcir le détour qu'ils sont obligés de faire en allant chercher la terre près du cap Orange à une grande distance de Cayenne dans le S.E.

§ 86. — D'Europe à la rivière de Para (à Belem).

La première partie de la traversée se fera, pour les navires destinés à la rivière de Para, comme il a été dit pour les navires se rendant à l'Equateur. On trouvera donc des instructions, pour la route à suivre jusqu'aux alizés, en se reportant : soit au § 61, page 73, s'il s'agit de partir de la Manche, de Nantes ou de Bordeaux ; soit au § 62, page 84, si l'on part de la Méditerranée.

Lorsque l'on aura gagné les alizés, on gouvernera comme nous allons l'indiquer pour chaque saison. Une recommandation générale fort importante, qu'il ne faudra point perdre de vue, est la nécessité d'attérir bien dans l'E., c'est-à-dire au vent de l'embouchure de la rivière. Il conviendra de tenir grandement compte du courant qui portera vers le N.O., quand on sera dans le S. du parallèle de 5°N. La vitesse de ce courant, qui augmentera quand on se rapprochera de la rivière, variera de 2 à 4 nœuds à l'heure.

En janvier, février et mars, on gouvernera, avec les alizés variables du N.E. à l'E., de manière à atteindre directement 5°N. par 45°O. Au-delà de 5°N., on aura encore les mêmes vents, interrompus par quelques calmes; on aura aussi des pluies, qui pourront tomber à raison de 4 heures par 24 h., et même jusqu'à 7 heures par 24 h., quand on sera dans le S. de 3°30′N.

En avril, mai et juin, on gouvernera, avec les alizés variables du N.E. à l'E., de manière à atteindre directement 10°N. par 40°O. Puis, on coupera successivement 5°N. par 42°O.; et 2°N. par 45°O. On aura, de 10° à 5°N., des vents de N.E., avec quelques calmes; et au-delà de 5°N., les vents seront du N.E. à l'E. et au S.E., avec quelques calmes.

En juillet, août et septembre, on gouvernera, avec les alizés variables du N.E. à l'E., de manière à atteindre directement 15°N. par 34°O. Puis, on coupera successivement 10°N. par 35°O.; 5°N. par 35°O.; 3°N. par 36°O.; et l'Equateur par 42°O. De là, on fera route vers l'Ouest. En suivant ces points de croisement, on aura : de 15° à 10°N., des vents dominants de N.E. et d'E. variables au S.E. et au S.O., avec quelques calmes. De 10° à 5°N., les vents domineront du S.E. au S.O. et à l'O., soufflant parfois du N.E. et de l'E., avec quelques chances de calmes. Dans le S. du parallèle de 5°N., les vents souffleront du S.E.

En octobre, novembre et décembre, on gouvernera, avec les alizés variables du N.E. à l'E., de manière à atteindre directement 15°N. par 38°O. Puis, on coupera successivement : 10°N. par 43°O.; 5°N. par 44°O.; et 1°N. par 47°O. En suivant ces croisements, on aura, de 15° à 10°N., des vents d'E. avec quelques calmes ; de 10° à 5°N., des vents du N.E. à l'E. et au S.E., avec quelques calmes. Dans le S. du parallèle de 5°N., les vents souffleront du S.E. Nous ajouterons que l'on devra s'attendre à environ 4 heures de pluie par 24 h., depuis le parallèle de 12° jusqu'à celui de 6° Nord.

CHAPITRE VI.

*Routes de retour en Europe, en partant de l'Amérique, du golfe
du Mexique, des Antilles, de la Guyane, etc.*

—

§ 87. — Du Canada, de Terre Neuve et de St-Pierre-et-Miquelon à la Manche (*).

Cette traversée est dure, en hiver, par suite des coups de vent et de
la mer qu'on est exposé à rencontrer. Mais elle est très-simple comme
route à suivre, attendu que les vents dominants sont ceux de la partie
de l'Ouest. La route la plus directe est la meilleure, à la condition de
se tenir dans le S. de la route par l'arc de grand cercle qui ferait trop
remonter dans le N. et qui empêcherait de profiter du courant favorable du Gulf-Stream.

Nous nous bornerons à donner ci-après quelques indications som-
maires, sur les particularités de cette traversée, dans chaque saison.
On trouvera, d'ailleurs, au § 88, des renseignements que l'on pourra
utiliser. Nous rappelons enfin, que des instructions pour l'entrée en
Manche se trouvent dans la dernière partie du § 63, page 96.

En janvier, férrier et mars, et surtout pendant ce dernier mois, on
s'attendra à voir des glaces flottantes depuis Terre-Neuve jusqu'au méridien de 47° Ouest.

En avril, mai et juin, un navire à voiles évitera une partie des
calmes et fera une meilleure traversée en coupant le parallèle 47°30′N.
par 50°O.; et celui de 50°N. par 47° ou 46°O. A partir de ce point, on
cessera de voir des glaces flottantes et l'on fera route sur le parallèle
de 50°N. jusque par 37°O.; d'où l'on pourra remonter encore un peu
au N. et atteindre 50°30′N. par 30°O.; couper une seconde fois 50°N.
par 20°O.; et 49°25′N. par 11° Ouest.

En juillet, août et septembre, on fera route pour couper 47°30′N. par
50°O.; 48°45′N. par 42°O.; 49°25′N. par 32°O. et l'on continuera jusqu'à la Manche en gouvernant sur ce parallèle, sans dépasser celui de

(1) Nous rappelons que la navigation du St-Laurent n'est réellement praticable.
sans danger, que du milieu de juin à la fin d'octobre.

50°N., au N. duquel on trouverait 15 p. 0/0 de calmes entre les méridiens 22° et 27°O. En suivant la route que nous venons de donner, on cessera d'être exposé à rencontrer des glaces à partir de 43°O. environ.

En octobre, novembre et décembre, on gouvernera avec les vents favorables pour couper 47"N. par 47°O.; 47°30′N. par 42°O.; 48°45′N. par 32°O.; on suivra ce parallèle de 48°45′N. jusqu'à 22°O.; 49°N. par 17°O.; et 49°25′N. par 12° Ouest.

§ 88. — Du Canada, de Terre-Neuve et de St-Pierre-et-Miquelon à Gibraltar.

Nous donnerons d'abord le tableau des croisements de la route que l'on pourra suivre, avec des vents très-généralement favorables; et nous ajouterons ensuite quelques indications sur les particularités de la traversée, dans chaque saison. On trouvera, d'ailleurs, des instructions sur l'attérage et l'entrée du détroit, à la fin du § 64, page 106.

Nous rappelons encore que la navigation du St-Laurent n'est praticable, sans danger, que du milieu de juin à la fin d'octobre.

TABLEAU DES CROISEMENTS DE TERRE-NEUVE A GIBRALTAR.

SAISONS.	LATITUDES SUIVANT LESQUELLES IL CONVIENT DE COUPER LES MÉRIDIENS DE								
	52°O.	47°O.	42°O.	37°O.	32°O.	27°O.	22°O.	17°O.	12°O.
	N.	N.	N.	N.	N	N.	N.	N.	N.
En Janvier, Février et Mars.	46° »	45° »	44° »	43° »	42° 30′	42° »	41" »	39° 30′	37° »
En Avril, Mai et Juin.	46 »	45 »	44 »	43 30	42 30	42 »	41 30	39 »	37 »
En Juillet, Août et Septembre.	46 »	46 »	46 »	46 »	45 30	45 »	42 30	40 »	37 »
En Octobre, Novemb. et Décembre.	46 »	46 »	46 »	46 »	46 »	45 »	44 »	42 »	37 »

En janvier, février et mars, on devra veiller les glaces flottantes, dès le commencement de la traversée et jusqu'à ce qu'on ait coupé le méridien de 47°O. dans les environs de 45°N. Les vents seront presque toujours favorables. Quand on aura atteint le méridien de 22°O. par 41°N., on commencera à trouver les vents plus variables en direction : ils domineront, de la partie du N.E., de 22° à 17°O.; et de la partie du S.O., au-delà du méridien de 17° Ouest.

En avril, mai et juin, on devra veiller les glaces flottantes, dès le commencement de la traversée et jusqu'à ce qu'on ait coupé le méridien de 38° ou de 37°O., dans les environs de 44° ou de 43°30′N. Les vents seront presque toujours favorables. Quand on aura dépassé le méridien de 22°O. par 41°30′N., on aura des vents dominant généralement de la partie du N. Au-delà du méridien de 17°O., les vents domineront du N.E. au N.O., à l'O. et au S.O.

En juillet, août et septembre, on devra veiller les glaces flottantes, dès le commencement de la traversée et jusqu'à ce qu'on ait dépassé le méridien de 39° ou de 38°O. La route que nous conseillons ne fait pas venir dans le S. du parallèle de 45°N., avant d'avoir atteint 28°O.; en gouvernant de cette manière, on évitera les calmes de la zone comprise entre 45° et 40°N., et entre 27° et 32°O. Quand on aura dépassé le méridien de 27°O., les vents domineront du N.E. au N., au N.O., à l'O. et au S.O. Au-delà de 17°O., les vents domineront du N.E. et du N.O.

En octobre, novembre et décembre, on gouvernera à l'E. du monde, en se maintenant au N. de 45°N. jusque par 27°O. Si l'on coupait 45°N. avant d'avoir atteint 27°O., on risquerait d'être arrêté dans des zones où les chances de calmes sont de 10 p. 0/0. Les vents dépendront presque constamment de la partie de l'O., depuis Terre-Neuve jusqu'au méridien de 15°O., qu'on atteindra par 40°N. Au-delà de ce parallèle, les vents domineront de l'E.S.E. au S.S.E., au S.O. et au N.O. Quand on aura dépassé 12°O., les vents seront variables et domineront généralement du N.E. au N.O.

§ 89. — De New-York à la Manche.

D'une manière générale, on s'accorde à penser que la route la plus prompte de New-York à la Manche consiste à suivre le Gulf-Stream, en profitant du courant favorable dont la direction, dans son ensemble, ne s'écarte pas très-sensiblement de l'arc de grand cercle. Mais, en adoptant cette route, on doit s'attendre à des mauvais temps exceptionnels aux équinoxes, et de juillet en octobre. Aussi, les navires d'un tonnage inférieur et ceux qui ne sont pas, à la mer, dans de bonnes conditions agiront prudemment en faisant route plus au N., et en se maintenant en dehors du Gulf-Stream, tout au moins pendant la saison et aux époques que nous venons d'indiquer.

La route qui nous occupe est une de celles que Maury a étudiées avec le plus de soin, et nous croyons ne pouvoir mieux faire que de reproduire exactement les points de croisement qu'il conseille pour chaque mois de l'année. Cette traversée est généralement effectuée avec des vents favorables; et les navires ont souvent à craindre d'être trop vigoureusement poussés par le vent et par la mer, plutôt qu'ils n'ont à redouter des calmes ou des brises contraires. Il faudra veiller les glaces flottantes, comme nous le dirons plus loin; et l'on se tiendra toujours prêt à manœuvrer pour éviter les abordages, particulièrement quand on sera par une longitude voisine de celle de Terre-Neuve. Nous rappelons enfin que l'on trouvera des instructions pour l'entrée en Manche, dans la dernière partie du § 63, page 96.

ROUTE DES VOILIERS, DE NEW-YORK A LA MANCHE.

MOIS.	LATITUDES SUIVANT LESQUELLES IL CONVIENT DE COUPER LES MÉRIDIENS DE												
	72° O	67° O	62° O	57° O	52° O	47° O	42° O	57° O	32° O	27° O	22° O	17° O	12°O
	N.	N.	N.	N.	N.	N.	N.	N.	N.	N.	N.	N.	N.
Janvier......	40°	42°	44°	44°	45°	45°	45°	45°	46°	48°	48°	49°	49°
Février......	41	42	43	45	45	45	45	46	48	49	49	50	49
Mars........	40	40	42	44	44	44	44	44	45	46	46	48	50
Avril........	40	42	42	44	45	46	46	46	46	48	49	49	49
Mai........	42	42	43	45	45	45	45	45	45	45	48	48	49
Juin........	41	43	43	44	46	47	49	50	51	51	51	51	50
Juillet.......	40	42	43	44	45	45	46	47	47	47	48	48	49
Août........	40	39	40	42	43	45	48	48	48	48	48	48	48
Septembre...	41	41	41	42	42	44	45	45	45	47	47	48	48
Octobre......	39	38	39	41	42	44	44	45	46	46	47	48	48
Novembre...	39	39	39	39	39	39	41	42	44	45	48	49	50
Décembre...	39	40	40	42	43	44	44	45	47	48	49	50	51

La distance à parcourir pour atteindre l'entrée de la Manche, en suivant les croisements indiqués dans le tableau précédent, est de 3,200 milles environ qui seront faits en vingt-trois jours, en moyenne, par les navires à voiles d'une marche ordinaire. Les plus belles traversées seront effectuées généralement pendant le mois de juin. On peut conseiller la même route aux navires mixtes dont l'intention serait d'abréger la traversée le plus possible, mais sans faire cependant de grandes dépenses de charbon. Les feux ne devraient être allumés que pendant les périodes de calmes ou de légère brise debout, et, par suite, la durée de la traversée pourrait être réduite de 10 0/0 environ.

Les glaces flottantes devront être veillées attentivement. On pourra en rencontrer, pendant les mois de janvier, février et mars, entre les méridiens de 47° et de 57°O., et au N. du parallèle de 42°30′N. Pendant les mois d'avril, mai et juin, on sera exposé à en trouver entre les méridiens 41° et 59°O., dans le N. du parallèle de 40°; les glaces descendent même à cette époque jusque par 39° de latitude, sur les méridiens compris de 45° à 48°30′O. En juillet et en août, les glaces flottantes peuvent encore être rencontrées entre les méridiens de 52° et 62°, au N. du parallèle 41°; et entre les méridiens de 40° et 52° O., au N. des parallèles 41°30′ et 42°30′N.

Nous donnerons, en terminant, les routes qui paraissent les meilleures, *pour les navires à vapeur*. Ces routes sont celles conseillées par M. W. de Freeden, après une étude des journaux des paquebots du Lloyd, de 1860 à 1867. Le tableau suivant a été d'ailleurs reproduit dans les instructions du Dépôt de la Marine.

ROUTE DES PAQUEBOTS, DE NEW-YORK A LA MANCHE.

LONGI-TUDES.	LATITUDES DE CROISEMENT, POUR CHAQUE MOIS DE L'ANNÉE.											
	Janvier.	Février.	Mars.	Avril.	Mai.	Juin.	Juillet.	Août.	Septemb	Octobre	Novemb	Décemb
	Lat.N.	Lat.N.	Lat.N.	Lat.N.	Lat.N.	Lat.N.	Lat.N.	Lat.N.	Lat.N.	Lat.N.	Lat.N.	Lat.N.
72°O...	40° 30'	40° 30'	40° 24'	40° 30'	40° 30'	40° »'	40° 36'	40° 32'	40° 30'	40° 30'	40° 30'	40° 42'
62°O...	41 50	41 48	41 20	41 24	41 36	41 36	42 »	41 34	42 06	43 12	42 50	43 »
52°O...	44 »	44 36	43 06	43 06	42 30	42 42	43 48	43 15	43 50	46 34	45 40	46 06
42°O...	46 48	47 18	45 15	43 54	45 24	46 06	46 48	46 24	46 20	48 47	48 20	48 32
32°O...	49 »	49 »	48 54	48 12	47 48	48 40	49 »	49 15	48 30	50 01	49 40	50 »
22°O...	49 48	49 36	50 10	49 06	49 24	49 48	49 54	49 54	49 30	50 21	50 20	50 30
12°O...	49 48	49 40	50 »	49 36	49 48	49 48	49 54	49 50	49 45	49 50	50 »	50 »

§ 90. — De New-York à Gibraltar.

Nous donnerons d'abord le tableau des croisements de la route que l'on pourra suivre, avec des vents très-généralement favorables ; et nous ajouterons ensuite quelques indications sur les particularités de la traversée, dans chaque saison. On trouvera des instructions sur l'attérage et l'entrée du détroit, à la fin du § 64, page 106.

TABLEAU DES CROISEMENTS DE NEW-YORK A GIBRALTAR.

ÉPOQUES de L'ANNÉE.	LATITUDES SUIVANT LESQUELLES IL CONVIENT DE COUPER LES MÉRIDIENS DE							
	72°O.	62°O.	52°O.	42°O.	32°O.	22°O.	17°O.	12°O.
	N.	N.	N.	N.	N.	N.	N.	N.
En Janvier, Févr. et Mars.	41° »'	41° »'	41° »'	41° »'	41° »'	41° »'	39° 30'	37° »'
En Avril, Mai et Juin...	41 »	41 »	41 »	41 »	41 »	41 »	38 30	37 »
En Juillet, Août et Sept.	41 »	41 »	41 »	41 »	41 »	41 »	40 »	37 »
En Octobre, Nov. et Déc.	40 »	37 30	36 »	36 »	36 »	36 »	36 »	36 »

En janvier, février et mars, les navires à voiles ou mixtes feront tout leur chemin en longitude par 40°30' ou 41°N., avec des vents très généralement favorables, et sans chances de glaces flottantes sur sur ce parallèle. On aura peu de calmes, à la condition de se tenir constamment au N. du parallèle de 40°, tant qu'on aura point dépassé dans l'E. le méridien de 22°O. Au-delà de ce méridien, on commencera à trouver les vents plus variables en direction : ils domineront de la partie du N.E., de 22° à 17°O.; et de la partie du S.O., au-delà du méridien de 17° O.

En avril, mai et juin, et en suivant la route que nous indiquons, il conviendra de veiller les glaces flottantes, depuis 53°O. jusqu'à 41°O. La route fait passer dans le N. des Açores, avec des vents généralement favorables, tandis qu'on serait exposé à des calmes fréquents si l'on doublait cet archipel par le S. Au-delà du méridien de 22°O., les vents domineront ordinairement de la partie du N.; et au-delà de 17°O., ils domineront du N.E. au N.O., à l'O. et au S.O.

En juillet, août et septembre, on n'aura point de chances de rencontre de glace, si l'on ne dépasse pas dans le N. le parallèle de 41°N. Les vents seront presque toujours favorables et bien établis, quand on suivra nos croisements. Au-delà du méridien de 27°O., les vents domineront du N.E. au N., au N.O., à l'O. et au S.O. Au-delà de 17°O., les vents domineront du N.E. au N.O.

En octobre, novembre et décembre, la route consiste à aller, avec des vents généralement favorables, chercher le parallèle de 35°N. dans les environs de 52°O. On fera tout son chemin en longitude, en se maintenant à peu près par 36°N., et sans descendre plus S. que le parallèle de 35°N. Entre les méridiens de 45° et de 32°O., les vents les plus fréquents seront ceux de la partie du S.E., par lesquels on sera d'autant moins contrarié que l'on aura pris la précaution d'aborder cette zone par une latitude moins élevée. Au-delà de 32°O., on fera bonne route, en passant dans le S. des Açores, où l'on ne trouvera généralement pas de calmes; mais on pourra en rencontrer quelquefois, au-delà du méridien de 22°O. Les vents les plus fréquents dans cette saison, à l'ouvert du détroit, sont ceux de la partie du N.O. au N.E.

§ 91. — Route de retour en Europe, pour les navires partant des Petites-Antilles, des Grandes-Antilles, de la Côte-Ferme (Venezuela, Nouvelle-Grenade, Mosquitos et Honduras), et du golfe du Mexique (Campêche, Vera-Cruz, Tampico et Nouvelle-Orléans).

INDICATIONS GÉNÉRALES SUR LE COMMENCEMENT DE LA TRAVERSÉE.

Afin de pouvoir donner des instructions complètes, sur cette traversée de retour en Europe, nous croyons utile d'indiquer d'abord le passage qu'il conviendra de prendre, selon le port de départ, pour sortir de la mer des Antilles. Nous réduirons ces passages aux quatre principaux, qui sont les suivants : 1º *le débouquement des Petites-Antilles*, généralement entre la Guadeloupe et Antigue; 2º *le passage de Mona*, entre Porto-Rico et l'île de Mona; 3º *les débouquements de Saint-Dominique*, au nombre desquels nous citerons surtout la passe de Crooked; 4º *le canal de la Floride*, ou autrement dit nouveau canal de Bahama.

En partant des Petites-Antilles, on prendra le plus ordinairement le débouquement compris entre la Guadeloupe et Antigue. Nous conseillons, à ce sujet, de se reporter au § 1 de notre *Routier des Antilles*, page 1, où l'on trouvera quelques indications.

En partant des Iles-Vierges, de Saint-Thomas ou de Porto-Rico, on fera route vers le N., naturellement sans difficulté, et comme il est indiqué au § 11 de notre *Routier des Antilles*, page 28. D'ailleurs, la route à suivre dans ce cas se rapprochera beaucoup de celle qui sera indiquée plus loin, pour les navires qui auront pris le passage de Mona.

En partant de Cumana, de Barcelona, de la Trinidad, de la Grenade et de Tabago, il conviendra de prendre le passage de Mona. On trouvera au § 25 de notre *Routier des Antilles*, page 68, des indications sur cette route, pour les navires qui partent de Cumana et de Barcelona. La route sera encore plus facile à suivre, quand le navire partira de la Trinidad, de la Grenade ou de Tabago.

En partant de la Guayra ou de Puerto-Cabello, on ira chercher le passage au vent de la Jamaïque et l'on prendra l'un des débouquements de Saint-Domingue, comme nous l'indiquons au § 25 de notre *Routier des Antilles*, page 69.

En partant de Maracaybo, même route : voir § 26 de notre *Routier des Antilles*, page 73.

En partant de Saint-Domingue, on débouquera comme il est dit au § 2 de notre *Routier des Antilles*, page 2.

Enfin, le meilleur débouquement sera celui du nouveau canal de Bahama, quand on partira : *de Santa-Martha* ou *de Carthagena* (voir § 27 de notre *Routier des Antilles*, page 77); *de Puerto-Bello, d'Aspinwall*, *de Chagres ou de Greytown* (voir § 31 de notre *Routier des Antilles*, page 83); *d'Omoa, de Truxillo ou de Belize (Honduras)*, voir §§ 32 et 33 de notre *Routier des Antilles*, pages 85 et 87; *de la Jamaïque* (voir § 3 de notre *Routier de Antilles*, page 4) ; *de la Havane et de Santiago de Cuba* (voir § 4 de notre *Routier des Antilles*, page 8) ; *de la Vera-Cruz*, *du Goazacoalcos,' de Tabasco, de Carmen ou de Campèche* (voir §§ 35 et 36 de notre *Routier des Antilles*, pages 89 et 93); *enfin de la Nouvelle-Orléans, de Mobile et de Pensacola* (voir § 37 de notre *Routier des Antilles*, page 94.

En ce qui concerne particulièrement les navires partant *des Bouches du Mississipi, de Mobile ou de Pensacola*, nous nous bornerons à faire remarquer que, *de mai en septembre*, ils devront d'abord s'élever dans le S., afin de se placer en assez bonne position pour ne pas craindre d'être jetés à la côte, s'il venait à surventer du S.E. au S.O. Ils pourront ensuite faire de l'E., en louvoyant au besoin, pour aller chercher le plateau de Sondes, dit des Tortugas, qui borde la côte O. de la Floride. Mais, *d'octobre en avril*, on n'aura plus la même préoccupation, et l'on pourra, dès le départ, mettre de l'E. dans la route, pour chercher la Sonde des Tortugas (voir § 35 de notre *Routier des Antilles*, page 89.

1ᵒ ROUTE, EN PARTANT DE CHAQUE DÉBOUQUEMENT, POUR ALLER A LA MANCHE,
A NANTES OU A BORDEAUX.

Nous donnons ci-après le tableau des croisements de la route pour aller à la Manche, en partant de chacun des quatre débouquements principaux que nous avons indiqués. On commencera par tracer cette route, sur la carte, et on la suivra autant que les circonstances le permettront.

Les navires destinés à Nantes et à Bordeaux suivront les mêmes croisements jusque par 40°N.; puis ils mettront plus d'E. dans leur route, de manière à couper 45°N. à 150 ou 200 lieues plus à l'E. que s'ils allaient à la Manche. Ils feront ensuite de l'E. sans difficulté, pour atteindre la latitude du point d'attérage : sur Belle-ile, ou sur Cordouan.

Après le tableau, nous donnerons quelques indications, sur les principales circonstances de la traversée dans chaque saison. Enfin, en se reportant à la dernière partie du § 63, page 96, on trouvera les instructions nécessaires, pour donner dans la Manche, et pour se rendre au Havre ou à Cherbourg.

TABLEAU DES CROISEMENTS DE LA ROUTE DE RETOUR A LA MANCHE.

En partant des quatre principaux débouquements de la Mer des Antilles.

SAISONS.	DÉBOUQUEMENTS CONSIDÉRÉS COMME POINTS DE DÉPART.	LONGITUDES SUIVANT LESQUELLES IL CONVIENT DE COUPER LES PARALLÈLES DE								
		20°N.	25°N.	30°N.	35°N.	40°N.	45°N.	47°30' N.	49°N.	49°20' N.
		Long.O.	Long.O.	Long.O.	Long.O.	Long.O.	Long.O.	Long.O.	Long.O.	Long.O.
En Janvier, Février et Mars.	Entre la Guadeloupe et Antigue.	65° »'	69° »'	71° »'	70° »'	57° »'	39° »'	25° »'	15° »'	11° »'
	Passage de Mona	70 30	74 »	74 30	70 »	57 »	39 »	25 »	15 »	11 »
	Passage de Crooked	» »	77 »	79 »	70 »	57 »	39 »	25 »	15 »	11 »
	Canal de Bahama	» »	82 »	81 »	70 »	57 »	39 »	25 »	15 »	11 »
En Avril, Mai et Juin	Entre la Guadeloupe et Antigue.	65 »	67 »	67 »	62 »	53 »	40 »	27 »	17 »	11 »
	Passage de Mona	70 30	72 »	72 »	70 »	57 »	40 »	27 »	17 »	11 »
	Passage de Crooked	» »	77 »	79 »	75 »	60 »	40 »	27 »	17 »	11 »
	Canal de Bahama	» »	82 »	81 »	75 »	60 »	40 »	27 »	17 »	11 »
En Juillet, Août et Septemb.	Entre la Guadeloupe et Antigue.	65 »	68 »	70 »	68 »	60 »	47 »	32 »	17 »	11 »
	Passage de Mona	70 30	74 »	74 30	69 »	60 »	47 »	32 »	17 »	11 »
	Passage de Crooked	» »	77 »	79 »	73 »	63 »	47 »	32 »	17 »	11 »
	Canal de Bahama	» »	82 »	81 »	74 »	63 »	47 »	32 »	17 »	11 »
En Octobre, Nov. et Déc.	Entre la Guadeloupe et Antigue.	65 »	69 »	71 »	70 »	60 »	43 »	30 »	16 »	11 »
	Passage de Mona	70 30	74 »	75 »	70 »	60 »	43 »	30 »	16 »	11 »
	Passage de Crooked	» »	77 »	79 »	72 »	61 »	43 »	30 »	16 »	11 »
	Canal de Bahama	» »	82 »	81 »	73 »	61 »	43 »	30 »	16 »	11 »

EN JANVIER, FÉVRIER ET MARS.

Les navires partant des Petites-Antilles auront des vents de N.E. à S.E. jusqu'à 25°N. Puis, de 25° à 30°N., vents variables dominants du N.E., au S.E et au S.O. De 30° à 35°N., vents variables, dominants du S.E. au S.O. et au N.O.

Les navires partant du passage de Mona auront, jusqu'à 25°N., des vents de N.E. à E. Puis, de 25° à 30°N., vents variables soufflant à peu près également de toutes les directions : on cherchera à faire le N. du monde, ou le N.N.O. De 30° à 35°N., vents variables et dominants du S. au S.O. à l'O et au N.O.

En partant des débouquements de Saint-Domingue, ou du canal de Bahama, on aura, jusqu'à 25°N., des vents de N.E. à S.E. Puis, de 25° à 30°N., vents variables. De 30° à 35°N., vents encore variables, mais dominants du S.O. au N.O.

Quel que soit le point de départ, on aura, *au-delà de 35°N.,* des vents dominants de la partie de l'O. Il faudra (surtout en mars) veiller les glaces flottantes que l'on pourra rencontrer, si l'on va au N. de 42°N., entre les méridiens de 57° et 47°O.

EN AVRIL, MAI ET JUIN.

En partant des Petites-Antilles, on aura, jusqu'à 20°N., des vents dominants d'E., variables du N.E. au S.E. De 20° à 25°N., vents dominants du N.E. à l'E. et au S.E. De 25° à 30°N., les vents domineront du N.E. à l'E. et au S.E., entremêlés de quelques calmes, et ils commenceront à varier au S.O. et à l'O. De 30° à 35°N., vents variables, dominants du S.E. au S.O.

En partant du passage de Mona, on aura, jusqu'à 25°N., des vents dominants du N.E au S.E. De 25° à 30°N., vents dominants de N.E. à S.E., avec quelques calmes et commençant à varier du S.E. à l'O. De 30° à 35°N., vents variables, dominant de S.E. à S.O.

En partant des débouquements de Saint-Domingue, ou du canal de Bahama, on aura jusqu'à 35°N. les mêmes chances de vents qu'en partant de Mona.

Quel que soit le point de départ, on aura, *au-delà de 35°N.,* des vents dominants de la partie de l'O. Les navires partant des Petites-Antilles devront, en suivant notre route, veiller les glaces flottantes depuis le méridien de 53°O. jusqu'à celui de 42°O. Quant aux navires partant du passage de Mona et des autres débouquements plus à l'O., ils veilleront les glaces flottantes depuis 55°O. jusqu'à 42°O.

EN JUILLET, AOUT ET SEPTEMBRE.

A cette époque, on sera dans la saison des *ouragans*. Il faudra donc se tenir sur ses gardes et bien veiller le baromètre (voir : §§ 43 et suivants).

En partant des Petites-Antilles, on aura jusqu'à 20°N. des vents de N.E. à E. De 20° à 25°N., vents dominants du N.E. à l'E. et au S.E. De 25° à 30°N., vents très-variables, dominants du S.E. au S.O., quelques calmes. De 30° à 35°N., vents très-variables et dominants du S.O.

En partant du passage de Mona, on aura jusqu'à 25°N. des vents de N.E. à l'E. et au S.E. De 25° à 30°N., vents variables dominants de S.O., peu de calmes. De 30° à 35°N., mêmes vents, avec quelques chances de calmes.

En partant des débouquements de Saint-Domingue, ou du canal de Bahama, on aura, jusqu'au parallèle de 30°N., des vents variables, dominants du N.E. à l'E. et au S.E., avec quelques calmes. De 30° à 35°N., les vents seront variables, et domineront du S.O., peu de calmes.

Quel que soit le point de départ, on aura, *au-delà de 35°N.*, des vents dominants de la partie de l'O. Il faudra veiller les glaces flottantes, dès que l'on sera au N. du parallèle de 41°N., et tant que l'on n'aura point dépassé dans l'E. le méridien de 41° ou de 40°Ouest.

EN OCTOBRE, NOVEMBRE ET DÉCEMBRE.

En partant des Petites-Antilles, on aura, jusqu'à 20°N., des vents de N.E. à S.E. De 20° à 25°N., les vents seront de N. à N.E., E. et S.E.; et il n'y aura pas à en profiter pour faire plus de N. que nos croisements ne l'indiquent, attendu que la meilleure route, selon nous, est celle par l'O. des Bermudes. De 25° à 30°N., vents de N.E. à S.E. et S.O., avec quelques calmes. De 30° à 35°N., vents variables dominants du S.O. à l'O., au N.O. et au N.E. avec quelques calmes.

En partant du passage de Mona, on aura, jusqu'à 25°N., des vents du N. au N.E., à l'E. et au S.E. De 25° à 30°N., vents variables, dominants du N.E. à l'E. et au S.E., avec quelques calmes. De 30° à 35°N., vents très-variables, dominants du S.O. au N.O.

En partant les débouquements de St-Domingue ou du canal de Bahama, on aura, jusqu'au parallèle de 30°N., des vents variables, dominants du N. au N.E. et à l'E., avec quelques calmes. De 30° à 35°N., vents très-variables, dominants du S.O. au N.O.

Quel que soit le point de départ, on aura, au-delà de 35°N., des vents dominants de la partie de l'O. On n'aura point à craindre de glaces flottantes.

2° ROUTE, EN PARTANT DE CHAQUE DÉBOUQUEMENT, POUR ALLER AU DÉTROIT
DE GIBRALTAR.

Nous donnons, ci-après, le tableau des croisements de la route pour aller au détroit de Gibraltar, en partant de chacun des quatre débouquements principaux que nous avons indiqués dans la première partie du présent paragraphe. On commencera par tracer cette route, sur la carte, et on la suivra autant que les vents le permettront.

Les circonstances de temps auxquelles on devra s'attendre, depuis le débouquement jusqu'au parallèle de 35°N., seront absolument les mêmes que celles indiquées plus haut, pour les navires destinés à la Manche (pour gens de juin en octobre).

Au-delà de 35°N., les vents seront variables, mais domineront de la partie de l'O. bien établis. On n'aura naturellement point à craindre les glaces flottantes.

En approchant du détroit, quand on aura dépassé le méridien de 22°O., on aura les changes de vents que nous avons signalées, pour chaque saison, au § 90, page 187. Enfin, on trouvera des instructions sur l'atterrage et sur l'entrée du détroit, dans la dernière partie du § 64, page 143.

TABLEAU DES CROISEMENTS DE LA ROUTE DE RETOUR AU DÉTROIT DE GIBRALTAR,

En partant des quatre principaux débouquements de la Mer des Antilles.

SAISONS.	DÉBOUQUEMENTS considérés comme points de départ.	CROISEMENTS DES PARALLÈLES DE 20°N. Long.O.	25°N. Long.O.	30°N. Long.O.	LATITUDES DE CROISEMENT DES MÉRIDIENS DE 70°O. Lat.N.	62°O. Lat.N.	52°O. Lat.N.	42°O. Lat.N.	32°O. Lat.N.	22°O. Lat.N.	17°O. Lat.N.	12°O. Lat.N.
En Janvier, Février et Mars.	Entre Guadeloupe et Antigue	65° »	63° »	71° »	35° »	41° »	41° »	41° »	41° »	41° »	39° »	37° »
	Passage de Mona	70 30	74 »	74 30	35 »	41 »	41 »	41 »	41 »	41 »	39 »	37 »
	Passage de Crooked	» »	77 »	79 »	35 »	41 »	41 »	41 »	41 »	41 »	39 »	37 »
	Canal de Bahama	» »	82 »	81 »	35 »	41 »	41 »	41 »	41 »	41 »	39 »	37 »
En Avril, Mai et Juin.	Entre Guadeloupe et Antigue	65 »	67 »	67 »	» »	35 »	39 »	40 »	40 30	40 30	38 30	37 »
	Passage de Mona	70 30	72 »	72 »	34 »	37 »	39 »	40 30	41 »	40 30	38 30	37 »
	Passage de Crooked	» »	77 »	79 »	36 30	38 »	40 »	41 »	41 »	40 30	38 30	37 »
	Canal de Bahama	» »	82 »	81 »	36 30	38 »	40 »	41 »	41 »	40 30	38 30	37 »
En Juillet, Août et Septembre.	Entre Guadeloupe et Antigue	65 »	68 »	79 »	39 »	37 »	39 »	40 30	41 »	40 30	40 »	37 »
	Passage de Mona	70 30	74 »	74 30	34 »	41 »	41 »	41 »	41 »	40 30	40 »	37 »
	Passage de Crooked	» »	77 »	78 »	36 30	38 30	41 »	41 »	41 »	40 30	40 »	37 »
	Canal de Bahama	» »	82 »	81 »	37 »	39 »	41 »	41 »	41 »	40 30	40 »	37 »
En Octobre, Novembre et Déc.	Entre Guadeloupe et Antigue	65 »	69 »	71 »	35 »	36 »	36 »	36 »	36 »	36 »	36 »	36 »
	Passage de Mona	70 30	74 »	75 »	35 »	36 »	36 »	36 »	36 »	36 »	36 »	36 »
	Passage de Crooked	» »	77 »	79 »	35 30	36 »	36 »	36 »	36 »	36 »	36 »	36 »
	Canal de Bahama	» »	82 »	81 »	35 30	36 »	36 »	36 »	36 »	36 »	36 »	36 »

§ 92. — De la rivière de Para et de la Guyane en Europe.

Nous donnons, plus loin, les deux tableaux de croisements de cette route : l'un, pour les navires destinés à la Manche ; et l'autre, pour ceux qui se rendent à Gibraltar. En traçant d'abord, sur la carte, la route que l'on devra suivre, on remarquera que, pendant le premier et le troisième trimestres, il convient de passer dans l'O. des Bermudes; tandis que, pendant le deuxième et le quatrième trimestres, on passera dans l'Est.

En partant de la rivière de Para, le courant portera d'abord vers le N.N.O. ou le N.O., avec une vitesse qui variera de 2 à 4 nœuds à l'heure, jusqu'au parallèle de 5°N. Puis, il portera vers le N.O. ou l'O.N.O., de 1ⁿ à 1ⁿ,5 à l'heure, entre les parallèles de 5° et de 10°N. Enfin, depuis 10°N. jusqu'à 30° ou 35°N., le courant portera à l'O., avec une vitesse de 0ⁿ,5 à 1ⁿ à l'heure environ.

En partant de la Guyane, le courant portera d'abord au N.O. ou à l'O.N.O., avec une vitesse variable de 1 à 3 nœuds à l'heure, jusqu'à une distance de 100 à 120 milles de la côte. Puis, le courant n'aura plus que 1ⁿ à 1ⁿ,5 de vitesse, portant toujours vers la même direction jusqu'à 10°N. Au-delà de ce parallèle et jusqu'à 35°N., le courant portera vers l'O., avec une vitesse de 0ⁿ,5 à 1ⁿ à l'heure.

EN JANVIER, FÉVRIER ET MARS.

Les navires partant de Para auront d'abord, jusqu'au parallèle de 5°N., des vents de N.E. variables à l'E., avec quelques calmes, et environ 7 heures de pluie par 24 heures.

En partant de Para ou de la Guyane, on aura, entre les parallèles de 5° et de 15°N., des vents de N.E. bien établis. Puis, de 15° à 20°N., vents de N.E. variables à l'E. De 20° à 25°N., vents de N.E. variables à l'E. et au S.E. De 25° à 30°N., vents très-variables et dominants du N.E. au S.E. et au S.O. De 30° à 35°N., vents variables et dominants du S.E. au S.O. et au N.O. Au-delà de 35°N., vents dominants du S.O. au N.O. *Pas de glaces flottantes*

EN AVRIL, MAI ET JUIN.

En partant de la rivière de Para, on aura d'abord des vents de N.E., jusqu'au parallèle de 5° Nord.

En partant, soit de cette rivière, soit de la Guyane, on aura, entre 5°
et 10°N., des vents de N.E. et beaucoup de chances de calmes. Puis,
de 10° à 15°N., les vents souffleront du N.E. assez bien établis. De 15°
à 25°N., on aura des vents de N.E. variables à l'E. et au S.E. De 25°
à 30°N., vents dominants du S.E., variables du N.E. à l'E., au S.E.,
au S. et au S.O. De 30° à 35°N., vents variables, dominants du S.E.
au S.O. et au N.O. Au-delà de 35°N., vents variables et dominants du
S.O. au N.O. On pourra rencontrer *des glaces flottantes,* de 53° à 43°O.,
si l'on va à la Manche ; et de 49° à 43°O., si l'on va à la Méditerranée.

EN JUILLET, AOUT ET SEPTEMBRE.

Cette saison est celle où les *ouragans* sont le plus à craindre. Il
faudra se tenir sur ses gardes et bien veiller le baromètre. (Voir §§ 43
et suivants.)

En partant de la ririère de Para, il faudra faire le plus de N. possible,
afin de ne pas tomber dans l'O. de 52° ou de 52°30′O., avant d'avoir
atteint 5°N. Cette route au N.N.E. (pour faire le N. du monde) sera,
d'ailleurs, facile avec les vents d'E. au S.E. De 5° à 10°N., vents du
N.E. à l'E. et au S.E., avec quelques calmes.

En partant de la Guyane on aura, jusqu'au parallèle de 10°N., des
vents du N.E. à l'E., au S.E. et au Sud, avec des calmes assez fréquents.

Si l'on part de Para ou de la Guyane, ou aura, *au-delà de 10°N.,* des
vents du N.E. à l'E. De 20° à 25°N., les vents varieront du N.E. au
S.E. De 25° à 30°N., vents de N.E. à l'E., au S.E. et au S.O., avec
quelques calmes. De 30° à 35°N., vents variables et dominants du S.E.
au S.O. Au-delà de 35°N., vents variables et dépendant de la partie de
l'O. On pourra rencontrer des *glaces flottantes,* entre les méridiens 57°
et 40°O., si l'on va à la Manche. Quant aux navires qui se rendent à la
Méditerranée, ils n'en rencontreront point.

EN OCTOBRE, NOVEMBRE ET DÉCEMBRE.

En partant de la rivière de Para, on aura d'abord des vents de N.E.
à S.E., jusqu'au parallèle de 5° Nord.

En partant, soit de cette rivière, soit de la Guyane, on aura, entre
5° et 10°N., des vents de N.E. à l'E. De 10° à 15°N., vents de N.E.

De 15° à 20°N., vents d'E.N.E., variables parfois au S.E. De 20° à 25°N., vents du N.E. à l'E. et au S.E. De 25° à 30°N., vents du N.E. au S.E., variables parfois au S.O. et au N.O. De 30° à 35°N., vents du S. au S.O. et au N.O., avec quelques chances de vents de N.E. et des calmes assez fréquents. Il faudra, entre ces deux derniers parallèles, faire le N. du monde. Au-delà de 35°N, vents variables et dépendant de la partie de l'O. *Pas de glaces flottantes.*

FIN DE LA TRAVERSÉE.

Les navires destinés à la Manche trouveront, à la fin du § 63, les instructions nécessaires pour donner dans la Manche et pour se rendre à Cherbourg ou au Havre. Ceux destinés à la Méditerranée se reporteront à la fin du § 64. Les navires destinés à Nantes et à Bordeaux suivront d'abord les mêmes croisements que pour aller à la Manche ; puis ils mettront plus d'E. dans leur route, de manière à couper 45°N. à 150 ou 200 lieues plus à l'E. que ne l'indique le tableau ; ils feront ensuite route à l'E. sans difficulté, pour atteindre la latitude du point d'attérage sur Belle-Ile ou sur Cordouan.

CROISEMENTS DE LA ROUTE DE RETOUR DE PARA OU DE LA GUYANE A LA MANCHE.

SAISONS.	POINTS de DÉPART.	5°N.	10°N.	15°N.	20°N.	25°N.	30°N.	35°N.	40°N.	45°N.	47°30' N.	49°N.	49°20' N.
		LONGITUDES SUIVANT LESQUELLES IL CONVIENT DE COUPER LES PARALLÈLES DE											
		Long.O.	Long.O.	Long.O.	Long.O.	Long.O.	Long.O.	Long.O.	Long.O.	Long.O.	Long.O.	Long.O.	Long.O.
En Janvier, février et Mars.	De Para.....	52° » '	55°30'	59° » '	62°30'	67° » '	69°30'	68°30'	57° » '	39° » '	25° » '	15° » '	11° »
	De la Guyane.	» »	57 30	61 »	61 »	68 »	69 30						
En Avril, Mai et Juin......	De Para.....	52 »	56 »	60 »	63 »	65 »	65 »	62 »	53 »	40 »	27 »	17 »	11 »
	De la Guyane.	» »	57 30	61 30	61 30	66 »	65 »						
En Juillet, Août et Septemb.	De Para.....	51 30	53 »	57 30	62 30	67 30	69 30	67 30	60 »	47 »	32 »	17 »	11 »
	De la Guyane.	» »	57 30	61 »	61 »	67 30	69 30						
En Octobre, Novemb. et Déc.	De Para.....	52 »	54 »	58 30	60 30	63 »	64 »	64 »	57 »	43 »	30 »	16 »	11 »
	De la Guyane.	» »	57 »	60 »	61 30	64 »	65 »						

CROISEMENTS DE LA ROUTE DE RETOUR DE PARA OU DE LA GUYANE A GIBRALTAR.

SAISONS.	POINTS de DÉPART.	CROISEMENTS DES PARALLÈLES DE					CROISEMENTS DES MÉRIDIENS DE					
		5°N.	10°N.	20°N.	30°N.	35°N.	52°O.	42°O.	32°O.	22°O.	17°O.	12°O.
		Long.O.	Long.O.	Long.O.	Long.O.	Long.O.	Lat.N.	Lat.N.	Lat.N.	Lat.N.	Lat.N.	Lat.O.
En Janvier, Février et Mars ..... { De Para		52° »	55° 30'	62° 30'	69° 30'	68° 30'	39° 30'	40° 30'	41° »	41° »	39° 30'	37° »
(De la Guyane.		» »	57 30	64 »	69 30	68 30						
En Avril, Mai et Juin .... { De Para		52 »	56 »	63 »	65 »	62 »	39 »	40 »	40 30	40 30	38 30	37 »
(De la Guyane.		» »	57 30	64 30	65 »	62 »						
En Juillet, Août et Septembre ... { De Para		51 30	53 »	62 30	69 30	67 30	39 »	40 30	41 »	40 30	40 »	37 »
(De la Guyane.		» »	57 30	65 »	69 30	67 30						
En Octobre, Novembre et Décemb. { De Para		52 »	54 »	60 30	64 »	62 »	36 »	36 »	36 »	36 »	36 »	36 »
(De la Guyane.		» »	57 »	61 30	65 »	62 »						

CHAPITRE VII.

Routes, en partant de Terre-Neuve, du Canada ou des Etats-Unis, pour aller couper l'Equateur ou pour se rendre aux Antilles, au golfe du Mexique, à la Côte-Ferme, à la Guyane, à la rivière de Para, au Sénégal, à la Gambie, à la Cazamance, à la côte de Sierra-Leone, aux golfes de Benin et de Biaffra, au Gabon, etc.

—

§ 93. — Route pour l'Equateur, en partant de Terre-Neuve, du Canada ou de New-York. (Route des voiliers ordinaires). (¹)

Maury a donné d'excellentes instructions, pour la route à suivre de New-York à l'Equateur : ces instructions seront reproduites au § 94. *Mais, comme elles ne s'appliquent qu'aux clippers,* c'est-à-dire aux navires bons voiliers serrant le vent à moins de six quarts, il nous a semblé utile d'étudier la route que devront suivre tous les voiliers ordinaires du commerce, de marche moyenne, et ne portant au plus près qu'à six quarts seulement.

Nous donnerons d'abord, ci-après, le tableau des croisements de cette route, en partant : soit de New-York, soit du Canada. Les navires qui partiront de Terre-Neuve gouverneront de manière à rejoindre la route du Canada, un peu au Sud du parallèle de 40°Nord. Après le tableau, on trouvera des indications sur les principales circonstances de la traversée, dans chaque saison.

---

(1) Nous rappelons que la navigation du St-Laurent n'est réellement praticable, sans danger, que du milieu de juin à la fin d'octobre.

CROISEMENTS DE LA ROUTE DE NEW-YORK, DU CANADA, OU DE TERRE-NEUVE A L'ÉQUATEUR.

Pour les navires à voiles ordinaires.

SAISONS.	POINTS de DÉPART.	LONGITUDES SUIVANT LESQUELLES ON COUPERA LES PARALLÈLES DE									
		45°N.	40°N.	35°N.	30°N.	25°N.	20°N.	15°N.	10°N.	5°N.	ÉQUATEUR
		Long.O.	Long.O.	Long.O.	Long.O.	Long.O.	Long.O.	Long.O.	Long.O.	Long.O.	Long.O.
En Janvier, Février et Mars	De New-York	»	39° »	53° »	45° »	41° »	38° »	35° »	32° »	31° »	31° »
	Du Canada	50° »	55° »	52° »							
En Avril, Mai et Juin	De New-York	»	60° »	45° »	37° »	35° »	33° »	31° »	30° »	30° »	30° »
	Du Canada	50° »	52° »	45° »							
En Juillet, Août et Septembre	De New-York	»	58° »	45° »	40° »	36° »	32° »	29° »	28° »	[?] »	30° »
	Du Canada	50° »	52° »	44° »							
En Octobre, Novembre et Décembre	De New-York	»	54° »	43° »	41° »	38° »	35° »	30° »	28° »	[?] »	30° »
	Du Canada	56° »	47° »	43° »							

En janvier, février et mars, les vents domineront de la partie de l'O., jusque par 35°N. environ, et permettront de faire facilement route. De 35° à 30°N., les vents domineront du S.E. au S.O. De 30° à 25°N., ils seront variables, interrompus par quelques calmes, et commenceront à dominer de la partie de l'Est. De 25° à 20°N., on aura encore quelques chances de calmes, et les vents varieront surtout du N.N.E. au S.S.E. De 20° à 5°N., vents du N.E. à l'Est. De 5°N. à la Ligne, les vents de la partie du N.E. tourneront à l'E., et hâleront généralement la partie du S.E. quand on arrivera dans le S. du parallèle de 2°N. Pendant cette dernière partie de la traversée, de 5°N. à la Ligne, il faudra faire la route se rapprochant le plus possible du Sud du monde, pour sortir de la zone de calmes. Nous ajouterons que l'on aura environ 4 heures de pluie par 24 heures, de 4°N. à l'Equateur.

Les navires partant de Terre-Neuve, en février et mars, seront exposés aux rencontres de glaces flottantes, jusqu'au parallèle de 42°N.

En avril, mai et juin, les vents variables souffleront, surtout de l'O. et du S.O., jusqu'à 35°N. De 35° à 30°N., on sera dans une zone très-défavorable : les vents domineront surtout de l'E.N.E. au S.E. et au S.S.E.; et l'on cherchera à faire le plus d'E. possible, sans louvoyer bien entendu. On tâchera de couper 30°N. par 37°O., et encore plus loin dans l'E. si les vents le permettent. De 30° à 25°N., les vents seront assez bien établis et favorables, dominant du N.O. à l'E.N.E. De 25° à 10°N., vents de N.E. à l'E. bien établis. De 10° à 5°N., mêmes vents avec quelques chances de calmes. De 5°N. à l'Equateur, les calmes seront assez fréquents; et les vents tourneront au S.E., en hâlant même parfois le Sud. On aura environ 4 heures de pluie par 24 h., de 9°N. à 4°N. Les alizés de S.E. commenceront : en avril, près de l'Equateur; en mai, par 3°N.; et en juin, par 4°N.

Les navires partant de Terre-Neuve seront exposés, pendant cette saison, à rencontrer des glaces flottantes jusque par 40° ou même 39°Nord.

En juillet, août et septembre, on se trouvera dans la saison où les ouragans seront à craindre, jusqu'au parallèle de 40° ou de 35°N. (Voir §§ 43 et suivants). Il faudra également que les navires partis du Canada et de Terre-Neuve veillent les glaces flottantes jusque par 42° ou 41°N.

Quel que soit le point de départ, les vents seront favorables de la partie de l'O. jusqu'à 40°N. De 40° à 35°N., ils domineront du S.E. à l'O.S.O., et souffleront surtout du S.S.O. De 35° à 25°N., les mêmes vents mêlés de calmes tourneront graduellement à l'Est. On trouvera généralement, par 27°N., les alizés du N.E. à l'E.; ils seront bien établis jusque par 15°N. Au-delà de ce parallèle, les chances de calmes seront assez fréquentes, et les vents auront une tendance à prendre de la partie du S. et du S.O. Les alizés de N.E. cesseront généralement par 12° ou 11°N.; et, à partir de ces parallèles, on aura en moyenne 4 heures de pluie par 24 heures au minimum jusque par 6°N. On aura même 7 heures de pluie par 24 heures, entre 10° et 7°N. Les vents, à partir de 11°N. jusqu'à 4°N., souffleront du S. au S.O., assez bien établis. Avec les vents de Sud, on courra bâbord amures; avec ceux de S.O., tribord amures; et l'on ne craindra pas, si les vents de S.O. persistent, de pousser cette bordée jusqu'à ce qu'on coupe 5° et même 4°N. entre 25° et 23°O. Dans le Sud du parallèle de 5° ou de 4°N., les vents commenceront à se fixer définitivement de la partie du S.E., et ils permettront de prendre bâbord amures. On trouvera généralement les alizés de S.E. variables au S., à partir de 3°N. On coupera ordinairement la Ligne entre 28° et 30°O., et l'on se trouvera ainsi en bonne position pour doubler sûrement le cap St-Roque, malgré la force du courant portant vers l'O. qui sera plus grande à cette époque qu'à toute autre, et malgré la tendance que les vents de S.E. auront à refuser au S.S.E. et même parfois au Sud.

En octobre, novembre et décembre, on n'aura aucune chance de rencontre de glaces. Les vents seront favorables et dominants de la partie de l'O. et du N.O., jusque par 40°N. De 40° à 30°N., vents dominants de S.E. à S.O. et O.S.O. De 30° à 25°N., vents dominants du N.N.E. à l'E.N.E. et au S.E., hâlant parfois le S.O.; ils seront bien établis, à la condition que l'on se maintiendra entre 38° et 42°O. De 25° à 10°N., vents alizés de N.E. à l'E., assez bien établis. De 10° à 5°N., vents de N.E. à l'E., au S.E. et au S., avec calmes fréquents. De 5°N. à l'Equateur, vents de S.E. au S. assez bien établis; calmes moins fréquents. Les alizés de N.E. cesseront généralement : en octobre, par 10°N.; et en novembre et décembre, par 6° ou 5°N. Les alizés de S.E. commenceront à souffler par 4° ou 3°N. On aura des pluies fréquentes entre 10° et 2°N.; elles tomberont surtout entre les parallèles de 8° et de 5°N., à raison de 7 heures par 24 heures.

§ 94. — Route de Maury, pour aller de New-York à l'Equateur.
(Route des clippers.) (¹)

Nous ne changerons presque pas les termes de Maury, en donnant ci-après un résumé de ses instructions, qui ont été faites surtout pour les clippers américains, c'est-à-dire pour d'excellents voiliers serrant le vent à moins de six quarts.

« Le point de départ est supposé New-York. Les navires partant des autres ports de la côte des États-Unis devront profiter des vents qu'ils trouveront pour venir se placer dans les conditions indiquées. Ceux qui appareilleront des ports du S. ne devront pas chercher à rallier la route que nous donnerons, au S. du parallèle de 33°N., à cause des calmes habituels de ces régions.

» En partant *avec bon vent*, particulièrement de New-York et de Boston, les navires destinés à l'hémisphère S. feront bien, tant que le vent le leur permettra, de se diriger à l'E., sans essayer de faire aucune lattitude, avant d'avoir atteint le méridien de 67° ou de 62°O. Les degrés de longitude sont plus faibles par les latitudes plus élevées, et par suite, il y aura avantage, *quand les vents le permettront*, à pousser jusqu'à 62° et même 52°O,, avant de couper le parallèle de 40°N. Cette recommandation s'applique à tous les mois de l'année et tant que les vents sont du Sud.

» En partant des États-Unis, on ne devra pas, à moins d'y être forcé par des vents contraires, couper le parallèle de 20°N. à l'E. de 37°O. En hiver et au printemps particulièrement, un navire arrivera tout aussi vite à la Ligne en franchissant ce parallèle à l'O. qu'à l'E. de ce méridien et, de plus, on aura en coupant à l'O. une traversée des États-Unis au 20° degré Nord plus courte de 8 à 10 jours que celle qu'on aurait en coupant à l'Est.

» Les capitaines qui voudront appliquer les routes que nous donnerons plus loin, devront les tracer sur la carte jusqu'à l'Equateur ; puis joindre par une droite le cap St-Augustin avec le point où ils auront coupé la ligne, et ils s'attacheront à conserver cette droite sous le vent,

---

(1) Nous avons donné, au paragraphe précédent, la route que nous conseillons aux *voiliers ordinaires*, tels que sont la plupart de nos navires de commerce.

de manière à l'avoir à 20 ou 30 milles au moins dans l'O., lorsqu'ils franchiront le parallèle de 6 ou 7° S. L. s vents hâleront ensuite l'E., et l'on pourra sans difficulté faire l. S.S.O. et même le Sud.

» Si l'on se trouve jeté à l'O. de cette ligne allant au cap St-Augustin, il faudra profiter des variations de la brise, prendre la bordée de l'E. et louvoyer jusqu'à ce que la terre soit doublée. Ce point est, pour ainsi dire, le tournant de la route. On pourra presque toujours, entre l'Équateur et 6° S., s'arranger pour faire valoir le S.S.O. sur un bord, et l'Est sur l'autre. On ne devra pas prolonger ces bordées à l'Est (à moins qu'elles ne fassent faire aussi du Sud) plus qu'il n'est nécessaire pour amener à 20 ou 30 milles sous le vent une ligne partant de 33°20'O. sur l'Équateur, et allant raser les terres du cap St-Augustin. Ces instructions ne sont, bien entendu, applicables qu'aux navires pouvant serrer le vent *à moins de six quarts*. Un bâtiment *de qualités inférieures*, qui voudrait en faire l'épreuve, serait *infailliment sous venté* et ne se relèverait qu'avec peine et perte de temps.

» Nous voudrions faire surtout comprendre aux marins qui mettent nos recommandations en pratique, tout l'avantage qu'il y a dans cette traversée, au-delà de la ligne, à prolonger hardiment sa bordée du S., sans chercher à faire de l'E. en prenant celle du N. Il est toujours temps de se résoudre à ce parti lorsque, une fois la terre reconnue, on se trouve sous venté; et l'on a ainsi l'avantage de pouvoir, en louvoyant, profiter des variations de la brise, beaucoup plus fréquentes dans le voisinage de la terre.

» Supposons qu'un navire coupant la ligne par 34° ou 35°O., trouve les alizés soufflant réellement du S.E., la bordée de S.S.O. le met en position de profiter de toute variation de la brise : si elle passe à l'E., il double la terre ; si au contraire elle hâle le S., il peut prendre les amures à tribord, faire de l'O. et gagner rapidement du terrain en louvoyant à bords inégaux. Nos recherches indiquent qu'au large du cap St-Roque, et à bonne route de l'Équateur vers le S., on trouve rarement un courant violent ; beaucoup de navigateurs y ont même passé sans en rencontrer aucun. On devra pourtant toujours y avoir l'œil ouvert, et faire la part d'un courant portant à terre ; mais, en thèse générale, on peut admettre que les obstacles de ce genre, que l'on rencontrera dans ces parages, ne soient ni dangereux ni difficiles à surmonter.

» En coupant la ligne entre 35° et 36°O., on a le cap Saint-Roque au S.S.O., de sorte qu'à partir de ce point, sans dérive, il faudra avoir tout le temps au moins un vent de S.E. pour ne pas réussir à doubler ; *c'est ce qui n'aura pas lieu une fois sur cent.* Si la brise hâle l'E.S.E., on doublera aisément ; et si elle passe au S.S.E., on prendra la bordée de l'Est. »

Maury donne également, comme conclusion, le relevé des traversées de 365 navires, un pour chaque jour de l'année ; sur ce nombre, quatre seulement sont tombés sous le vent de St-Roque, ce qui, l'un dans l'autre n'a allongé que de trois jours leur voyage (jusqu'au moment d'avoir doublé ce cap), et cela, bien que la moyenne des longitudes par lesquelles ils avaient coupé la ligne fût d'un peu plus de 38°O. La moyenne des traversées de ces quatre navires, des États-Unis au parallèle du cap Saint-Roque, a néanmoins été encore plus courte d'une semaine que ce que donnait l'ancienne route.

« Si l'on prend les six meilleures traversées de chaque mois, on a 72 navires dont la moyenne, jusqu'à l'Équateur, est de 24 jours, et dont la longitude moyenne de passage de la ligne est sur le méridien de 33°10′, c'est-à-dire seulement à 30′ dans l'O. de la moyenne des 365 navires réunis. Les mois les plus favorables sont ceux de novembre à avril inclusivement, et donnent de 20 à 22 jours ; les plus mauvais sont ceux de juin à octobre, et donnent de 25 à 31 jours. La longitude la plus occidentale des diverses moyennes, pour le passage de la Ligne, est 34°33′O. ; c'est celle des six meilleurs navires de décembre.

» Les routes données plus loin indiquent, de mai en décembre inclus, que le parallèle de 5°N. est coupé plus à l'E. que l'Équateur ; la raison en est dans la mousson des calmes équatoriaux, et de là nous tirerons une règle générale : que, lorsque l'on coupe le parallèle de 10°N., par 32°, 33° ou 34°O., si l'on peut faire le S., il ne faudra pas courir davantage à l'E. Il est évident que si l'on rencontre la mousson de S.O. (ce qui arrive quelquefois en été et en automne), et si l'on se trouve par 34°O, il faudra prendre la bordée de l'E. ; mais si l'on se trouve à l'E. de 32°O. il faudra toujours choisir la bordée qui fait faire le plus de S., afin de franchir plus vite les calmes ; et si cette bordée ne jette pas le navire à l'O. de 33° ou 34°, on pourra se regarder comme en bonne position pour se débarrasser de cette zone de calmes et de folles brises. »

Telles sont, dans leur ensemble, les instructions de Maury sur la route qu'il a le plus étudiée et pour laquelle il a donné les instructions les plus complètes et les mieux raisonnées. Toutefois, pour compléter les renseignements utiles aux navigateurs sur cette traversée, nous croyons devoir reproduire ici une note de M. Mouchez, capitaine de vaisseau, insérée dans les *Annales hydrographiques*, (1866) :

« Beaucoup de navires se perdent sur les écueils et les récifs du cap Saint-Roque *depuis quelques années* ; la plupart des débris de ces naufrages que l'on aperçoit sur les récifs sont de date récente, et il est bien connu parmi les habitants de la côte que ces échouages sont beaucoup plus fréquents aujourd'hui qu'autrefois, ce qui s'explique tout naturellement par l'exagération des règles de navigation que le capitaine Maury a vulgarisées et cherché à faire prévaloir. En répétant qu'il n'y avait aucun inconvénient à couper l'Equateur plus à l'O. que toutes les limites admises jusqu'alors, il est arrivé que beaucoup de navires, soit à cause des vents contraires ou des courants portant à l'O., soit parce qu'ils sont mauvais voiliers, ne peuvent pas doubler le cap St-Roque, et sont obligés de virer de bord quand ils arrivent près des écueils. Les chances de naufrage sont donc infiniment plus grandes que lorsque, coupant la ligne par 25° ou 30°O., on doublait la côte à 60 ou 80 lieues au large. Nous croyons que 30° ou 32°O. est la limite qu'on ne devra jamais dépasser. Un phare élevé sur le plus N.E. des récifs du cap St-Roque serait un des plus utiles, sinon le plus utile, de tous ceux qui sont sur la côte du Brésil. »

Ainsi, l'on se tiendra en garde contre la tendance générale à *exagérer* les règles indiquées par Maury pour cette traversée. On devra également ne pas perdre de vue que les instructions de Maury s'adressent surtout aux clippers, c'est-à-dire aux navires à voiles de belle marche et gagnant facilement au vent. Par suite, lorsqu'on sera sur un navire à voiles de qualités ordinaires, on pourra préférer une route un peu plus orientale, comme nous l'avons indiqué au § 93, page 201.

Nous terminerons ces observations, en reproduisant ci-après, pour chaque mois de l'année, les croisements de la route moyenne des navires qui ont suivi les indications de Maury. Ce tableau est extrait des excellentes Instructions générales de MM. les Ingénieurs hydrographes Ploix et Caspari.

CROISEMENTS DE NEW-YORK AU-DELA DE L'ÉQUATEUR,

Pour les voiliers de bonne marche et portant au plus près à moins de six quarts.

MOIS.	LONGITUDES SUIVANT LESQUELLES ON COUPERA LES PARALLÈLES DE									
	40°N.	35°N.	30°N.	25°N.	20°N.	15°N.	10°N.	5°N.	ÉQUATEUR	5°S.
	Long.O.	Long.O.	Long.O.	Long.O.	Long.O.	Long.O.	Long.O.	Long.O.	Long.O.	Long.O.
Novemb. et Décem.	75° »'	62° »'	45° »'	45° »'	40° »'	38° »'	37° »'	32° »'	31° »'	»° »'
Janvier..	72 »	51 »	48 »	42 »	40 »	37 »	35 »	33 »	33 »	35 »
Février...........	75 »	55 »	47 »	42 »	40 »	38 »	36 »	33 »	33 »	36 »
Mars............	75 »	56 »	47 »	47 »	42 »	37 »	35 »	32 »	32 »	35 »
Avril............	75 »	45 »	42 »	40 »	38 »	36 »	33 »	31 »	31 »	34 »
Mai............	75 »	50 »	44 »	42 »	40 »	38 »	36 »	33 »	33 »	36 »
Juin............	72 »	59 »	45 »	39 »	37 »	35 »	33 »	31 »	33 »	35 »
Juillet...........	74 »	41 »	36 »	34 »	32 »	30 »	28 »	28 »	30 »	32 »
Août............	74 »	60 »	49 »	45 »	41 »	39 »	37 »	29 »	31 »	33 »
Septemb. et Octob.	71 »	57 »	45 »	40 »	40 »	37 »	35 »	29 »	31 »	34 »

§ 95. — De New-York, du Canada ou de Terre-Neuve, aux Antilles, au golfe du Mexique et à la Côte-Ferme.

OBSERVATIONS GÉNÉRALES.

Nous réduirons l'étude de ces traversées *à deux routes* principales : l'une pour les navires qui devront se rendre au *passage de Mona* (entre Mona et Porto-Rico) ; et l'autre, pour ceux qui devront se placer *au vent des Petites-Antilles.*

Avant de donner le détail de chacune de ces deux *routes-types,* nous allons indiquer quels seront les navires qui devront les suivre :

1° La route menant au passage de Mona sera prise par les navires destinés aux *Iles-Vierges* et à *Porto-Rico ;* ils devront attérir toujours à quelque distance dans l'Est.

14

Cette route conviendra aussi aux navires destinés à la côte N. de *Saint-Domingue* : ils contourneront le banc de la Nativité, à bonne distance d'octobre en mars ; et à petite distance d'avril en septembre ; ils reconnaîtront le cap Cabron ou le cap Samana, et termineront leur traversée comme au § 84, page 173.

Le passage de Mona sera pris par les navires destinés à *Maracaybo*, qui feront leur possible pour reconnaître la pointe N. de Curaçao, en se défiant du courant portant à l'O., et des vents qui pourront hâler parfois le S.E., ils termineront comme au § 7 de notre *Routier des Antilles*, page 19. Ils conviendra aussi de prendre le passage de **Mona** : pour aller à *Santa-Martha, Carthagena, Puerto-Bello, Aspinwall, Chagres* et *Greytown* (voir § 8 de notre *Routier des Antilles*, page 20) ; pour la *Jamaïque* et les ports du *golfe de Honduras* (voir § 9 de notre *Routier des Antilles*, page 21 ; ainsi que pour le *golfe du Mexique, Campèche, Carmen, Tabasco, Goazacoalcos, Vera-Cruz, Tampico, la Nouvelle-Orléans, Pensacola, Mobile* et *la Havane* (voir § 10 de notre *Routier des Antilles*, page 23.) (1).

2° *La route menant au vent des Petites-Antilles* sera prise par les navires qui se rendront à l'une quelconque des îles comprises *entre les Iles-Vierges, Tabago et la Trinidad.* Ceux destinés à la *Martinique* trouveront quelques indications au § 84, page 174, sur l'attérage. Ceux pour le *golfe de Paria (Trinidad)*, pour la *Barbade* et *Tabago* pourront également se reporter au § 84, page 175, ainsi qu'au § 5 de notre *Routier des Antilles*, page 11. La même route menant au vent des Petites-Antilles sera suivie par les navires destinés à *Cumana, Barcelona,* la *Guayra* et *Puerto-Cabello :* ils doubleront au vent toute la chaîne des Antilles, en allant vers le S. ; ils passeront dans le S. de la Grenade, et termineront leur traversée comme il est dit au § 7 de notre *Routier des Antilles*, page 18.

1° ROUTES DU CANADA, DE SAINT-PIERRE-MIQUELON, OU DE TERRE-NEUVE AU PASSAGE DE MONA ET AUX PETITES-ANTILLES.

Nous allons donner d'abord le tableau des croisements de la route à suivre, dans chaque saison, pour les navires partant du Canada, ou de

---

(1) Les navires destinés à la Havane ou à Matanzas auront avantage, *d'avril en octobre*, à contourner le banc de la Nativité et à passer par le vieux canal de Bahama. Voir à ce sujet notre *Routier des Antilles*, page 97.

Saint-Pierre-Miquelon. Quant à ceux partant de Terre-Neuve , ils rejoindront facilement cette route , un peu dans le S. du parallèle de
40°N.

Après le tableau, on trouvera des indications , sur les circonstances
de la traversée, dans chaque saison. Nous nous bornerons à faire remarquer qu'à toute époque de l'année , la route passe *dans l'E. des
Bermudes.*

CROISEMENTS DES ROUTES POUR ALLER SOIT AU PASSAGE DE MONA, SOIT AU VENT DES PETITES-ANTILLES,

En partant du Canada ou de Saint-Pierre-et-Miquelon.

SAISONS.	POINTS de DESTINATION.	LONGITUDES DE CROISEMENT DES PARALLÈLES DE				
		40°N.	35°N.	30°N.	25°N.	20°N.
		Long.O.	Long.O.	Long.O.	Long.O.	Long.O
En Janvier, Février et Mars.	Pr les Petites-Antilles.	55° » '	55° » '	55° »	56° »	58° »
	Pr le passage de Mona.	55 »	55 »	55 »	58 »	66 »
En Avril, Mai et Juin.	Pr les Petites-Antilles.	57 »	55 »	55 »	55 »	57 »
	Pr le passage de Mona.	59 »	58 »	58 »	61 »	66 »
En Juillet, Août et Septembre.	Pr les Petites-Antilles.	52 »	49 »	50 »	51 »	56 »
	Pr le passage de Mona.	52 »	49 »	50 »	52 »	64 »
En Octobre, Novemb. et Décemb.	Pr les Petites-Antilles.	59 »	58 »	58 »	58 »	59 »
	Pr le passage de Mona.	59 »	58 »	58 »	63 » '	68 »

En janvier, février et mars, les vents variables domineront de la
partie de l'O. et particulièrement du N.O. jusqu'à 35°N. De 35° à 30°N.,
vents variables et dominants de N.O. à N.E. De 30" à 25°N., vents variables, dominants de N.O. à N.E., E. et S.E. Au-delà de 25°N., les
navires allant aux Antilles auront des vents de N.E. à E.; et ceux qui se
rendront au passage de Mona, des vents de N.E. à l'E. et au S.E.

En avril, mai et juin, on aura des vents variables , dominants de la
partie de l'O. et surtout du S.O. jusqu'à 35°N. De 35° à 30°N., on sera
dans une zone assez défavorable, dans laquelle il faudra faire le plus de

S. possible : les vents varieront du N.O. au N.E. et à l'E., soufflant
fréquemment du S.S.E. au S.S.O. De 30° à 25°N., les vents domineront de l'E. au S.E. et au S.O., hâlant parfois l'O. et le N.O. Au-delà
de 25°N., les vents seront constants du N.E. à l'E., hâlant parfois le S.E.

En juillet, août et septembre, on sera dans la saison des *ouragans*
(voir §§ 43 et suivants, page 47). On sera exposé aux *glaces flottantes*
jusqu'au parallèle de 41°N. Les vents domineront de l'O. jusqu'à 40°N.
De 40° à 35°N., les vents varieront du S.S.E. au S.O. et à l'O.S.O. De
35° à 30°N., vents d'E.S E. au S.E et au S.S.O. De 30° à 25°N., vents
d'E. au S.E. Au-delà de 25°N., les navires destinés aux Petites-Antilles
auront des vents de N.E. à l'E.; et ceux pour le passage de Mona, des
vents de N.E. à l'E. et au S.E.

En octobre, novembre et décembre, on aura jusqu'à 35°N. des vents
variables dépendants de l'O. De 35° à 30°N., vents d'E.S.E à l'O.S.O.
et à l'O.N.O. De 30° à 25°N., vents de N.E. à l'E., dominants du S.E.
et hâlant parfois le S. Au-delà de 25°N., les vents dominent cons-
tament du N.E. au S.E.

2° ROUTES DES ÉTATS-UNIS (ET NOTAMMENT DE NEW-YORK) AU PASSAGE DE MONA
ET AUX PETITES-ANTILLES.

Les observations générales données au commencement du présent
paragraphe s'appliquent absolument aux traversées qui nous occupent.
Nous prions donc le lecteur de s'y reporter.

Nous donnons ci-après le tableau des croisements de la route à suivre,
pour les navires partant de New-York. Ceux qui partiront des autres
ports des États-Unis, pourront, après avoir tracé sur la carte la route
que nous conseillons, en déduire facilement celle qu'ils auront avantage
à suivre.

Après le tableau, on trouvera des indications sur les circonstances de
la traversée, dans chaque saison. Nous nous bornerons à faire remarquer que les navires destinés aux *Petites-Antilles* passeront toujours *par
l'E. des Bermudes*; et que ceux destinés *au passage de Mona* prendront :
par l'E. des Bermudes, d'avril en octobre ; et par l'O., d'octobre en avril.

CROISEMENTS DES ROUTES POUR ALLER SOIT AU PASSAGE DE MONA, SOIT AU VENT DES PETITES-ANTILLES,

En partant des États-Unis et particulièrement de New-York.

SAISONS.	POINTS de DESTINATION.	LONGITUDES DE CROISEMENT DES PARALLÈLES DE				
		40°N.	35°N.	30°N.	25°N.	20°N.
		Long.O.	Long.O.	Long.O.	Long.O.	Long.O
En Janvier, Février et Mars.	P^r les Petites-Antilles.	71° »'	57° »'	56° »'	56° »'	58° »'
	P^r le passage de Mona.	» »	72 »	70 »	70 »	70 »
En Avril, Mai et Juin.	P^r les Petites-Antilles.	71 »	55 »	55 »	55 »	57 »
	P^r le passage de Mona.	71 »	58 »	58 »	61 »	67 »
En Juillet, Août et Septembre.	P^r les Petites-Antilles.	71 »	52 »	50 »	51 »	56 »
	P^r le passage de Mona.	71 »	65 »	65 »	66 »	68 »
En Octobre, Novemb. et Décemb.	P^r les Petites-Antilles.	72 »	59 »	58 »	58 »	59 »
	P^r le passage de Mona.	73 »	71 »	67 »	67 »	69 »

EN JANVIER, FÉVRIER ET MARS.

En partant de New-York, pour aller au passage de Mona, on aura des vents dominants de N.O. à S.O., jusqu'à 30°N. De 30° à 25°N., vents variables dominants du N.E. au S.E. et au S.O. Au-delà de 25°N., vents de N.E. à E. Il faudra bien tenir compte des courants probables : de celui du Gulf-Stream et de celui des Lucayes (voir §§ 53 et 54, pages 63 et 64.

Les navires destinés aux Petites-Antilles auront, jusqu'à 35°N., des vents dominants de la partie de l'O., et surtout du N.O. De 35° à 30°N., vents variables, dominants de N.O. à N.E. et soufflant aussi parfois du S.O. De 30° à 25°N., vents variables, dominants de N.O. à N.E., E. et S.E. Au-delà de 25°N., vents de N.E. à E.

EN AVRIL, MAI ET JUIN.

En partant de New-York, pour aller au passage de Mona, ou aura

jusqu'à 35°N. des vents variables, dominants du S., S.O. et O. De 35°
à 30°, vents variables dominants de S. à S.O., N.O. et N.E., avec
quelques calmes. De 30° à 25°N., vents bien établis dominants du N.E.
à l'E., au S.E. et S.O. Au-delà de 25°N., vents de N.E. à l'E. et au
S.E.

Les navires destinés aux Petites-Antilles auront jusqu'à 35°N. des
vents variables de la partie de l'O., dominants du S.O. De 35° à 30°N.,
on sera dans une zone assez défavorable, dans laquelle il faudra faire
le plus de S. possible : les vents varieront du N.O. au N.E et à l'E.,
soufflant fréquemment du S.S.E. au S.S.O. De 30° à 25°N., les vents
domineront de l'E. au S.E. et au S.O., hâlant parfois l'O. et le N.O.
Au-delà de 25°N., les vents seront constants du N.E. à l'E., hâlant
parfois le S.E.

EN JUILLET, AOUT ET SEPTEMBRE.

Cette saison est celle des *ouragans* (voir §§ 43 et suivants, page 47).

*En portant de New-York, pour aller au passage de Mona et aux
Petites-Antilles*, on aura jusqu'à 35°N., des vents dominants de la partie
de l'O., et surtout du S.O. De 35° à 30°N., vents d'E.S.E à S.E. et
S.S.O. De 30° à 25°N., vents d'E. à S.E. Au-delà de 25°N., les navires
allant aux *Petites-Antilles* auront des vents de N.E. à l'E.; et ceux qui
vont au *passage de Mona* auront des vents de N.E. à l'E. et au S.E.

EN OCTOBRE, NOVEMBRE ET DÉCEMBRE.

En partant de New-York, pour aller au passage de Mona, on aura
jusqu'à 30°N. des vents variables de S.O. à N.O. Entre les parallèles
30° et 25°N., les vents seront de N.E. à S.E., avec quelques calmes.
Au-delà de 25°N., les vents souffleront du N. au N.E. à l'E. et au
S.E. En faisant cette route directe, par l'O. des Bermudes, il faudra
bien tenir compte des courants probables : de celui du Gulf-Stream, et
de celui des Lucayes (voir §§ 53 et 54, pages 63 et 64).

Les navires destinés aux Petites-Antilles auront jusqu'à 35°N. des vents
variables dominants de la partie du N.O. De 35° à 30°N., vents
d'E.S.E., d'O.S.O. et O.N.O. De 30° à 25°N., vents dominants de la
partie du S.E., variant du N.E. à l'E., au S.E. et au S. Au-delà de
25°N., les vents sont constants du N.E. au S.E.

§ 96. — Des États-Unis, du Canada ou de Terre-Neuve à la Guyane et à la rivière de Para (Belem).

Ces traversées ne présentent généralement pas de sérieuses difficultés. Nous donnons ci-après deux tableaux de croisements de routes, à la suite desquels on trouvera quelques indications sur les principales circonstances de la traversée, dans chaque saison. (1).

Le premier tableau est établi, pour les navires allant à la Guyane; et le second, pour aller à la rivière de Para.

Les points de départ sont, dans chaque tableau, le Canada et New-York. Il est bien entendu que la route, donnée pour les navires partant du Canada, conviendra également à ceux partant de Saint-Pierre-et-Miquelon; quant aux navires partant de Saint-Jean de Terre-Neuve, ils rejoindront la même route dans le S. de 40°N. Enfin, les navires partant d'un port quelconque des États-Unis du Nord pourront facilement déduire la route qu'ils devront suivre de celle qui sera donnée pour les navires partant de New-York.

CROISEMENTS DE LA ROUTE POUR ALLER A LA GUYANE,

En partant du Canada ou de New-York.

SAISONS.	POINTS de DÉPART.	LONGITUDES DE CROISEMENT DES PARALLÈLES DE						
		40°N.	35°N.	30°N.	20°N.	15°N.	10°N.	5°N.
		Long.O.	Long.O.	Long.O.	Long.O.	Long.O.	Long.O.	Long.O.
En Janvier, Févr. et Mars.	Du Canada…	55° »	54° »	53° »	51° »	51° »	51° »	52° »
	De New-York.	71 »	57 »					
En Avril, Mai et Juin.	Du Canada…	57 »	55 »	53 »	51 »	51 »	51 »	51 »
	De New-York.	71 »	55 »					
En Juillet, Août et Sept.	Du Canada…	52 »	49 »	49 »	49 »	49 »	49 »	52 »
	De New-York.	71 »	52 »					
En Octobre, Nov. et Déc.	Du Canada…	57 »	55 »	51 »	51 »	50 »	49 »	50 »
	De New-York.	71 »	60 »					

(1) Pour l'attérage de la Guyane et de la rivière de Para, on se reportera aux §§ 85 et 86, pages 179 et 180.

CROISEMENTS DE LA ROUTE POUR ALLER A LA RIVIÈRE DE PARA,

En partant du Canada ou de New-York.

SAISONS.	POINTS de DÉPART.	LONGITUDES DE CROISEMENT DES PARALLÈLES DE						
		40°N.	35°N.	30°N.	20°N.	10°N.	5°N.	ÉQUATEUR
		Long.O.	Long.O.	Long.O.	Long.O.	Long.O.	Long.O.	Long.O.
En Janvier, Févr. et Mars.	Du Canada...	55° »	54° »	53° »	50° »	48° »	47° »	49° »
	De New-York.	71 »	57 »					
En Avril, Mai et Juin.	Du Canada...	57 »	55 »	53 »	51 »	47 »	47 »	49 »
	De New-York.	71 »	55 »					
En Juillet, Août et Sept.	Du Canada...	52 »	49 »	49 »	48 »	48 »	48 »	49 »
	De New-York.	71 »	52 »					
En Octobre, Nov. et Déc.	Du Canada...	57 »	55 »	54 »	50 »	46 »	46 »	49 »
	De New-York.	71 »	60 »					

EN JANVIER, FÉVRIER ET MARS.

En partant du Canada ou de New-York, on aura d'abord jusqu'au parallèle de 35°N., des vents dominants de la partie de l'O , et surtout du N.O. De 35° à 30°N., vents variables du N.O. à l'E., soufflant parfois du S.O. De 30° à 25°N., vents variables de N.O. à N.E., E. et S.E. De 25° à 20°N., vents de N.E. à E. De 20° à 15°N., vents de N.E. à S.E. Au-delà de 15°N., *les navires destinés à la Guyane* ont des vents de N.E. jusqu'à Cayenne. *Quant à ceux destinés à la rivière de Para*, ils auront de 15° à 5°N. des vents de N.E. Puis, au-delà de 5°N., ils auront des vents de N.E. à E., avec quelques calmes. De 5° à 4°N., on aura environ 4 heures de pluie par 24 heures; et à partir de 4°N. jusqu'à la côte, on aura en moyenne 7 heures de pluie par 24 heures.

EN AVRIL, MAI ET JUIN.

En partant de New-York ou du Canada, on aura jusqu'à 35°N. des vents variables de la partie de l'O., dominants du S.O. De 35° à 30°N., on sera dans une zone assez défavorable, où il faudra faire le plus de S.

possible : les vents varieront du N.O. au N.E. et à l'E., soufflant fréquemment du S.S.E. au S.S.O. De 30° à 25°N., vents de N.O. à N.E., E. et S.E. De 25° à 20°N., vents de N.E. à S.E. De 20° à 15°N., vents de N.E. à S.E. Au-delà de 15°N., vents de N.E. jusqu'à la Guyane et jusqu'à la rivière de Para.

EN JUILLET, AOUT ET SEPTEMBRE.

En partant de New-York ou du Canada, on aura jusqu'à 35°N. des vents dominants de la partie de l'O., et surtout du S.O. De 35° à 30°N., vents d'E.S.E. à S.E. et S.S.O. De 30° à 25°N., vents d'E. à S.E. De 25° à 15°N., vents de N.E. à E.

Au-delà de 15°N., les navires destinés à la Guyane auront des vents de N.E. jusqu'à 10°N. Au-delà de 10°N., les vents seront du N.E. à l'E., et au S.E., avec des calmes le long de la côte.

De 15° à 5°N., les navires destinés à la rivière de Para devront s'attendre à des calmes d'autant plus fréquents qu'ils se trouveront plus près du méridien de 47°O., attendu que dans l'E. de ce méridien se trouve une zone de calmes tenaces. De plus, entre 5°N. et l'Equateur, règnent des vents d'E. au S.E., avec lesquels il faut avoir coupé 5°N. par 48°O. environ pour avoir la certitude d'atteindre la rivière de Para de la bordée, malgré le fort courant portant à l'O. C'est ainsi que, tout compte fait, les meilleurs croisements nous paraissent être ceux indiqués dans le tableau, sans aller plus à l'E., ni plus à l'O.

Cette saison est celle des *ouragans* (V. §§ 43 et suivants, p. 47).

EN OCTOBRE, NOVEMBRE ET DÉCEMBRE.

En partant de New-York ou du Canada, on aura jusqu'à 35°N. des vents variables, dominants de la partie du N.O. De 35° à 30°N., vents de N.O. à N.E. et à S.E. De 30° à 25°N., on aura des vents d'E.N.E. à E.S.E. et parfois à l'O.S.O., avec quelques calmes. De 25° à 20°N., vents de N.E. à l'E. et au S.E. De 20° à 15°N., vents de N.E. à l'E. De 15° à 10°N., vents de N.E.

Les navires destinés à la Guyane auront, *au-delà de 10°N.*, des brises du N.E., à l'E. et au S.E. avec quelques calmes, et 4 heures de pluie par 24 heures.

Les navires allant à la rivière de Para auront, *de 10° à 5°N.*, des vents de N.E. à S.E., avec peu ou point de calmes, et 4 h. de pluie par

24 heures. Au-delà du parallèle de 5°N., les vents domineront de l'E.S.E., variable du S.E. au N.E.

§ 97. — Des États-Unis, du Canada ou de Terre-Neuve au Sénégal.

Cette traversée est d'une exécution facile, et elle exige seulement un peu d'attention pour choisir le méridien suivant lequel il convient d'aller chercher les alizés. Nous donnerons d'abord le tableau des croisements que l'on pourra se proposer de suivre, dans chaque saison, jusqu'au parallèle de 20°N., que l'on coupera toujours dans les environs de 22°O. Au-delà de ce parallèle de 20°N., on gouvernera pour attérir et pour se rendre, soit à *Saint-Louis*, soit à *Gorée* (Dakar), en se conformant aux indications données à la fin du § 66, page 110.

Le tableau suivant indique deux routes distinctes, selon que l'on part du Canada ou New-York. Il sera facile d'en déduire la route à suivre, quand on partira de parages voisins tels que Terre-Neuve, la Nouvelle-Écosse, etc. Les deux routes se confondent d'ailleurs au-delà de 30°N. Après le tableau, on trouvera des indications sur les circonstances de chaque traversée, dans les diverses saisons.

CROISEMENTS DE LA ROUTE DE NEW-YORK OU DU CANADA AU SÉNÉGAL.

SAISONS.	POINTS de DÉPART.	45°N.	40°N.	35°N.	30°N.	25°N.	20°N.
		Long.O.	Long.O.	Long.O.	Long.O.	Long.O.	Long O.
En Janvier, Février et Mars.	Du Canada...	58° »'	47° »'	37° »'	29° »'	24° »'	22° »'
	De New-York.	» »	67 »	38 »			
En Avril, Mai et Juin.	Du Canada...	58 »	43 »	30 »	25 »	23 »	22 »
	De New-York.	» »	67 »	30 »			
En Juillet, Août et Septembre.	Du Canada...	58 »	40 »	31 »	28 »	25 »	22 »
	De New-York.	» »	40 »	31 »			
En Octobre, Novemb. et Décemb.	Du Canada...	58 »	37 »	32 »	27 »	24 »	22 »
	De New-York.	» »	37 »	32 »			

EN JANVIER, FÉVRIER ET MARS.

Les navires partant *du Canada ou de Terre-Neuve* seront exposés à rencontrer *des glaces flottantes*, jusqu'au parallèle de 42°N. Ceux qui partiront *de New-York* n'en rencontreront pas.

En suivant l'une et l'autre de ces routes, les vents seront généralement dominants de la partie de l'O., jusqu'à 35°N. Toutefois, quand on aura dépassé le méridien de 52°O., les vents souffleront surtout du S.O., tant que l'on sera entre 40° et 35°N. Ensuite, de 35° à 30°N., les vents souffleront de l'E.S.E., du S.S.E., du S.S.O. et de l'O.N.O. De 30° à 20°N., vents de N.N.E. à S.E. Au-delà de 20°N., vents de N.E. à N.O.

EN AVRIL, MAI ET JUIN.

Les navires partant *du Canada ou de Terre-Neuve* seront exposés à rencontrer *des glaces flottantes* jusque vers le méridien de 42°O. Ceux qui partiront *de New-York* n'en rencontreront pas.

En suivant l'une et l'autre de ces routes, les vents domineront de la partie de l'O. jusqu'à 35°N.; et l'on aura, dans le S. des Açores, quelques chances de calmes. De 35° à 30°N., vents variables, dominants de N.O. à N.E. et S.E. De 30° à 25°N., vents de N.E. à E. De 25° à 20°N., vents de N.E. à E.N.E., avec quelques chances accidentelles de S.O. Au-delà de 20°N., vents d'O.N.O., de N.O., de N.E. et d'E.N.E.

EN JUILLET, AOUT ET SEPTEMBRE.

Les navires partant *du Canada ou de Terre-Neuve* seront exposés à rencontrer *des glaces flottantes* jusque vers le parallèle de 41°30′N. Ceux qui partiront *de New-York* feront route vers l'E., entre les parallèles de 41° et de 40°N., jusqu'au méridien de 40°O., par suite ils ne rencontreront pas de glaces.

En suivant l'une et l'autre des routes indiquées, on aura jusqu'à 40°N. des vents variables, dominants de l'O.; cependant, l'on pourra être contrarié par des vents de S.E. et d'E.S.E., surtout entre les méridiens de 52° et 42°O. De 40° à 35°N., vents de S.E. à S.S.O., S.O. et O.S.O. De 35° à 30°N., vents de N.N.O. à N.N.E. et E.N.E. De

30° à 20°N., vents de N.E. hàlant parfois l'E. Au-delà de 20°N., vents de N.O. à N.E., soufflant accidentellement du S.O.

EN OCTOBRE, NOVEMBRE ET DÉCEMBRE.

Dans cette saison, les *glaces flottantes* ne seront pas à craindre.

En suivant l'une et l'autre des routes indiquées, on aura, dans le N. de 40°N., des vents variables dominants de l'O. De 40° à 35°N., vents de N.O., O.N.O , E.S.E. et S S.E. De 35° à 30°N. , calmes assez fréquents, brises de N.O. à N.E., E.N.E. et S.S.O. De 30° à 25°N., vents de N.O. à N.E. et S.E. De 25° à 20°N., vents de N.E., soufflant exceptionnellement du S.E. Au-delà de 20°N., vents dominants de N.E., variables du N.O. à l'E.N.E.

§ 98. — Des États-Unis, du Canada ou de Terre-Neuve, à la côte occidentale d'Afrique : (Gambie, Sierra-Leone, côtes de Guinée, de Beniu, de Biaffra, Gabon, Saint-Thomas, Ile-du-Prince, Fernando-Po, etc.).

Ces traversées comprennent deux parties :

La première partie, depuis les États-Unis, le Canada ou Terre-Neuve, jusqu'au parallèle de 20°N. coupé dans les environs de 22°O., *est identiquement la même route que pour aller au Sénégal.* (Voir le tableau des croisements et les instructions du paragraphe précédent).

La seconde partie commençant au parallèle de 20°N. et allant jusqu'au port de destination *est la reproduction identique* des routes données aux §§ 67, 68 et 69, pages 111, 114 et 120, auxquels il suffira de se reporter.

CHAPITRE VIII.

Routes de retour à destination de Terre-Neuve, du Canada ou des Etats-Unis, en partant de l'Equateur, des Antilles, du golfe du Mexique, de la Côte-Ferme, de la Guyane, de la rivière de Para et de la côte occidentale d'Afrique.

—

§ 99. — De l'Équateur aux États-Unis du Nord (à New-York).

La traversée de l'Equateur aux Etats-Unis consiste à faire route, en ayant le vent sous vergues dans les alizés de N.E., de manière à aller se placer à l'O. des Bermudes, en bonne position pour atteindre sa destination avec les vents variables et avec l'aide du Gulf-Stream.

Nous donnons, plus loin, le tableau des points de croisement, correspondant à chaque saison, pour les navires destinés à New-York. Il sera facile d'apporter les modifications nécessaires, à la fin de la traversée, quand on devra se rendre à des ports situés dans le S. de New-York, tels que la baie Delaware, la baie Chesapeake, etc. Il sera toujours important, particulièrement lorsque l'on sera destiné à des ports situés dans le S. du cap Hattéras, de vérifier souvent la position du navire par des observations, à partir du parallèle de 26° ou de 28°N. Il faudra aussi tenir compte, avec le plus grand soin, du courant du Gulf-Stream, en donnant la route ; et il sera prudent, pour éviter tout mécompte, d'attérir à bonne distance au vent du port de destination, quand on aura des vents bien établis.

Après le tableau des croisements, on trouvera des indications détaillées sur les particularités de la route que nous indiquons, pour chaque saison.

CROISEMENTS DE LA ROUTE DE L'ÉQUATEUR A NEW-YORK.

SAISONS.	LONGITUDES SUIVANT LESQUELLES ON COUPERA LES PARALLÈLES DE							
	ÉQUATEUR	5°N.	10°N.	15°N.	20°N.	25°N.	30°N	35°N.
	Long.O.	Long.O.	Long.O.	Long.O.	Long.O.	Long.O.	Long.O.	Long.O.
En Janvier, Févr. et Mars.	35° »´	37° »´	45° »´	54° »´	62° »´	70° »´	75° »´	76° »´
En Avril, Mai et Juin…	36 »	38 »	42 »	50 »	58 »	67 »	72 »	74 »
En Juillet, Août et Sept.	40 »	49 »	51 »	57 »	63 »	70 »	73 »	75 »
En Octobre, Nov. et Déc.	40 »	44 »	46 »	52 »	58 »	61 »	70 »	73 »

EN JANVIER, FÉVRIER ET MARS.

Après avoir coupé la Ligne par 35°O. environ, il conviendra de faire bonne route vers le N.O. jusqu'à ce que l'on trouve les alizés de N.E. bien établis. En général, l'alizé du S.E., variable à l'E.S.E., persiste au mois de janvier jusque par 1°N., et l'on rencontre celui de N.E. à partir de 2°N.; en février, on perd celui de S.E. par 0"30'N., et on trouve celui de N.E. par 1"N.; en mars, l'alizé de S.E. cessera par 1"S., et l'on trouvera celui de N.E. par 1"N. et sur le même méridien. En tous cas, on aura entre l'Equateur et 5"N., 4 heures de pluie en moyenne par 24 heures, avec 9 p. 0/0 de calmes, 36 p. 0/0 de vent d'E.S.E et 54 p. 0/0 de N.E. Au-delà de 5°N., on aura l'alizé de N.E. bien établi, avec lequel on suivra nos points de croisement. A partir de 20°N., les vents varieront du N.E. à l'E. et au S.E., et l'on aura environ 5 p. 0/0 de calmes jusqu'à 25°N. On gouvernera ensuite avec des vents variables, dominants du N.E., du S.E. et du S.O., et 5 p. 0/0 de calmes, de manière à couper 27°N. par 72"O. On trouvera alors des vents variables, qui pourront venir successivement de tous les points de l'horizon, jusque par 30"N., que l'on coupera par 75°O. Les vents seront alors dominants de la partie de l'O. et souffleront alternativement du S.S.O., de l'O.S.O., de l'O.N.O. et du N.N.O.; ils permettront de gouverner aisément, de manière à couper 35°N. par 76"O. Au-delà de 35°N., et jusqu'à New-York, les vents seront dominants du N.O.; et assez fréquents du S.O., de l'O. et du Nord.

Dans cette saison, on trouvera, dans la dernière partie de la traversée, un temps froid et sec et des tempêtes tournantes qui, du côté des Bermudes, commencent par des vents de S.O., passant ensuite à l'O. et au N.O., tandis que, sur la côte d'Amérique, elles débutent par des vents de N.E. tournant au N.O. et à l'O. Ces séries sont séparées par des vents de la partie de l'E. et par des calmes de courte durée.

EN AVRIL, MAI ET JUIN.

En avril, on perdra généralement l'alizé de S.E. par 2°S., et l'on trouvera les brises d'E. et de N.E. un peu au N. de l'Equateur.

En mai, l'alizé de S.E sera perdu par 1°N., et celui de N.E. commencera par 3°N.

En juin, on conservera l'alizé du S.E. jusque par 3°N., et l'on trouvera celui de N.E. par 6°N.

En tous cas, on coupera la ligne dans l'O. de 35°O., où l'on trouvera généralement 10 p. 0/0 de calmes et des vents de S.E., d'E. et de N.E. jusqu'au parallèle de 5°N. Si, au lieu de couper la ligne dans l'O. de 35°O., on la coupait plus à l'E., et surtout à l'E. de 32°O., on serait exposé à 19 p. 0/0 de calmes.

Les chances de pluie seront de 4 heures environ par 24 heures, entre 1°S. et 6°N.

On tâchera de couper 5°N. par 38°O., parce qu'entre les parallèles de 5° et de 10°N., et dans l'E. du méridien de 37°O. on trouverait 18 p. 0/0 de calmes et les brises de S.E. variables à l'E. et au N.E.; tandis qu'entre ces mèmes parallèles 5° et 10°N., et dans l'O. du méridien de 37°O., on n'aura pas à craindre plus de 6 p. 0/0 de calmes, et les alizés y seront bien établis du N.E.

Au-delà de 10°N., on aura les vents de N.E. jusque par 15°N.; ils commenceront alors à varier du N.E. à l'E., et même au S.E., jusque par 20°N. De ce parallèle jusqu'à 25°N., les vents souffleront également du N.E., de l'E. et du S.E. De 25°N. à 30°N., on aura encore les mêmes vents, avec quelques brises accidentelles d'O. et de S.O. et 6 p. 0/0 de calmes. De 30°N. à 35°N., les vents seront dominants du S.S.E., du S.S.O. et de l'O.S.O.; entremêlés accidentellement de brises de N.E. et de N.O. et de 4 ¼ p. 0/0 de calmes. De 35°N. à New-York., les vents sont très-variables, mais dominants du S., du S.O. et de l'O.

EN JUILLET, AOUT ET SEPTEMBRE.

Après avoir coupé l'Equateur par 40°O. environ, on gouvernera avec des vents constants de S.E. bien établis, pour couper 3°N. par 47°O., et 5°N. par 49°O. De là, on fera route pour atteindre 10°N. par 52°O.; pendant cette fraction de traversée, de 5° à 10°N., on aura 9 °/₀ de chances de calmes, et des vents variables du S.E. à l'E. et au N.E. De 10° à 15°N., on aura des vents de N.E. De 15° à 20°N., vents de N.E. à l'E. De 20° à 25°N., vents de N.E. à l'E. et au S.E. Au-delà de 25°N., on aura 8 p. 0/0 de calmes et des vents d'E. et de S.E., variables quelquefois au N.E. et au S.O. On coupera 30°N. par 73°O., et l'on gouvernera sur New-York avec des vents extrèmement variables, quoique dominants du S.O.

Si l'on néglige de suivre cette route et si l'on remonte trop tôt au N., on risquera d'abord avec un navire à voiles de s'éterniser dans une zone où les chances de calmes varient de 8 à 17 p. 0/0. Cette zone règne dans le S. et dans l'E. des Bermudes : d'abord entre les parallèles de 25" et 30°N., et jusqu'au méridien de 52°O.; puis entre 30° et 35°N. et jusque par 57°O.

Si l'on avait des raisons pour passer au N. des Bermudes, il faudrait s'attendre à des grains et à des orages fréquents; et, d'ailleurs, on rencontrera généralement dans les parages de cet archipel, et surtout en juillet, des coups de vent brusques et violents.

Quelle que soit la route que l'on suive, on devra se tenir en garde contre les cyclones, qui sont fréquents pendant cette saison et surtout en août et septembre. On veillera le baromètre et les apparences du temps, particulièrement à partir du méridien de 48° ou de 50°O. et jusqu'à New-York. (Voir § 43, page 47).

EN OCTOBRE, NOVEMBRE ET DÉCEMBRE.

Après avoir coupé l'équateur dans les environs de 40°O., on gouvernera avec des vents de S.E. bien établis, de manière à couper 5°N. par 44°O. Au-delà de 5°N., on aura 6 p. 0/0 de chances de calmes, et les vents de S.E. passeront à l'E. et domineront du N.E. On fera en sorte de couper 10°N. entre 46° et 47°O., et l'on pourra compter sur une moyenne de 4 heures de pluie par 24 h., depuis le parallèle de 6° jusqu'à celui de 10°N. Au-delà de 10°N., les vents de N.E. adonnent parfois à l'E. et au S.E. jusqu'à 20°N. De 20°N. à 25°N., vents de N E., d'E. et de S.E. De 25° à 30°N., on aura quelques chances de calmes et des vents dominants de N.E. et de S.E. variant au S.O. et au N.O. De 30° à 35°N., vents variables dominants de S.O. à N.O. Au-delà de 35°N., vents variables dominants de la partie de l'O. et surtout du N.O.

Les précautions à prendre contre les cyclones, telles que nous les avons indiquées précédemment pour juillet, août et septembre, et notamment pour ces deux derniers mois, doivent être également répétées pour le mois d'octobre. On veillera donc, comme il a été dit, le baromètre et les apparences du temps, surtout en octobre et à partir du méridien de 50°O. On évitera de passer au N. des Bermudes, où le temps est plus mauvais, et où l'on se trouverait en mauvaise position pour gagner New-York avec des vents dominants de N.O.

Entre 30°N. et New-York, on aura souvent du beau temps jusqu'en octobre ; mais rarement en novembre. En décembre, on trouvera généralement un temps froid et sec, et l'on se tiendra en garde contre des mauvais temps analogues à ceux de janvier, février et mars.

§ 100. — De l'Équateur au Canada et à Terre-Neuve (').

Cette traversée ne présente généralement aucune difficulté sérieuse. Après avoir coupé la Ligne, et atteint les alizés de N.E. par une longitude convenable, selon l'époque de l'année, on porte près et plein dans les alizés, de manière à passer généralement dans l'E. des Bermudes. Nous pensons toutefois qu'il vaudra mieux passer dans l'O. de ces îles, durant les mois d'avril, mai et juin.

Nous donnons plus loin le tableau des croisements que l'on pourra suivre, pour se rendre de la *Ligne au Canada*. Les navires destinés à Terre-Neuve suivront les mêmes croisements jusque par 35°N.; et quand ils auront atteint ce parallèle, ils feront naturellement une route plus orientale que celle du Canada, en cherchant généralement

---

(1) Nous rappelons que la navigation du St-Laurent n'est réellement praticable, sans danger, que du milieu de juin à la fin d'octobre.

15

à atteindre 45°N. dans les environs de 55°O., s'ils doivent se rendre à Saint-Jean.

Après le tableau des croisements, nous donnerons des indications sur les circonstances de la traversée dans chaque saison.

CROISEMENTS DE LA ROUTE DE L'ÉQUATEUR AU CANADA,

Convenant également, jusqu'à 35°N., aux navires destinés à Terre-Neuve.

SAISONS.	LONGITUDES SUIVANT LESQUELLES ON COUPERA LES PARALLÈLES DE									
	ÉQUATEUR	5°N.	10°N.	15°N.	20°N.	25°N.	30°N.	35°N.	40°N.	45°N.
	Long.O.	Long.O.	Long.O.	Long.O.	Long.O.	Long.O.	Long.O.	Long.O.	Long.O.	Long.O.
En Janvier, Février et Mars.	35° »'	37° »'	42° »'	45° »'	50° »'	55° »'	57° »'	61° »'	61° »'	61° »'
En Avril, Mai et Juin.	36 »	38 »	42 »	50 »	56 »	63 »	70 »	69 »	65 »	61 »
En Juillet, Août et Septembre.	» »	30 »	32 »	37 »	43 »	49 »	51 »	56 »	58 »	61 »
En Octobre, Nov. et Décemb.	40 »	44 »	46 »	52 »	57 »	60 »	61 »	61 »	61 »	61 »

EN JANVIER, FÉVRIER ET MARS.

Depuis l'Équateur jusqu'à 20°N., les circonstances de temps seront les mêmes que celles qui ont été données, pour la même saison, au paragraphe précédent, page 222, pour les navires destinés à New-York. De 20° à 25°N., les vents domineront du N.E. à l'E. et parfois au S.E. De 25° à 30°N., vents de N.O. à N.E., à l'E. et au S.E. Il conviendra de ne pas chercher à aller dans l'O. du méridien de 57°O., avant d'avoir atteint 30°N., à cause des chances de calmes auxquelles on serait exposé. De 30° à 35°N., les vents seront variables, et l'on tâchera de faire route autant que possible au N.O., avec des vents d'O.N.O. au N.E., au S.E. et au S.O. Au-delà de 35°N., les vents seront encore variables, dominants de l'O. et surtout du N.O.

En janvier et février, on n'aura généralement pas de *glaces flottantes*;

mais, en mars, on pourra en rencontrer, quand on se rendra à Saint-Pierre et Miquelon, ou à Terre-Neuve. Durant ces trois mois, la navigation du Saint-Laurent est d'ailleurs fermée par les glaces.

EN AVRIL, MAI ET JUIN.

Depuis l'Equateur jusqu'à 30°N., les circonstances de temps seront les mêmes que celles qui ont été données, pour la même saison, au paragraphe précédent, page 223, pour les navires destinés à New-York.

De 30° à 35°N., les vents seront variables et domineront du S.E. au S.O. et à l'O.N.O. Au-delà de 35°N., les vents variables domineront de la partie de l'O. et surtout du S.O.

En suivant nos croisements, il ne sera pas impossible de trouver des *glaces* au N. du parallèle de 43°N.; mais cela sera assez rare.

EN JUILLET, AOUT ET SEPTEMBRE.

On coupera l'Equateur par une longitude variable, suivant le point d'où l'on vient, mais on gouvernera avec l'alizé de S.E., variable au S., de manière à atteindre le parallèle de 5°N. par 30°O., sans avoir été contrarié par aucun calme. Ordinairement l'alizé de S.E. sera remplacé par des vents de S., à partir de 2°30′N., en juillet; de 2°45′N., en août; et de 2°N., en septembre. Entre 5° et 10°N., on aura seulement 8 p. 0/0 de calmes, et des vents dépendant autant du Sud que du S.O ; les pluies tomberont en moyenne pendant 4 heures par 24 h., entre ces parallèles, et même pendant 7 h. par 24 h., entre 7° et 9°N. On fera en sorte de couper 10°N. à peu près par 32°O.; puis l'on aura des vents dominants d'E. et de N.E., avec 8 p. 0/0 de calmes jusqu'à 15°N. coupé par 37°O. De 15° à 20°N., vents de N.N.E. à E.N.E. De 20° à 25°N., vents dominants d'E.N.E. variables à l'E.S.E. De 25° à 30°N., les vents dominent de l'E. et du S.E. avec quelques calmes ; il faudra faire autant que possible le N. ou plutôt le N.N.O. du monde, en évitant surtout de se rapprocher des méridiens de 47° et de 52°O., attendu que les chances de calmes seraient nombreuses dans l'E. du premier et dans l'O. du second. De 30° à 40°N., vents de S.E. à S.O. et à l'O. Au-delà de 40°N., les vents sont variables et dominent du S. au S.O., à l'O. et au N.O.

Les glaces flottantes seront à craindre, à partir du moment où l'on aura dépassé le parallèle de 41°N. environ.

EN OCTOBRE, NOVEMBRE ET DÉCEMBRE.

Depuis l'Équateur jusqu'à 25°N., les circonstances de temps seront les mêmes que celles qui ont été données, pour la même saison, au paragraphe précédent, page 224, pour les navires destinés à New-York.

De 25° à 30°N., les vents dominent du S.E.; ils varient du N.E. à l'E., au S.E., au S., et au S.O. De 30° à 35°N., vents d'E.S.E., d'O.S.O. et d'O.N.O. De 35° à 40°N., vents de S. à S.O., à l'O., au N.O. et au N.E. De 40° à 45°N., vents variables, dominants surtout de l'O. au N.O.

Les glaces flottantes ne sont pas à craindre; mais si l'on va dans le St-Laurent, nous ferons observer que la navigation est dangereuse, en décembre, dans ce golfe.

§ 101. — Du Para (Belem) ou de la Guyane aux États-Unis du Nord (à New-York).

Cette traversée est généralement facile. Nous pensons qu'il conviendra toujours de passer dans l'O. des Bermudes; nous donnons d'ailleurs ci-après le tableau des points de croisements, suivis d'indications sur les circonstances de la route, dans chaque saison.

CROISEMENTS DE LA ROUTE DU PARA OU DE LA GUYANE A NEW-YORK.

SAISONS.	POINTS de DÉPART.	LONGITUDES SUIVANT LESQUELLES ON COUPERA LES PARALLÈLES DE						
		5°N.	10°N.	15°N.	20°N.	25°N.	30°N.	35°N.
		Long.O.	Long.O.	Long.O.	Long.O.	Long.O.	Long.O.	Long.O.
En Janvier, Févr. et Mars.	Du Para.....	52° » '	55° 30 '	60° » '	64° » '	71° » '	75° » '	76° » '
	De la Guyane.	» »	57 30	61 »	64 »			
En Avril, Mai et Juin.	Du Para.....	52 »	56 »	60 »	64 »	70 »	73 »	75 »
	De la Guyane.	» »	57 30	61 30	65 »			
En Juillet, Août et Sept.	Du Para.....	51 30	53 »	57 30	63 »	70 »	73 »	75 »
	De la Guyane.	» »	57 30	61 »	65 »			
En Octobre, Nov. et Déc.	Du Para.....	52 »	54 »	58 30	64 »	70 »	75 »	75 »
	De la Guyane.	» »	57 »	60 »	65 »			

Depuis l'Equateur jusqu'à 20°N., les circonstances de temps seront les mêmes que celles qui ont été indiquées, pour chaque saison au paragraphe 92, page 196, pour les navires revenant en Europe. Au-delà de 20°N., on trouvera des indications ci-après

En janvier, février et mars, de 20° à 25°N., vents de N.E. à l'E. De 25° à 30°N., vents variables dominants du N.E., du S.E. et du S.O. Au-delà de 30°N., vents variables dominants de la partie de l'O. et surtout du N.O.

En avril, mai et juin, de 20° à 25°N., vents du N.E. à l'E. et au S.E. De 25° à 30°N., vents dominants du N.E. à l'E., au S.E. et au S.O. De 30° à 35°N., vents de S.E., de S.O., de l'O.S.O. et du N.O. Au-delà de 35°N., vents variables dominants du S.O. et de l'O.

En juillet, août et septembre, on est dans la saison des ouragans (voir §§ 43 et suivants). De 20° à 25°N., vents du N.E., de l'E. et du S.E. De 25° à 30°N., vents d'E., de S.E. et de S.O., avec calmes assez fréquents. De 30° à 35°N., vents variables dominants du S.E. et surtout du S.O. Au-delà de 35°N , vents variables dominants du N.E. au S.E., au S., et au S.O

En octobre, novembre et décembre, de 20° à 25°N., vents du N.E. à l'E. et au S.E. De 25° à 30°N., vents dominants de N.E., variables à l'E., au S.E., au S.O. et au N.O., avec des calmes assez fréquents. Au-delà de 30°N., vents variables, dominants surtout de la partie de l'O. et du N.O.

§ 102. — Du Para (Belem) ou de la Guyane au Canada & à Terre-Neuve.

Nous donnerons plus loin le tableau des croisements que l'on pourra suivre, pour se rendre au Canada. Les navires destinés à Terre-Neuve suivront les mêmes croisements jusque par 35°N.; et quand ils auront atteint ce parallèle, ils feront naturellement une route plus orientale que celle du Canada, en cherchant à couper 45°N. dans les environs de 55°O., s'ils doivent se rendre à St-Jean.

Après le tableau des croisements, on trouvera des indications sur les circonstances de la traversée, dans chaque saison. Nous ferons seulement remarquer ici que la route passera toujours dans l'Ouest des Bermudes, excepté pendant les mois d'octobre, novembre et décembre.

CROISEMENTS DE LA ROUTE DE PARA OU DE LA GUYANE AU CANADA,

Convenant également, jusqu'à 35°N., aux navires destinés à Terre-Neuve.

SAISONS.	POINTS de DÉPART.	LONGITUDES SUIVANT LESQUELLES ON COUPERA LES PARALLÈLES DE							
		5°N.	10°N.	20°N.	25°N.	30°N.	35°N.	40°N.	45°N.
		Long.O.	Long.O.	Long.O.	Long.O.	Long.O.	Long.O.	Long.O.	Long.O.
En Janvier, Févr. et Mars.	Du Para.....	52° »'	55° 30'	62° »'	67° »'	70° »	69° »'	66° »'	61° »'
	De la Guyane.	» »	57 30	64 »	67 »				
En Avril, Mai et Juin.	Du Para.....	52 »	56 »	63 »	67 »	70 »	69 »	65 »	61 »
	De la Guyane.	» »	57 30	64 »	67 »				
En Juillet, Août et Sept.	Du Para.....	51 30	53 »	63 »	68 »	69 »	68 »	65 »	61 »
	De la Guyane.	» »	57 30	65 »	68 »				
En Octobre, Nov. et Déc.	Du Para.....	52 »	54 »	60 »	63 »	65 »	65 »	64 »	61 »
	De la Guyane.	» »	57 »	61 »	64 »				

Depuis l'Équateur jusqu'à 20°N., les circonstances de temps seront les mêmes que celles qui ont été indiquées, pour chaque saison, au § 92, page 196, pour les navires revenant en Europe. Au-delà de 20°N., on trouvera des indications ci-après.

En janvier, février et mars, de 20° à 25°N., vents de N.E. à l'E. et au S.E. De 25° à 30°N., vents variables dominants du N.E. au S.E. et au S.O. De 30° à 35°N., vents variables et dominants du S.E. au S.O. et au N.O. Au-delà de 35°N., vents variables, dominants de l'O. et du N.O.

En janvier et février, on n'aura généralement pas de *glaces flottantes*; mais, en mars, on pourra en rencontrer quand on se rendra à Saint-Pierre-et-Miquelon, ou à Terre-Neuve. Durant ces trois mois, la navigation du Saint-Laurent est d'ailleurs fermée par les glaces.

En avril, mai et juin, de 20° à 25°N., vents de N.E. à l'E. et au S.E. De 25° à 30°N., vents variables, dominants du N.E. à l'E., au S.E. et au S. De 30° à 35°N., vents variables dominants de l'E.S.E., au S.E., au S.O. et à l'O.N.O. Au-delà de 35°N., vents variables dominants de l'O. et du S.O.

Les navires destinés à Saint-Pierre et Miquelon et à Terre-Neuve pourront rencontrer des *glaces*, au N. du parallèle de 42°N.

En juillet, août et septembre, on sera dans la saison des ouragans (voir §§ 43 et suivants). De 20° à 25°N., vents de N.E. au S.E. De 25° à 30°N., vents de N.E. à l'E., au S.E. et au S.O., avec quelques calmes. De 30° à 35°N., vents variables et dominants du S.E. au S.O. Au-delà de 35°N., vents variables, dominants de l'O. et du S.O.

Les *glaces flottantes* seront à craindre, à partir du moment où l'on aura dépassé le parallèle de 42°N. environ, quand on ira à Saint-Pierre et Miquelon, ou à Terre-Neuve.

En octobre, novembre et décembre, de 20° à 25°N., vents du N.E., à l'E. et au S.E. De 25° à 30°N., vents du N.E. au S.E., variables parfois au S.O. et au N.O. De 30° à 35°N., vents du S. au S.O. et au N.O., avec quelques chances de vents de N.E. et des calmes assez fréquents. Au-delà de 35°N., vents variables, dominants de l'O. et du N.O.

Les *glaces flottantes* ne sont pas à craindre; mais, si l'on va dans le Saint-Laurent, nous ferons observer que la navigation est dangereuse, en décembre, dans ce golfe.

§ 103. — Des Petites-Antilles, des Grandes-Antilles, de la côte Ferme et du golfe du Mexique, aux États-Unis du Nord (à New-York).

Nous prions d'abord de se reporter aux indications données au § 94, page 188, pour le commencement de la traversée des navires qui rentrent en Europe. Ces indications s'appliquant également aux navires destinés au États-Unis du Nord, on verra qu'à un point de vue général, nous réduisons les débouquements des Antilles aux quatre principaux mentionnés ci-après, savoir : 1° *Débouquement des Petites-Antilles;* 2° *passage de Mona;* 3° *débouquement de Saint-Domingue (passe de Crooked);* et 4° *canal de la Floride.*

Nous donnons plus loin le tableau des croisements de la route pour aller à New-York, en partant de ces quatre débouquements principaux, et pour les diverses saisons. Après le tableau, on trouvera quelques renseignements sur les circonstances de temps qui marqueront ces traversées.

Il sera facile de modifier les croisements que nous donnons, si l'on doit se rendre à des ports situés dans le S. de New-York, tels que la baie Delaware, la baie Chesapeake, etc. Il sera toujours important, particulièrement quand on se rendra à des ports situés dans le S. du cap Hattéras, de vérifier souvent la position du navire par des observations, à partir du parallèle de 26° ou de 28°N. Il faudra aussi tenir compte, avec le plus grand soin, du courant du Gulf-Stream, en donnant la route; et il sera prudent pour éviter tout mécompte d'attérir à bonne distance au vent du port de destination, quand on aura des vents bien établis.

CROISEMENTS DE LA ROUTE POUR ALLER DES DÉBOUQUEMENTS A NEW-YORK.

SAISONS.	DÉBOUQUEMENTS CONSIDÉRÉS COMME POINTS DE DÉPART.	LONGITUDES suivant lesquelles on coupera les parallèles de			
		20°N.	25°N.	30°N.	35°N.
		Long.O.	Long.O.	Long.O.	Long.O.
En Janvier, Février et Mars.	Entre Guadeloupe et Antigue.	65° »'	71° »'	75° »'	76° »'
	Passage de Mona............	71 »	74 »	75 »	76 »
	Passage de Crooked.........	» »	77 »	78 »	76 »
	Canal de Bahama........	» »	82 »	81 »	76 »
En Avril, Mai et Juin.	Entre Guadeloupe et Antigue.	65 »	70 »	73 »	75 »
	Passage de Mona............	71 »	73 »	74 »	75 »
	Passage de Crooked.........	» »	77 »	78 »	76 »
	Canal de Bahama............	» »	82 »	81 »	76 »
En Juillet, Août et Septembre.	Entre Guadeloupe et Antigue.	65 »	70 »	73 »	75 »
	Passage de Mona............	71 »	74 »	75 »	75 »
	Passage de Crooked.........	» »	77 »	78 »	76 »
	Canal de Bahama............	» »	82 »	81 »	76 »
En Octobre, Novembre et Déc.	Entre Guadeloupe et Antigue.	65 »	70 »	75 »	75 »
	Passage de Mona.......	71 »	74 »	76 »	76 »
	Passage de Crooked.........	» »	77 »	79 »	76 »
	Canal de Bahama............	» »	82 »	81 »	76 »

En janvier, février et mars, de 20° à 25°N., vents de N.E. à l'E. et au S.E. De 25° à 30°N., mêmes vents qui tournent fréquemment au S., au S.O. et au N.O. Au-delà de 30°N., vents variables, dominants surtout du S.O. au N.O.

En avril, mai et juin, de 20° à 25°N., vents de N.E. à l'E. et au S.E.

De 25° à 30°N., mêmes vents commençant à tourner au S. et au S.O.
De 30° à 35°N., vents de N.E. et surtout de S.E., tournant au S.O.,
à l'O.S.O. et au N.O. Au-delà de 35°N., vents variables dominants du
S.O. et de l'O.

En juillet, *août et septembre*, on sera dans la saison des ouragans
(voir §§ 43 et suivants). De 20° à 25°N., vents du N.E. à l'E. et au
S.E., avec quelques calmes. De 30° à 35°N., vents variables d'E.S.E.
au S.E., et soufflant surtout du S.O. Au-delà de 35°N., vents très-variables, soufflant autant du S. ou de l'O., que du N. ou de l'E.

En octobre, *novembre et décembre*, de 20° à 25°N., vents de N., et
surtout de N.E., tournant à l'E. et au S.E. De 25° à 30°N., les navires
venant des Petites-Antilles ou *du Passage de Mona*, ont des vents de N.E.
et de S.E., avec quelques chances de S.O. et de calmes; *mais ceux
venant du passage de Crooked ou du canal de Bahama* ont des vents de
N.O., et surtout de N., de N.E. et d'E., qui hâlent parfois le S.E. Au-
delà de 30°N., les vents sont variables, dominants de l'O. et surtout
du N.O.

§ 104. — Des Petites-Antilles, des Grandes-Antilles, de la côte Ferme et du golfe du Mexique au Canada et à Terre-Neuve.

Nous conseillons d'abord de se reporter aux indications données au
§ 91, page 188, pour le commencement de la traversée des navires qui
rentrent en Europe. Ces indications s'appliquant également aux navires
destinés au Canada et à Terre-Neuve; on en conclura qu'à un point de
vue général, nous réduisons les débouquements des Antilles aux quatre
principaux mentionnés ci-après, savoir : 1° *Débouquement des Petites-
Antilles*; 2° *passage de Mona*; 3° *débouquements de Saint-Domingue*
(passe de Crooked); et 4° *canal de la Floride*.

Nous donnons plus loin le tableau des croisements que l'on pourra
suivre, pour se rendre au Canada. Les navires destinés à Terre-Neuve
suivront les mêmes croisements jusque vers 35°N.; et, quand ils auront
atteint ce parallèle, ils feront naturellement une route plus orientale
que celle du Canada, en cherchant à couper 45°N. dans les environs de
55°O., s'ils doivent se rendre à Saint-Jean.

Après le tableau des croisements, on trouvera des indications sur les
circonstances de la traversée, dans chaque saison.

Nous ferons seulement remarquer ici que la route, donnée pour les voiliers ordinaires, passera toujours dans l'O. des Bermudes, et qu'il importera de tenir compte du courant du Gulf-Stream, dans l'estime de la route.

CROISEMENTS DE LA ROUTE POUR ALLER DES DÉBOUQUEMENTS AU CANADA,

Convenant également, jusqu'à 35°N., aux navires destinés à Terre-Neuve.

SAISONS.	DÉBOUQUEMENTS CONSIDÉRÉS COMME POINTS DE DÉPART.	LONGITUDES SUIVANT LESQUELLES ON COUPERA LES PARALLÈLES DE					
		20°N.	25°N.	30°N.	35°N.	40°N.	45°N.
		Long.O.	Long.O.	Long.O.	Long.O.	Long.O.	Long.O.
En Janvier, Février et Mars.	Entre Guadeloupe et Antigue.	65° »	69° »	71° »	70° »	66° »	61° »
	Passage de Mona.	71 »	74 »	74 »	70 »	66 »	61 »
	Passage de Crooked.	» »	77 »	79 »	75 »	67 »	61 »
	Canal de Bahama.	» »	82 »	81 »	76 »	68 »	61 »
En Avril, Mai et Juin.	Entre Guadeloupe et Antigue.	65 »	67 »	70 »	69 »	65 »	61 »
	Passage de Mona.	71 »	72 »	72 »	70 »	65 »	61 »
	Passage de Crooked.	» »	77 »	79 »	75 »	67 »	61 »
	Canal de Bahama.	» »	82 »	81 »	76 »	68 »	61 »
En Juillet, Août et Septemb.	Entre Guadeloupe et Antigue.	65 »	68 »	70 »	69 »	65 »	61 »
	Passage de Mona.	71 »	74 »	74 »	71 »	66 »	61 »
	Passage de Crooked.	» »	77 »	78 »	74 »	67 »	61 »
	Canal de Bahama.	» »	82 »	81 »	75 »	69 »	61 »
En Octobre, Novembre et Décembre.	Entre Guadeloupe et Antigue.	65 »	69 »	71 »	70 »	66 »	61 »
	Passage de Mona.	71 »	74 »	76 »	74 »	68 »	61 »
	Passage de Crooked.	» »	77 »	79 »	75 »	68 »	61 »
	Canal de Bahama.	» »	82 »	81 »	75 »	68 »	61 »

En janvier, février et mars, de 20° à 25°N., vents du N.E. à l'E. et au S.E. De 25° à 30°N., mêmes vents qui tournent fréquemment au S., au S.O. et au N.O. De 30° à 35°N., vents de S.E., S.O. et de N.O. Au-delà de 35°N., vents variables, dominants de la partie de l'O., du S.O. au N.O.

En avril, mai et juin, de 20° à 25°N., vents de N.E. à l'E. et au S.E. De 25° à 30°N., mêmes vents commençant à tourner au S.O. et à l'O.S.O. Au-delà de 35°N., vents dominants de S.O. à N.O.

En juillet, août et septembre, on sera dans la saison des ouragans (voir §§ 43 et suivants). De 20° à 25°N., vents dominants du N.E à l'E. et au S.E. De 25° à 30°N., *si l'on vient des Petites-Antilles*, on aura des vents de N.E. et surtout d'E. et de S.E., hâlant parfois le S.O., avec quelques calmes ; *si l'on vient du passage de Mona*, on aura des vents d'E., variables au S.E., au S., quelquefois au S.O., et quelques calmes; *enfin si l'on vient du passage de Crooked ou du canal de Bahama*, on aura des vents de N.E. à l'E., au S.E., au S. et quelquefois au S.O. et quelques calmes. De 30° à 35°N., vents variables, dominants du S.O. Au-delà de 35°N., vents variables dominants du S., du S.O. et de l'O., avec quelques calmes.

En octobre, novembre et décembre, de 20° à 25°N., vents de N. et surtout de N.E., tournant à l'E. et au S.E. De 25° à 30°N., les navires venant *des Petites-Antilles* ou *du passage de Mona*, ont des vents de N.E. et de S.E., avec quelques chances de S.O. et de calmes ; mais ceux venant *du passage de Crooked* ou *du canal de Bahama* ont des vents de N.O., et surtout de N., de N.E. et d'E., qui hâlent parfois le S.E. Au-delà de 30°N., les navires partis *des Petites-Antilles* ont des vents de S.S.O., d'O.S.O. et d'O.N.O., soufflant parfois du N.E. et du S.E.; quant aux navires partis *des autres débouquements*, ils auront des vents variables, dominants de l'O. et surtout du N.O.

§ 105. — De la côte occidentale d'Afrique à l'Amérique du Nord.

1° EN PARTANT DU SÉNÉGAL, DE LA GAMBIE OU DE SIERRA-LEONE.

On commencera la traversée, comme s'il s'agissait de rentrer en France, en suivant les conseils que nous avons donnés aux §§ 72 et 74. On fera ainsi une route se rapprochant du N.O., de manière à s'éloigner de la côte et à aller chercher les alizés. Quand on les aura atteints, on gouvernera directement pour atteindre le point de croisement du parallèle de 20°N., que nous indiquons ci-après, savoir :

En janvier, février et mars, on coupera 20°N. par 50°O., *si l'on se rend à New-York*; et par 62°O., *si l'on va au Canada*.

En avril, mai et juin, on coupera 20°N. par 56°O., *si l'on se rend à New-York;* et par 58°O., *si l'on va au Canada*.

En juillet, août et septembre, on coupera 20°N. par 43°O., *si l'on se rend à New-York*, et par 63°O., *si l'on va au Canada*.

En octobre, novembre et décembre, on coupera 20°N. par 58°O., *si l'on se rend à New-York ;* et par 57°O., *si l'on va au Canada.*

Au-delà de 20°N., on terminera la traversée : soit comme il est dit au § 99, page 221, si l'on va à New-York ; soit comme il est dit au paragraphe 100, page 225, si l'on va au Canada ou à Terre-Neuve.

2° EN PARTANT DE LA CÔTE DE GUINÉE, DES GOLFES DE BENIN ET BIAFFRA OU DU GABON.

On commencera la traversée comme s'il s'agissait de rentrer en France, en suivant les conseils que nous avons donnés aux §§ 76 et 78. On gouvernera ainsi de manière à rallier les parages de l'Equateur, pour faire ensuite sa route vers l'O.

En janvier, février et mars, on pourra faire sa route vers l'O., dans les environs de 1°30′S., et l'on coupera l'Equateur par 35°O., soit que l'on aille à New-York, au Canada ou à Terre-Neuve.

En avril, mai et juin, on fera sa route vers l'O., dans les environs de 1°30′S., et l'on coupera l'Equateur par 36°O., soit que l'on aille à New-York, ou au Canada, ou à Terre-Neuve.

En juillet, août et septembre, on fera sa route vers l'O., en se maintenant entre l'Equateur et 1°Nord. Puis, si l'on doit se rendre à New-York, on coupera successivement 2°N. par 45°O., et 5°N. par 49°O. Mais si l'on est destiné au Canada ou à Terre-Neuve, il conviendra de remonter plus tôt vers le N., et l'on coupera 5°N. par 30°O.

En octobre, novembre et décembre, on devra faire sa route vers l'O., dans les environs de 1°30′S.; puis l'on coupera l'Equateur par 39°O., et 5°N. par 44°O., soit que l'on aille à New-York, au Canada ou à Terre-Neuve.

La fin de la traversée sera effectuée, depuis l'équateur jusqu'à New-York, comme nous l'avons indiqué au § 99 ; et depuis l'Equateur jusqu'au Canada ou à Terre-Neuve, comme au § 100. On trouvera, dans l'un et l'autre de ces paragraphes, les tableaux de croisements que l'on devra suivre entre l'Equateur et le point de destination.

CHAPITRE IX.

Routes, en partant de Para, de la Guyane, des Antilles, de la côte Ferme ou du golfe du Mexique, pour se rendre à la côte occidentale d'Afrique.

—

§ 106. — De la rivière de Para ou de la Guyane à la côte occidentale d'Afrique.

On commencera la traversée comme s'il s'agissait de se rendre dans la Méditerranée. Nous prions donc de se reporter au § 92, où l'on trouvera des instructions sur la première partie de cette route. On tracera, sur la carte, depuis le point de départ jusqu'au parallèle de 35°N., les croisements indiqués dans le second tableau de ce paragraphe 92, s'appliquant aux navires destinés au détroit de Gibraltar.

En janvier, février et mars, on coupera donc 35°N. par 69°O. environ; puis l'on ira se placer, par 37°N., pour faire route vers l'E., en se maintenant entre les parallèles de 36° et de 38°N. On ne reviendra vers le S. que lorsqu'il le faudra, pour couper 35°N. par 38°O. On terminera la traversée, en suivant les croisements et les conseils que nous avons donnés : soit au § 97, page 218, *si l'on va au Sénégal*, soit au § 98, page 220, si l'on va *à la Gambie, à Sierra-Leone, à la côte de Guinée ou au Gabon.*

En avril, mai et juin, on coupera 35°N. par 62°O. environ; puis l'on ira se placer entre les parallèles de 37° et de 38°N., pour faire sa route vers l'E. On ne reviendra vers le S. que lorsqu'il le faudra, pour aller couper 35°N. par 30°O. On terminera la traversée, en suivant les points de croisements et les conseils que nous avons donnés : soit au § 97, page 218, *si l'on va au Sénégal*; soit au § 98, page 220, si l'on va *à la Gambie, à Sierra-Leone, à la côte de Guinée ou au Gabon.*

En juillet, août et septembre, on coupera 35°N. par 68°O. environ ; puis l'on ira se placer entre les parallèles de 37° et de 39°N., pour faire sa route vers l'E. On ne reviendra vers le S. que lorsqu'il le faudra pour aller couper 35°N. par 31°O. On terminera la traversée, en suivant les points de croisement et les conseils que nous avons donnés : soit au § 97, page 218, *si l'on va au Sénégal ;* soit au § 98, page 220, *si l'on va à la Gambie, à Sierra-Leone, à la côte de Guinée ou au Gabon.*

En octobre, novembre et décembre, on coupera 35°N par 62°O. environ, puis l'on ira se placer entre les parallèles de 36° et de 37°N., pour faire sa route vers l'E. On ne reviendra vers le S., que lorsqu'il le faudra, pour aller couper 35°N. par 32°O. On terminera la traversée, en suivant les points de croisements et les conseils que nous avons donnés : soit au § 97, page 218, *si l'on va au Sénégal ;* soit au § 98, page 220, *si l'on va à la Gambie, à Sierra-Leone, à la côte de Guinée ou au Gabon.*

§ 107. — Des Petites-Antilles, des Grandes-Antilles, de la côte Ferme ou du golfe du Mexique à la côte occidentale d'Afrique.

Nous prions d'abord de se reporter aux indications données au § 91, page 188, pour le commencement de la traversée. On prendra les mêmes débouquements, et l'on suivra, *jusqu'à 35°N.,* les mêmes points de croisements que ceux indiqués dans ce paragraphe, dans le second tableau, comme si l'on devait se rendre au détroit de Gibraltar. La route passera toujours dans l'O. des Bermudes, excepté en avril, mai et juin, quand on partira des Petites-Antilles.

Après avoir dépassé 35°N., on ralliera le parallèle sur lequel il conviendra de faire sa route vers l'E. Ce parallèle sera celui de 38°N., de janvier en juillet ; celui de 39°N., pendant les mois de juillet, août et septembre ; et celui de 37°N., en octobre, novembre et décembre.

ne reviendra vers le S. que lorsqu'il le faudra pour atteindre, en arrondissant, le parallèle de 35°N. par une longitude d'environ 38°O., en janvier, février et mars ; de 30°O., en avril, mai et juin ; de 31°O., en juillet, août et septembre ; et de 32°O., en octobre, novembre et décembre.

Enfin, on terminera la traversée, en suivant les points de croisement et les conseils que nous avons donnés : soit au § 97, page 218, *si l'on va au Sénégal ;* soit au § 98, page 220, si l'on va *à la Gambie, à Sierra-Leone, à la côte de Guinée, ou au Gabon.*

CHAPITRE X.

Routes, en partant de la côte occidentale d'Afrique, pour se rendre à Para, à la Guyane, aux Antilles, à la côte Ferme et au golfe du Mexique.

§ 108. — De la côte de Guinée, de Benin, de Biaffra, ou du Gabon à Para, à la Guyane, aux Antilles, à la côte Ferme et au golfe du Mexique.

On commencera la traversée comme s'il s'agissait de rentrer en France, en suivant les conseils que nous avons donnés aux §§ 76 et 78. On gouvernera ainsi de manière à rallier les parages de l'Équateur, pour gouverner ensuite vers l'Ouest.

En janvier, février et mars, on pourra faire sa route vers l'O., dans les environs de 1°30′S.; et l'on coupera l'Equateur entre 37° et 38°O.

En avril, mai et juin, on fera sa route vers l'O., dans les environs de 1°30′S.; et l'on coupera l'Equateur entre 38° et 39°O.

En juillet, août et septembre, on fera route vers l'O., en se maintenant entre l'Equateur et 1°N.; Puis, on coupera successivement 2°N. par 45°O.; et 5°N. par 49°O.

En octobre, novembre et décembre, on fera route vers l'O., dans les environs de 1°30′S.; puis l'on coupera l'Equateur par 39°O.; et 5°N. par 44°O.

La fin de la traversée depuis les parages de l'Equateur jusqu'aux Antilles, sera effectuée, comme nous l'indiquons plus loin au § 113, à la fin de cet ouvrage.

Quant aux navires *destinés à la rivière de Para*, ils gouverneront vers l'O., en restant toujours dans le S. de l'Equateur. Ceux *pour la Guyane* couperont l'Equateur dans les environs de 45° ou de 46°O. et gouverneront de là sur le cap Cachipour, poussés par le courant favorable.

§ 109. — Du Sénégal , de la Gambie, ou de Sierra-Leone, à Para , à la Guyane, aux Antilles , à la côte Ferme, et au golfe du Mexique.

EN JANVIER , FÉVRIER ET MARS.

Les navires destinés à la rivière de Para devront , *en partant du Sénégal ou de la Gambie*, gouverner directement avec les alizés de N.E., de manière à couper 6°N. par 45°O.; et ils termineront leur traversée comme il est dit au § 86, page 179.

Ceux qui partiront de Sierra-Leone, pour la même destination , feront d'abord leur possible pour se placer au plus vite dans l'O. du méridien de 12°O. Tant qu'ils n'auront pas atteint ce méridien , ils auront des brises variables de N.E. à N.O., des calmes fréquents , et le courant portant vers le S. Ayant atteint les alizés de N.E. bien établis, dans l'O. de 12°O., on fera route vers l'O. en se maintenant sur le parallèle de 8°N. environ; et l'on arrondira sa route vers le S. quand le moment sera venu, de manière à couper 6°N. par 45°O.; puis l'on terminera la traversée comme il est dit au § 86, page 179.

Les navires destinés à la Guyane suivront une route se rapprochant de celle que nous venons d'indiquer , pour aller à la rivière de Para. Mais, ils couperont 6°N. par 49°O., et termineront leur traversée comme il est dit au § 85, page 175.

Les navires destinés aux Antilles , à la côte Ferme et au golfe du Mexique devront , *en partant du Sénégal ou de la Gambie* , gouverner directement avec les alizés de N.E., de manière à aller couper le méridien de 60°O. par la latitude de l'île sur laquelle on voudra attérir, pour entrer dans la mer des Antilles. La fin de la traversée se fera d'ailleurs, ainsi qu'il est dit au § 84, page 172.

Ceux qui partiront de Sierra-Leone, pour la même destination , feront d'abord leur possible pour se placer au plus vite dans l'O. du méridien de 12°O., comme nous venons de l'indiquer pour les navires destinés à la rivière de Para. Après avoir atteint les alizés de N.E. bien établis dans l'O. du méridien de 12°O., ils gouverneront, comme ceux partis du Sénégal , pour aller couper le méridien de 60°O. par la latitude de l'île sur laquelle ils voudront attérir pour entrer dans la mer des Antilles; et ils termineront comme nous l'avons dit au § 84, page 721.

EN AVRIL, MAI ET JUIN.

Les navires destinés à la rivière de Para devront, *en partant du Sénégal ou de la Gambie,* faire route directe, avec les alizés de N.E., de manière à couper successivement 12°N. par 38°O.; 10°N. par 40°O. et 5°N. par 43°O Ils auront 4 heures de pluie en moyenne par 24 h., de 7°N. à 1°N.; et ils termineront leur traversée, comme il est dit au § 85, page 179.

Ceux qui partiront de Sierra-Leone, pour la même destination, commenceront leur traversée, comme s'il s'agissait de rentrer en Europe, en suivant les indications du § 74, page 135. Ils feront leur possible pour atteindre le méridien de 12°O. dans le N. du parallèle de 10°N., s'il y a moyen, afin de s'éloigner des zones de calmes et de chercher les alizés bien établis. On trouvera ces vents, par 11° ou 12°N., et l'on se maintiendra dans les environs de ce dernier parallèle, en gouvernant vers l'O., jusqu'au méridien de 38°O. De ce point, on ira couper successivement 10°N. par 40°O., et 5°N. par 43°O. La fin de la traversée se fera comme il est dit au § 86, page 179.

Les navires destinés à la Guyane suivront une route se rapprochant de celle que nous venons d'indiquer, pour aller à la rivière de Para. Mais, ils ne devront pas venir dans le S. du parallèle de 12°N. avant d'avoir atteint 40°O. Ils couperont ensuite successivement 10°N. par 43°O.; et 5°N. par 49°O. La fin de la traversée se fera, comme nous l'avons indiqué au § 85, page 179.

Les navires destinés aux Antilles, à la côte Ferme et au golfe du Mexique devront, *en partant du Sénégal ou de la Gambie,* gouverner directement avec les alizés de N.E., de manière à aller directement couper le méridien de 60°O. par la latitude de l'île sur laquelle ils voudront attérir, pour entrer dans la mer des Antilles. La traversée s'achèvera, ainsi que nous l'avons indiqué au § 84, page 172.

Ceux qui partiront de Sierra-Leone, pour la même destination, commenceront leur traversée, comme s'il s'agissait de rentrer en Europe, en suivant les indications du § 74, page 135. Ils feront leur possible pour atteindre le méridien de 12°O. dans le N. du parallèle de 10°N., s'il y a moyen, afin de s'éloigner des zones de calmes et de chercher les alizés bien établis. On trouvera ces vents, par 11° ou 12°N., et l'on se maintiendra plutôt au N. qu'au S. de ce dernier parallèle, en gouvernant vers l'O. de manière à aller couper le méridien de 60°O, par la latitude de l'île sur laquelle on voudra attérir, pour entrer dans la mer des Antilles. On terminera la traversée, comme nous l'avons dit au § 84, page 172.

EN JUILLET, AOUT ET SEPTEMBRE.

Les navires destinés à la rivière de Para, ou à la Guyane, devront, *en partant du Sénégal, de la Gambie ou de Sierra-Leone*, commencer leur traversée, comme s'il s'agissait de se rendre au Gabon (voir § 69, page 120). Ils gouverneront donc *vers le S.*, autant que le permettront les brises de la partie du S. et du S.O. Ils seront poussés par le courant qui portera vers le S.E., et ils devront s'attendre à des pluies entre 12° et 6°N. Il n'y aura pas à se préoccuper trop de la longitude de croisement du parallèle de 5°N., qu'il suffira d'atteinde entre les méridiens de 15° et de 22°O. Lorsque l'on aura doublé le parallèle de 5°N., autant que possible à l'O. du méridien de 17°O., on trouvera les alizés variables du S. au S.E., avec lesquels on prendra la bordée bâbord amures de manière à couper 2°N. par 25° ou 30°O.

Les navires destinés à la rivière de Para devront, après avoir atteint 2°N. par 25° ou 30°O., continuer la bordée pour couper l'Equateur dans les environs de 47°O.

Les navires destinés à la Guyane devront, après avoir atteint 2°N. par 25° ou 30°O., faire route vers l'O. du monde, en se maintenant sur le parallèle de 2°N. jusqu'au méridien de 48° ou de 50°O. De là, ils se dirigeront aisément sur le cap Cachipour, avec des vents d'E. et de S.E., et en tenant compte du fort courant qui portera vers l'O. et le N.O.

Les navires destinés aux Antilles, à la côte Ferme et au golfe du Mexique devront, *en partant du Sénégal, de la Sénégambie ou de Sierra-Leone*, commencer leur traversée, comme s'il s'agissait de rentrer en Europe (voir §§ 72 et 74, pages 128 et 135). Ils passeront par le N. des îles du cap Vert, si les circonstances le leur permettent. Mais, s'ils sont contrariés, ils pourront passer dans le S. et à petite distance de ces îles; et après les avoir ainsi doublées ils iront se placer par 16° ou 17°N. au moins, pour faire route vers l'O. avec les alizés bien établis. Dans tous les cas, on devra faire tout son chemin en longitude, dans le N. du parallèle de 15°N.; et il ne faudra pas venir dans le S. de ce parallèle avant d'avoir atteint le méridien de 50°O. On gouvernera, en tenant compte de ces observations, de manière à couper le méridien de 60°O. par la latitude de l'île sur laquelle on voudra attérir pour entrer dans la mer des Antilles; et l'on terminera la traversée comme nous l'avons dit au § 84, page 172.

EN OCTOBRE, NOVEMBRE ET DÉCEMBRE.

Les navires destinés à la rivière de Para, à la Guyane, aux Antilles, à la côte Ferme et au golfe du Mexique devront tous, *quel que soit leur point de départ entre le Sénégal et Sierra-Leone*, commencer leur traversée comme s'il s'agissait de rentrer en Europe (voir §§ 72 et 74, pages 128 et 135).

En partant du Sénégal, on tâchera de passer dans le N. des îles du cap Vert, ce qui ne sera pas difficile pour les navires partis de Saint-Louis. Quant à ceux partant de Dakar ou de la Gambie, ils ne pourront généralement passer que dans le S. et à petite distance de ces îles.

Dans tous les cas, on fera route vers l'O. du monde, quand on aura doublé les îles du cap Vert, en se maintenant dans les environs du parallèle de 15°N., pour avoir des vents bien établis.

Les navires destinés à la rivière de Para commenceront seulement à revenir vers le S., quand ils auront atteint le méridien de 37° ou de 38°O. Puis, ils couperont 13°N. par 40°O.; 10°N. par 43°O.; et 5°N. par 44°O. Ils auront fréquemment des pluies, pendant cette dernière partie de la route, entre 12° et 6°N. La traversée s'achèvera d'ailleurs, comme il est dit au § 86, page 179.

Les navires destinés à la Guyane ne viendront dans le S. du parallèle de 10°N., que lorsqu'il le faudra pour atteindre, en arrondissant la route, d'abord 13°N. par 40°O.; puis 10°N. par 44°O.; et 5°N. par 47°O. Ils termineront, comme nous l'avons indiqué au § 85, page 179.

Les navires destinés aux Antilles, à la côte Ferme et au golfe du Mexique iront directement couper le méridien de 60°O. par la latitude de l'île sur laquelle ils devront attérir pour entrer dans la mer des Antilles. La traversée s'achèvera, comme il est dit au § 84, page 172.

CHAPITRE XI.

Routes, en partant du Sénégal, de la Guyane, des Antilles, de la côte Ferme et du golfe du Mexique, pour aller couper l'Equateur et pour doubler le cap Saint-Roque.

§ 110. — Du Sénégal, de la Gambie, ou de Sierra-Leone à l'Equateur, pour les navires destinés au Brésil, au cap Horn, ou à la mer des Indes.

EN JANVIER, FÉVRIER ET MARS.

Les navires partant du Sénégal, ou de la Gambie auront les alizés de N.E. bien établis, avec lesquels ils gouverneront, vent sous vergues, pour couper 10°N. par 25°O.; 5°N. par 27°30′ ou 28°O.; et l'Equateur dans les environs de 28°30′O. On trouvera au § 61, page 73, des indications détaillées, sur les chances de vents et sur les circonstances de la traversée, entre 5°N. et la Ligne.

Les navires partant de Rio-Nunez, de Rio-Pongo ou de Sierra-Leone devront suivre une route se rapprochant de celle indiquée au § 69, page 120, comme pour aller au Gabon. Ils seront poussés par le courant favorable portant vers le S.E., jusque vers le parallèle de 3°N.; et ils iront, selon les vents qu'ils rencontreront, couper l'Equateur entre 10°N. et 15°O. environ. Dans le S. de l'Equateur, ils prendront les alizés de S.E.

EN AVRIL, MAI ET JUIN.

En partant du Sénégal ou de la Gambie, on ne saurait trop s'attacher à gouverner à l'O. *du monde, sans chercher à faire de S.*, de manière à se placer le plutòt possible dans l'O. du méridien de 22°30′O. Tant que l'on sera dans l'E. de ce méridien, on aura 16 °/₀ de chances de calmes et des brises variables du N.N.E. au N.N.O., à l'O.N.O., et dominant de ce dernier rumb. Au contraire, lorsque l'on sera dans l'O.

du méridien de 22°30'O., on n'aura plus que 4 %, de calmes, et les
vents seront bien établis du N.N.E. On gouvernera donc aisément, avec
les vents de cette direction, pour aller couper 10°N. entre 28° et
28°30'O. Grâce à cette précaution, on pourra compter, entre 10° et 5°N ,
sur des brises bien établies de l'E. au N.E., avec 9 %, de chances de
calmes seulement, et l'on ira couper sans difficulté 5°N. par une longitude variable entre 25° et 30°O., suivant le mois dans lequel on se
trouvera. On coupera la Ligne entre 29° ou 30°O., en se conformant
aux indications données au § 61, page 73.

Les navires partant de Rio-Nunez, de Rio-Pongo, ou de Sierra-Leone,
suivront une route se rapprochant de celle indiquée au § 69, page 120,
comme pour aller au Gabon. Ils seront poussés par le courant qui
portera au S.E. jusque vers le parallèle de 3°N.; et ils iront chercher
les alizés de S.E., dans les environs de l'Equateur qu'ils pourront
couper entre 10° et 12°O. Les pluies seront fréquentes depuis 9°N.
jusqu'à l'Equateur, et surtout entre 7° et 2°N., où la moyenne des
pluies sera de 7 h. par 24 heures.

EN JUILLET, AOUT ET SEPTEMBRE.

En partant du Sénégal ou de la Gambie, la route sera tout à fait
différente de celle que nous avons conseillée, pour la saison précédente.
On tâchera de faire le plus de S. possible, autant que le permettront
les vents de N.O. variables à l'O.S.O. et au S.S.O.; et l'on cherchera à
se maintenir dans les environs du méridien de 20° ou de 21°O. De cette
manière, on n'aura que 2 ou 3 %, de chances de calmes, tandis que s
l'on dépassait le méridien de 22°30'O. avant d'être parvenu au parallèle de 10°N., il faudrait compter sur 11 %, de chances de calmes.

Etant parvenu dans le S. du parallèle de 10°N., on trouvera des
vents de S. qui tourneront de plus en plus au S.O., à mesure que l'on
avancera davantage vers l'O., et de 6 à 8 % de calmes seulement : les
chances de folles brises augmentant un peu quand on se portera dans
l'O. En somme, lorsqu'on aura coupé 10°N. dans les environs de 21°O.,
on prendra bâbord amures avec les vents de S., tant qu'ils souffleront;
et tribord amures, dès que les vents dépasseront le S. et hâleront le
S.S.O. ou le S.O. Il arrivera ainsi que l'on coupera généralement
5°N. dans les environs de 23°O.; mais, il n'y aura aucune préoccupation

à avoir, si l'on coupe ce parallèle 2° ou 3° plus à l'O., ou plus à l'E. De toute manière, on trouvera entre 5°N. et l'Equateur les vents de S.S.O. hâlant le S. et bientôt le S.E. Avec les vents du S., et *à fortiori* avec les vents de S.S.E. et de S.E., on gouvernera bâbord amures *bon plein*, sans crainte de faire de l'O., pourvu que l'on ne coupe pas l'Equateur dans l'O. de 26° ou de 27°O. En suivant cette route, on aura des pluies fréquentes entre 12° et 5°N., et surtout de 10° à 7°N., où elles tomberont en moyenne, à raison de 7 h. par 24 heures.

En partant de Rio-Nunez, de Rio-Pongo ou de Sierra-Leone, on se conformera aux mêmes recommandations. On coupera 5°N. dans les environs de 15°O.; puis, on prendra bâbord amures, avec les vents de S. au S.E.; et tribord amures, avec ceux de S.S.O. et de S.O. On arrivera ainsi à couper l'Equateur, par une longitude qui sera très-variable selon les chances de vents que l'on aura rencontrées, mais qui pourra sans inconvénient être comprise entre 15° et 25°O.

EN OCTOBRE, NOVEMBRE ET DÉCEMBRE.

En partant de Dakar, ou de la Gambie, les voiliers gouverneront, avec des brises bien établies du N.N.E. à l'E.N.E. et seulement 8 °/₀ de chances de calmes, de manière à aller couper 12°30′N. par 25°O. *Ceux qui partiront de Saint-Louis* couperont 12°30′N. par 27°O. Puis, les uns et les autres couperont 11°N. par 27°30′O., et 10°N. également par 27°30′O. A partir de ce moment, on suivra, jusqu'à l'Equateur, les conseils donnés au § 61, page 73 ; et l'on coupera l'Equateur dans les environs de 29° ou de 30°O.

En partant du Sénégal, ou de la Gambie, les navires mixtes gouverneront d'abord, à la voile, avec les vents variables de l'E.N.E. au N.N.E. et 8 °/₀ seulement de calmes, de manière à aller couper 10°N. par 22°30′ ou 23°O., puis ils continueront tant que les vents le permettront. Mais, il arrivera, le plus souvent, que l'on sera obligé d'allumer les feux et de faire route au S., à la vapeur, de 10° à 5°N., où règnent 25 °/₀ au moins de chances de calmes, sans compter les petites brises. On aura ensuite, de 5°N. à l'Equateur, environ 15 °/₀ de calmes et des brises mieux établies du S. au S.E., avec lesquelles on pourra laisser tomber les feux et gouverner bâbord amures pour aller couper l'Equateur entre 27° et 30°O.

En partant de Rio-Nunez, de Rio-Pongo, ou de Sierra-Leone, on suivra une route se rapprochant de celle indiquée au § 69, page 120, comme pour aller au Gabon. On sera poussé par le courant qui portera vers le S.E., puis vers l'E., tant que l'on sera au N. de 3°N. Il sera bon d'attendre que l'on ait atteint le méridien de 10°, ou même celui de 9°O. coupé par 2°N., pour virer de bord et pour courir bâbord amures, avec les vents de S. et de S.E., en cherchant à faire le plus de S. possible. Cette bordée étant prolongée, on finira par atteindre l'Equateur, que l'on coupera par une longitude variable, mais jamais dans l'O. de 18°O· s'il y a moyen, afin de ne pas tomber dans des zones de calmes.

§ 111. — De la rivière de Para, de la Guyane, des Antilles, de la côte Ferme ou du golfe du Mexique à l'Équateur.

D'une manière générale, on peut dire que, *pour les voiliers*, cette route consiste d'abord à prolonger la bordée tribord amures, dans les alizés, pour aller chercher les vents d'O. dans les environs de 30°, ou plutôt de 35°N., comme si l'on devait rentrer en Europe. Cette première partie de la traversée se fera, comme il est dit au § 92, page 196, *pour les navires partis de la rivière de Para, ou de la Guyane;* ou bien, comme il est dit au § 91, page 188, *pour les navires partis des Antilles, de la côte Ferme, ou du golfe du Mexique.* Ayant atteint ainsi le parallèle de 35°N. environ, il suffit de se diriger à l'E. du monde, jusqu'à ce que l'on rejoigne la route, correspondant à la saison dans laquelle on se trouvera, et donnée dans le § 93, page 201, pour les navires allant de New-York à l'Equateur.

Cette route est longue, mais c'est la seule que l'on puisse conseiller aux navires à voiles ordinaires.

Nous avons indiqué, dans les Instructions sur l'Océan atlantique S., une autre route plus directe que l'on pourra essayer de suivre, pour aller chercher l'Equateur, en partant des Antilles ou de la Guyane; mais seulement de janvier en octobre, et lorsqu'on aura un navire très-bon voilier, ou un navire mixte.

CHAPITRE XII.

*Routes, en partant de l'Equateur, pour se rendre au Sénégal,
à la Guyane, aux Antilles, à la côte Ferme et au golfe du
Mexique.*

§ 112. — De l'Équateur au Sénégal et à la Gambie.

Nous ne citons cette traversée que *pour mémoire*, car elle se trouve
déjà détaillée au § 78, page 151, pour les navires qui reviennent du
Gabon au Sénégal. Nous prions le lecteur de vouloir bien s'y reporter.

§ 113. — De l'Équateur aux Antilles, à la côte Ferme et au golfe du Mexique. [1]

EN JANVIER, FÉVRIER ET MARS.

On coupera l'Equateur entre 37° et 38°O.; puis on gouvernera au
N.O.¼N. environ, avec les vents assez bien établis, dominants du N.E.
et variables à l'E. et au S.E. On atteindra ainsi 5"N. entre 41° et 41"30'O.
Pendant cette fraction de traversée comprise entre 0° et 5"N., on n'aura
pas à craindre plus de 6 %, de chances de calmes; mais on devra compter
sur des grains et de la pluie, à raison de 4 à 7 h. en moyenne par 24
heures. Après avoir dépassé le parallèle de 5°N., on aura les vents
alizés de N.E., bien établis, avec lesquels on ira couper 10°N. entre

---

(1) Nous citerons deux bonnes traversées de navires de commerce, effectuées
entre le Rio de la Plata et Carmen (golfe du Mexique). Un extrait du journal de
ces deux navires nous a été obligeamment communiqué par M. LACHAUD, capitaine au long-cours et négociant à Marseille, qui veut bien témoigner à nos instructions nautiques un intérêt dont nous le remercions vivement.

Le trois-mâts *Anémone*, capitaine PANÈS, quitte Montévidéo le 17 décembre 1874,
coupe l'Equateur le 13 janvier par 37°20'O.; atteint 10°N. par 54°O., le 19 janvier 75; passe, le 22, à 3 milles dans le S. de la Barbade; puis entre St-Vincent
et Ste-Lucie; passe, le 30 janvier, dans le S. du Grand Caïman; et mouille, le
4 février, à Carmen (Terminos), après 49 jours de mer.

Le trois-mâts *Pervenche*, capitaine ANTOXI, part de la Plata le 10 mai; coupe
l'Equateur le 3 juin par 38°30'O.; atteint 10°N. par 51°O., le 10 juin; passe, le
14, entre Ste-Lucie et la Martinique; passe, le 18, en vue des cayes Morant; le
19, en vue des terres de la Jamaïque; le 23, en vue du cap Catoche; et le 25 juin,
devant Carmen, où il mouille, le 26 juin, ayant 50 jours de mer.

53° et 54°O. environ; puis, on fera route sans difficulté pour le point de destination.

Si *l'on est destiné à la côte Ferme*, on gouvernera pour passer dans le N. de Tabago, et dans le S. de la Grenade; puis l'on continuera comme il est dit aux §§ 7 et 8 de notre *Routier des Antilles*, pages 18 et 20. Si *l'on est destiné aux Grandes-Antilles, au golfe de Honduras* ou *au golfe du Mexique*, on attérira généralement sur la Barbade, ᵉ l'on achèvera la traversée, ainsi qu'il est dit au § 84, page 172.

EN AVRIL, MAI ET JUIN.

On coupera l'Equateur entre 38° et 39°O. environ, et l'on gouvernera pour aller couper 5°N. entre 43° et 44°O. Entre l'Equateur et 5°N., les chances de calmes seront d'environ 10 °/₀; et les vents varieront du S.E. à l'E. et au N.E. On aura d'ailleurs des pluies tombant à raison de 4 h. par 24 h., depuis 1°S. jusqu'à 7°N. Après avoir coupé 5°N. entre 43° et 44°O., on gouvernera avec les vents de N.E. bien établis pour couper 10°N. entre 51° et 52°O., et de là on ira chercher le parallèle de l'île sur laquelle on devra attérir. *Si l'on se rend à la côte Ferme*, on passera dans le N. de Tabago, puis dans le S. de la Grenade, et l'on terminera comme il est dit aux §§ 7 et 8 de notre *Routier des Antilles*, pages 18 et 20. *Mais, si l'on se rend aux Grandes-Antilles ou au golfe du Mexique*, on attérira généralement sur la Barbade, et l'on achèvera la traversée, comme il est dit au § 84, page 172.

En suivant la route que nous venons de conseiller, on aura l'avantage d'éviter la zone comprise entre les méridiens 52° et 57°O., et dans le S. du parallèle de 10°N. où l'on trouverait environ 25 °/₀ de chances de calmes plats.

EN JUILLET, AOUT ET SEPTEMBRE.

On coupera l'Equateur par 40°O.; puis l'on gouvernera, avec des vents constants ᵈᵉ S.E. bien établis pour couper 3°N. par 47°O., et 5°N. par 49°O. De là, on fera route pour atteindre 10°N. par 52°O.; pendant cette fraction de traversée, de 5° à 10°N., on aura 9 °/₀ de chances de calmes, et des vents variables du S.E. à l'E. et au N.E. Après avoir dépassé 10°N., on aura les vents alizés de N.E. bien établis, avec lesquels on gouvernera facilement pour chercher le parallèle de l'île, sur laquelle on devra attérir. *Si l'on se rend à la côte Ferme*, on passera dans le N. de Tabago, puis dans le S. de la Grenade ; et l'on terminera comme il est dit aux §§ 7 et 8 de notre *Routier des Antilles*, pages 18 et 20. Mais, *si l'on va aux Grandes-Antilles, au golfe du Honduras ou au golfe du Mexique,* on attérira généralement sur la Barbade , et l'on achèvera la traversée, comme au § 84, page 172.

En suivant la route que nous conseillons, l'on aura ordinairement le très-grand avantage de ne pas être arrêté par les calmes ; tandis qu'on pourrait au contraire se trouver longtemps immobilisé, entre 5° et 10'N., si l'on suivait une autre route. Ainsi, par exemple, on aurait 21 % de chances de calmes, si l'on coupait 5°N. dans l'E. du méridien de 47°O. ; et l'on aurait 16 %. de calmes, si l'on coupait 10°N. dans l'O. du méridien de 52"Ouest.

EN OCTOBRE, NOVEMBRE ET DÉCEMBRE.

On coupera l'Equateur entre 39" et 40°O. ; et l'on gouvernera de ce point, avec les vents de S.E. bien établis, de manière à couper 5°N. par 44"O. Au-delà de 5°N., on aura 6 %. de chances de calmes, et les vents de S.E. passeront à l'E. et domineront du N.E. On gouvernera pour atteindre 10"N. entre 46° et 47°O. On pourra compter, entre 6° et 10°N., sur une moyenne de 4 h. de pluie par jour. Après avoir dépassé 10°N., on aura les vents alizés de N.E. bien établis, avec lesquels on fera route facilement pour chercher le parallèle de l'île, sur laquelle on devra attérir. *Si l'on est destiné à la côte Ferme*, on passera dans le N. de Tabago, puis dans le S. de la Grenade ; et l'on terminera, comme il est dit aux §§ 7 et 8 de notre *Routier des Antilles*, pages 18 et 20. *Mais, si l'on va aux Grandes-Antilles, au golfe de Honduras ou au golfe du Mexique,* on attérira généralement sur la Barbade, et l'on achèvera la traversée, comme au § 84, page 172.

En suivant la route que nous venons d'indiquer, on aura l'avantage d'éviter deux zones défavorables : la première, comprise entre 5° et 10°N., et de 47" à 52°O., où l'on aurait 14 % de calmes ; la seconde , comprise également entre 5° et 10°N., et de 37° à 42°O., où l'on aurait 12 %. de chances de calmes et 6 heures en moyenne de pluie par jour.

FIN.

PRIX MOYENS DU CHARBON

DANS LES PRINCIPAUX POINTS DE RELACHE

DE L'OCÉAN ATLANTIQUE ET DE LA MÉDITERRANÉE.

PORTS.	PRIX DU TONNEAU de CHARBON.		
	EN 1870.	EN 1873.	EN 1874.
	fr. c.	fr. c.	fr. c.
Açores (*Fayal*).	49 »	52 »	»
Ajaccio.	»	»	38 »
Alger.	38 »	»	40 »
Bahia.	58 »	58 »	»
Barcelone.	»	70 »	62 »
Bilbao.	»	42 »	»
Bone.	49 »	»	»
Brest.	»	»	42 »
Buenos-Ayres.	112 »	98 »	»
Cadix.	46 »	65 »	62 »
Canaries (*Palmas*).	57 »	»	65 »
Cap de Bonne-Espérance.	68 »	»	127 »
Cap Breton (ile) (*Sydney*).	15 »	17	25 »
Cap Vert (iles) (Voir *Praya* et *Saint-Vincent*).	»	»	»
Charlestown.	69 »	»	»
Corogne.	45 »	60	»
Curaçao.	»	77	»
Dakar.	45 »	»	55 »
Falmouth.	»	»	46 »
Fayal (*Açores*).	49 »	52 »	»
Ferrol.	66 »	57 »	»
Funchal (*Madère*).	52 »	»	»
Gabon.	52 »	»	58 »
Gibraltar.	36 »	52 »	48 »

Suite des PRIX MOYENS DU CHARBON.

PORTS.	PRIX DU TONNEAU de CHARBON.		
	EN 1870.	EN 1873.	EN 1874.
	fr.	fr.	fr.
Gorée (*Sénégal*)	45 »	»	55 »
Grand-Bassam	61 »	»	»
Grao-de-Valence	»	74 »	76 »
Guadeloupe	43 »	»	52 »
Guyane	45 »	»	62 »
Halifax (*Nouvelle-Ecosse*)	27 »	»	»
Havane	52 »	50 »	»
James-Town (*Sainte-Hélène*)	»	107 »	107 »
Leith	»	22 »	15 »
Lisbonne	34 »	34 »	48 »
Madère (*Funchal*)	52 »	»	»
Mahon	»	»	69 »
Malaga	»	76 »	59 »
Malouines (*Stanley*)	»	100 »	»
Malte	33 »	»	»
Martinique	42 »	»	57 »
Messine	»	72 »	»
Montevideo	61 »	88 »	85 »
New-Port	48 »	»	»
New-York	48 »	»	45 »
Oran	38 »	»	40 »
Palma (*Baléares*)	»	»	96 »
Palmas (*Canaries*)	57 »	»	65 »
Passage	»	46 »	»
Pictou (*Havre*)	»	21 »	»
Pirée (le)	»	41 »	75 »
Port-au-Prince	37 »	»	»
Port-Saïd (*Egypte*)	43 »	»	»
Praya (la) (*îles cap Vert*)	»	»	57 »
Québec	»	42 »	40 »

SUITE DES PRIX MOYENS DU CHARBON.

PORTS.	PRIX DU TONNEAU de CHARBON.		
	EN 1870.	EN 1873.	EN 1874.
	fr.	fr.	fr.
Rio-Janeiro.	57 »	70 »	»
Rosario-de-Santa-Fé.	»	152 »	»
Saint-Jean (*Terre-Neuve*).	33 »	44 »	29 »
Saint-Louis (*Sénégal*).	55 »	»	»
Saint-Pierre-Miquelon.	»	22 »	»
Saint-Sébastien.	»	59 »	»
Saint-Thomas.	49 »	60 »	»
Sainte-Catherine (*Brésil*).	»	»	105 »
Sainte-Croix (*Ténériffe*).	55 »	»	55 »
Sainte-Hélène (île).	»	107 »	107 »
Saint-Vincent (*îles du cap Vert*).	58 »	77 »	»
Santander.	»	65 »	»
Sénégal (Voir *Dakar* et *Saint-Louis*).	»	»	»
Stanley (*Malouines*).	»	100 »	»
Stora.	39 »	»	»
Soulina.	»	64 »	»
Suez.	68 »	»	»
Sunderland.	»	29 »	»
Sydney (*cap Breton*).	15 »	17 »	25 »
Ténériffe (Sainte-Croix de).	55 »	»	55 »
Toulon.	»	»	45 »
Valence.	»	74 »	76 »
Vigo.	»	61 »	»
Yarmouth.	»	37 »	»